Das geteilte Bild

André Gunthert

DAS GETEILTE BILD

Essays zur digitalen Fotografie

Aus dem Französischen von Stefanie Diekmann

Konstanz University Press

André Gunthert ist Professor an der École des hautes études en sciences sociales (EHESS) in Paris und arbeitet zur Geschichte der Fotografie. Die visuelle Kultur und die soziale Funktion von Bildern im digitalen Zeitalter bilden einen Schwerpunkt seiner Forschungen.

Die französische Ausgabe erschien unter dem Titel *L'image partagée*

Bibliografische Information der Deutschen Nationalbibliothek

Die Deutsche Nationalbibliothek verzeichnet diese Publikation in der Deutschen Nationalbibliografie; detaillierte bibliografische Daten sind im Internet über http://dnb.d-nb.de abrufbar.

www.k-up.de | www.wallstein-verlag.de
Konstanz University Press ist ein Imprint der
Wallstein Verlag GmbH

Vom Verlag gesetzt aus der Chaparral Pro
Einbandgestaltung: Eddy Decembrino, Konstanz
Druck und Verarbeitung: Hubert & Co, Göttingen
ISBN 978-3-8353-9110-9

Inhalt

Vorwort
Das geteilte Bild: die digitale Fotografie

Das geteilte Bild heißt im Original: *L'image partagée*. Das wiederum könnte bedeuten: ein Bild, das nicht nur aus visuellen, sondern auch aus anderen Informationen besteht; ein Bild, das mehr als einer Person zuzuschreiben ist; weiter: ein konnektives Bild, verlinkt und wiederverwendet; schließlich: ein Bild, das zirkuliert, was sowohl einen kontrollierbaren als auch einen sehr unkalkulierbaren Prozess bezeichnen kann.

André Guntherts Essays handeln von all diesen Zuständen des digitalen Bildes. Und verknüpfen sie, quer durch die Texte, die in dieser Publikation versammelt sind, mit einer Reihe von Konzepten: dem des fluiden Bildes (»l'image fluide«), des vernetzten (»l'image connectée«) und des appropriierten Bildes, des kommentierten und des dialogischen Bildes (»image conversationnelle«); aber auch derjenigen Bilder, die nur gemacht werden, um mit ein oder zwei Personen geteilt zu werden (»les photos qu'on ne montre pas«) oder jener, die Schauplätze einer solistischen oder einer partizipativen Selbstdarstellung (»une autographie participante«) sind.

Tatsächlich, das zeigt diese kurze Übersicht ebenso wie die ausführliche Lektüre, sind Guntherts Texte immer auch als Testläufe der Begriffsbildung zu betrachten, in der sich der Versuch, ein theoretisch produktives Verhältnis zur digitalen Fotografie zu entwickeln, sehr direkt abbildet. Diese Publikation ist kein Resümee, sondern, wie André Gunthert es in seiner Einführung selbst formuliert hat, ein Logbuch: Fototheorie in einer Phase des medienkulturellen Umbruchs, der, auch das akzentuiert die Einführung, nicht zuletzt deshalb eine Herausforderung darstellt, weil keineswegs von Anfang an klar ist, worin der Umbruch eigentlich besteht.

❧

Dokumente des Übergangs: Die Texte in *Das geteilte Bild* datieren von 2004 bis 2015. Es handelt sich um Artikel, Buch- und Zeitschriftenbeiträge sowie um Essays, die in dem Online-Magazin *Études photographiques* erschienen sind, das bereits 1996 von Gunthert gegründet und in immerhin 35 Ausgaben bis 2017 publiziert wurde. (Auf dem Portal Open Edition Journals sind diese Ausgaben nach wie vor frei zugänglich.)

Ohne direkt aufeinander zu verweisen oder aufzubauen, bilden die Texte ein Ensemble, das von wiederkehrenden Themen und Positionierungen geprägt ist: der ungebrochenen Affirmation fotografischer Zeugenschaft;

der Anerkennung der journalistischen und dokumentarischen Potenziale von Amateurfotos; dem Widerstand gegen kulturkonservative Positionen; der prononcierten Skepsis gegenüber Stellungnahmen, die den Prozess der Digitalisierung als Beginn eines »postfotografischen« (William J. Mitchell) Zeitalters identifizieren; dem Interesse an neuen Gebrauchsweisen der Fotografie und deren medientechnischen Voraussetzungen; der programmatischen Entscheidung, den digitalen Wandel eines Bildmediums nicht retrospektiv zu adressieren, sondern ihn so nah wie möglich zu begleiten.

Diese Fototheorie ist auch ein Geek-Projekt: motiviert durch das Interesse an technologischen Neuerungen und Angeboten, medien- und netzaffin, auch netzbasiert, zumal Guntherts Texte über die digitale Fotografie nicht nur ihre Fallbeispiele aus dem Netz beziehen, sondern zu einem nicht geringen Teil geschrieben worden sind, um online publiziert zu werden. Die Öffentlichkeit, Zugänglichkeit der Theoriebildung gehört ebenso zu diesem Projekt wie die Streitbarkeit und die relativ kurzen Reaktionszeiten. Dass die *Études photographiques* zugleich sehr deutlich in der Tradition des wissenschaftlichen Schreibens stehen (vgl. die Länge der Texte, den Aufbau, die Zitierpraxis …), ist indes nicht untypisch für eine akademische Kultur, die sich ihrerseits im Transit befindet und zu den etablierten Spielregeln des wissenschaftlichen Schreibens ebenso ein Verhältnis auszubilden sucht wie zu digitalen Publikationsformen. (Wer vor allem Interesse an André Gunthert 2.0 hat, sei auf Twitter verwiesen, wo er seit 2008 mehr oder weniger regelmäßig postet.)

❧

Wenn André Guntherts Auseinandersetzung mit der digitalen Fotografie spezifische Themen und Publikationsorte favorisiert, so gilt zugleich, dass ihr entscheidendes Kennzeichen weder die Themen noch die Orte sind, sondern die singuläre Verknüpfung von Pragmatismus und Enthusiasmus, die in Guntherts Texten zum Ausdruck kommt. Pragmatismus, weil sich dieser Autor offensichtlich viel weniger für ontologische Definitionen der Fotografie interessiert als für konkrete Verwendungen des fotografischen Bildes sowie für die Rolle, die Technologien, Apparate und mediale Infrastrukturen bei der Herausbildung neuer fotografischer und kommunikativer Praktiken spielen. Enthusiasmus, weil Gunthert zu jenen Theoretikern gehört, die, durchaus programmatisch, davon ausgehen, dass Gegenstände interessanter werden, wenn man ihnen affirmativ und mit Optimismus begegnet.

In der Theoriebildung zur digitalen Fotografie stellt diese Position gerade in den 1990er und 2000er Jahren eine Ausnahme dar. Das gilt sowohl im

Vergleich mit der expliziten Ablehnung, die in zahlreichen Schriften insbesondere der anglophonen Fotopublizistik zum Ausdruck kommt. Und es gilt ebenso, wenn Guntherts Texte aus diesem Band oder aus den *Études photographiques* auf der Folie der ebenso einflussreichen wie konservativen Schriften französischer Fototheoretiker gelesen werden, deren Umgang mit der digitalen Fotografie sich die längste Zeit darauf konzentriert hat, diese einfach nicht zur Kenntnis zu nehmen.

Die ambitionierte, essayistisch geprägte Fototheorie, die sich von den späten 1970er bis in die 1990er Jahre entwickelte, und zu deren wichtigsten Publikationen in Frankreich *La Chambre claire* von Roland Barthes, *L'acte photographique* von Philippe Dubois und verschiedene Schriften von Georges Didi-Huberman zählen, hat auf die Verbreitung der digitalen Fotografie verzögert und alles andere als wohlwollend reagiert. Kein Wunder, denn was diese Theorie grundsätzlich kennzeichnet, ist ein Diskurs der Singularitäten (vereinzelte Betrachter vor vereinzelten Bildern) sowie der kontemplative, melancholisch grundierte Umgang mit dem fotografischen Bild, das fast durchweg im Zeichen des Nachlebens und der Erinnerung adressiert wird.

André Guntherts Blick auf die Fotografie ist ein anderer: nicht melancholisch, sondern investigativ, nicht kontemplativ, sondern konnektiv ausgerichtet; weniger interessiert an der Betrachtung des singulären Bildes als an Beobachtungen dazu, von welchen Konstellationen und Kontexten die Wahrnehmung fotografischer Bilder bestimmt ist; ziemlich unbekümmert um Fragen der Einzigartigkeit, dafür umso mehr befasst mit Phänomenen der Zirkulation und Verbreitung; ein Theoretiker, der der Wahrnehmung der Fotografie als Massenmedium sehr aufgeschlossen gegenübersteht, während genau diese Wahrnehmung für die Ästheten innerhalb der Fotopublizistik mit einem gewissen *haut goût* behaftet ist; ein Sammler, ein digitaler Flaneur, den an der Fotografie vor allem eines fasziniert: ihre Verwendung (gerade auch die nicht-intendierte) und deren Veränderung.

❧

Die simpelste Formel, auf die sich André Guntherts Beitrag zur Fototheorie im Zeitalter des digitalen Wandels bringen ließe, wäre mithin: mehr Bourdieu als Barthes, mehr Soziologie als Ontologie; ästhetische Aspekte hingegen nur dann, wenn sie etwas über Nutzungs- und Verwendungsformen erzählen. Was in diesen Texten interessiert, sind die Praktiken, Interventionen, Konflikte, die sich um das digitale Bild entfalten. Nicht nur um die erstaunliche Mühelosigkeit seiner Produktion, sondern auch um seine

Archivierung, Bearbeitung, Verknüpfung, um die Portale und Plattformen, die zu seiner Verbreitung zur Verfügung stehen, um seine Zirkulationen, die verschiedenen Formen seiner kommerziellen Aneignung und Monetarisierung; kurz: um die Gebrauchsweisen von fotografischen Bildern, die in vielfacher Hinsicht als geteilte erscheinen, ohne dass die Spielregeln des Gebrauchs klar definiert wären.

Unter den »Gebrauchsweisen« (*usages*), von denen auch in *Das geteilte Bild* häufig die Rede ist, befasst André Gunthert sich bevorzugt mit denjenigen, die das Spektrum der journalistischen und dokumentarischen Fotografie zum zentralen Schauplatz der Auseinandersetzung um den Status des digitalen Bildes gemacht haben. Die Fotos aus dem Gefängnis von Abu Ghraib, die Fotos der Pendler aus den U-Bahn-Stationen von London, die Flickr-Accounts von Demonstrantinnen und Hausbesetzern, die Rolle von Foto- und Videoplattformen in politischen Auseinandersetzungen, die Allianzen ebenso wie die Konflikte zwischen Amateurfotografen und -filmern auf der einen und etablierten Medien auf der anderen Seite, das Selfie als Form der Selbstinszenierung und -dokumentation: Guntherts Interesse an digitalen Bildern ist immer auch ein Interesse an ihrer Öffentlichkeit, das heißt: an den Umständen, die ihr Öffentlich-Werden bedingen, und daran, wie Öffentlichkeit(en) von ihnen modelliert und kartiert werden kann.

Auf dieser Perspektive: pragmatisch, materialbezogen, soziologisch, insistieren die Beiträge in *Das geteilte Bild*. Nicht, indem sie von ihnen explizit verteidigt oder gegen andere Perspektiven in Stellung gebracht würde, sondern indem sie sie ins Werk setzen. Methodologie ist für André Gunthert weniger eine Sache der Diskussion als selbst eine Sache der Praxis: In diesem Punkt immerhin stehen seine Texte einer bestimmten Tradition der frankophonen Fototheorie durchaus nahe und entfernen sich zugleich von der Foto-Soziologie Pierre Bourdieus.

❧

Das geteilte Bild ist ein optimistisches Buch. Bemerkenswert optimistisch, weil die Beobachtung netzbasierter Praktiken hier nicht als eine Geschichte der Ernüchterung geschrieben wird, sondern als eine der *Shifts*, die jeweils neue (und interessante) Facetten des digitalen Bildes in den Blick rücken. Auch darin ist André Gunthert ein eigensinniger Theoretiker: Von der digitalen Katerstimmung, wie sie derzeit von einigen viel zitierten Autoren (Jaron Lanier, Evgeny Morozov) kultiviert wird, sind auch die Texte aus den Jahren 2013 ff. weit entfernt. Die Malaise ist nicht Sache dieses Autors, die Skepsis ebenso wenig; stattdessen bleibt seine Beobachtung der digitalen Fotografie und ihrer medialen Umfelder von der Suche nach Potenzialen bestimmt.

Diese Potenziale sind, folgt man der Argumentation Guntherts, grundsätzlich demokratisch. Mit dem digitalen Bild verbindet sich das Versprechen von Egalität, Teilhabe, Vernetzung, einer veränderten Qualität der Kommunikation und einer anderen Aufteilung des kommunikativen Raumes, und es gibt keinen Grund, nicht an dieses Versprechen zu erinnern, selbst wenn es immer nur partiell eingelöst wird. So betrachtet, enthalten die sehr praxeologischen Reflexionen, von denen *Das geteilte Bild* bestimmt ist, zugleich ein sehr utopisches Moment, das hier weniger im Modus des »ja, aber« als in dem des »ja, und warum auch nicht« artikuliert wird.

Man muss André Guntherts Ausführungen nicht in jedem Punkt (oder auch nur in jedem zweiten) zustimmen, um sich gerne mit ihnen zu befassen. Dies ist ein Buch über die neuere Fotogeschichte und ihre Beziehungen zur Digital- und Populärkultur; über die sehr umfassenden Verschiebungen und Verwerfungen, die ein medialer Umbruch zur Folge haben kann; über medientheoretische Debatten und Irrtümer; über die Versatilität der fotografischen Bilder, aber auch über die sehr konkreten Einfassungen, die diese Bilder in wechselnden medialen Umgebungen erhalten. Über die Liebe zur Fotografie, die sich zuweilen ziemlich streitbar zeigt. Und über den anstrengenden (oder anregenden?) Versuch, ein Medium auf der Höhe seiner Entwicklungen zu kommentieren.

Stefanie Diekmann

Einführung: Das fluide Bild

Kann es ein schöneres Geschenk für einen Historiker geben, als einen jener Momente mitzuerleben, in denen sich Geschichte wie im Zeitraffer herstellt?

Ende der 1990er Jahre bin ich dabei, meine Doktorarbeit fertig zu stellen, die einem entscheidenden Abschnitt in der Geschichte der Fotografie gewidmet ist: der Entwicklung der Silbergelatinefotografie, auch Trockenplatte genannt, die in das letzte Drittel des 19. Jahrhunderts fällt, die Sofortfotografie ermöglicht und den Weg für die private Fotografie und den Fotojournalismus frei macht.[1] Zur selben Zeit werden die ersten Anzeichen des digitalen Wandels in der Fotografie erkennbar. Nachdem ich im Archiv Seite um Seite gewälzt habe, auf denen voller Enthusiasmus eine Revolution der fotografischen Praxis beschrieben wird, die ein Jahrhundert zuvor stattgefunden hat, vollzieht sich hier eine neue Revolution, die mich in vollem Lauf erwischt.

Kann ein Historiker die Gegenwart beobachten? Wenn die Geschichte nicht allein die Wissenschaft von der Vergangenheit ist, sondern, wie Marc Bloch es formuliert hat,[2] auch das Studium dessen, was im Begriff ist, sich zu verändern, dann ist die Veränderung, die Vergangenheit schafft, indem sie Neues entstehen lässt, der eigentliche Stoff der Geschichte. Es ist diese Überzeugung: an einer Geschichte teilzuhaben, die gerade im Entstehen begriffen ist, mit der ich meine Aufmerksamkeit der rasanten Evolution bildgebender Praktiken gewidmet habe.

Dieser Versuch ist mit gewissen Schwierigkeiten behaftet: Ohne den Abstand, der die Perspektive des Historikers bestimmt, kann der Beobachter versucht sein, voreilige Schlussfolgerungen zu ziehen. Jedoch ist selbst der Irrtum bedeutsam. Diese oder jene Einschätzung, damals spontan artikuliert, erweist sich einige Jahre später als von Vorurteilen geprägt, die damals nicht unbedingt erkennbar waren, und liefert der späteren Betrachtung wichtige Hinweise. Unterstützt durch ein neues Instrument, die Weblogs, diese wertvollen Logbücher der Dokumentation und der Diskussion, habe ich es niemals bereut, meinen Blick auf die Gegenwart gerichtet zu haben, denn diese Beobachtung hat mich so vieles gelehrt.

1 André Gunthert, *La Conquête de l'instantané: archéologie de l'imaginaire photographique en France, 1841–1895*, Dissertation im Fach Kunstgeschichte, betreut von Louis Marin und Hubert Damisch, EHESS [École des Hautes Études en Sciences Sociales] 1999.

2 Marc Bloch, *Apologie pour l'histoire ou Métier d'historien*. Paris: Armand Colin 1952, S. 29.

Das Logbuch einer Erfahrung

»Ist die digitale Fotografie eine Revolution oder eine Evolution?«, fragte sich 2007 William Ewing, damals Direktor des Musée d'Élysée in Lausanne, anlässlich der Eröffnung der Ausstellung *Tous photographes!* (dt. *Alle [sind] Fotografen!)*, der ersten, die den neuen Praktiken der Bilderzeugung gewidmet war. Die Antwort auf diese Frage ist kollektiv und historisch. Die Spuren des digitalen Wandels tagtäglich zu archivieren, hat mich gelehrt, dass eine Revolution keine objektive Tatsache ist, sondern die Entwicklung einer Einschätzung, die ihrerseits evolutiv und aus der Ansammlung von medialen, redaktionellen und wissenschaftlichen Interessen entsteht, aus symbolischen Produktionen, die die Entwicklung der Praktiken begleiten und deren Wahrnehmung verändern.

Wenn es sich so verhält, dass der digitale Wandel der Fotografie als Revolution bezeichnet werden kann, so erscheint diese als ein chaotisches Narrativ, das aus heterogenen Elementen und widersprüchlichen Meinungen zusammengesetzt ist. In den 15 Jahren, die uns vom Auftreten der ersten digitalen Kompaktkameras für den allgemeinen Gebrauch trennen, hat sich unsere Art und Weise, dieses Phänomen zu verstehen und zu beschreiben, mehrfach radikal verändert. Allein die sofortige Diskussion dieser flüchtigen Anzeichen hat es mir ermöglicht, diese Umkehrungen zu erkennen.

Indem sie eine Auswahl meiner wichtigsten Beiträge seit 2004 vorstellt, rekonstruiert die vorliegende Publikation meine Notizen zu diesen Anfängen – »Anfänge« im doppelten Sinne: als ein Experiment und als ein Ereignis – aus der Phase des Übergangs zum digitalen Bild. Mitsamt den Fallstricken und den Irrtümern, die von den Unwägbarkeiten einer Legende zeugen, die gerade dabei ist, geschrieben zu werden. Vor allem aber mitsamt den Einschreibungen eines Kontextes, der es ermöglicht, zurückzuverfolgen, wie sich die Erzählung entwickelt hat.

Die ältesten dieser Beiträge scheinen bereits aus einer fernen Epoche zu stammen, ihre Fragestellungen befremdlich. Jedoch ist genau dieses Befremden hier die entscheidende historische Lektion. Die Entstehung des Neuen ist weder das Ergebnis von bislang unbekannten Techniken noch das von Praktiken, die sich dieser Techniken bemächtigen und vollkommen unbemerkt bleiben können. Das Neue wird vielmehr allein durch theoretische Rahmungen kenntlich, die bestimmten Veränderungen, die auf gesellschaftlicher Ebene wichtig erscheinen, eine Bedeutung verleihen. Wie die Abgrenzung von Mittelalter und Renaissance ist das Neue ein diskursives Ereignis, eine bestimmte Form, ein Phänomen zu kategorisieren, das Ergebnis eines Versuchs der symbolischen Bewertung.

Die Identifikation des Neuen ist eine der wichtigsten Triebfedern der modernen Mythologien. Daher ist ein Ereignis wie der digitale Wandel von Anfang an von zahlreichen Versuchen der Theoriebildung begleitet, noch bevor tatsächlich die Entwicklung von entsprechenden Praktiken festgestellt worden wäre. Im Fall der Fotografie ist von der digitalen Revolution erzählt worden, noch bevor diese stattgefunden hatte – was keine unwesentliche Erklärung für den oft gewagten Charakter solcher unvorsichtigen Prognosen ist.

Seit Beginn der 1990er Jahre, als immer häufiger von den »Datenautobahnen« die Rede ist, machen verschiedene Werke auf etwas aufmerksam, das als »Ende der Fotografie«[3] dargestellt wird. Fasziniert von der neuen Wandelbarkeit des Bildes, wie sie in den Programmen der Bildbearbeitung angelegt ist,[4] verkünden die Autoren den Zusammenbruch eines »Wahrheitsregimes«,[5] das den analogen Techniken eigen gewesen sei, und sagen eine Ära des allgemeinen Misstrauens gegenüber dem Bild voraus.

Diese Interpretation erfährt eine bittere Widerlegung, als sich die allgemeine Öffentlichkeit 2004 zum ersten Mal mit Bildern konfrontiert sieht, die als »digital« gekennzeichnet sind: den Fotos aus Abu Ghraib, deren Authentizität niemals in Frage gestellt werden wird. Im Gegenzug wird dieses Ereignis einiges dazu beitragen, ein neues Narrativ entstehen zu lassen: das der Konkurrenz durch Amateurfotografen. Diese Idee, die erstmals anlässlich eines Runden Tisches auf dem Festival für Fotojournalismus in Perpignan formuliert wird,[6] erfährt 2005 nach den Attentaten von London eine auffallende Verbreitung. In Verbindung mit der Forderung nach einem »Bürgerjournalismus«, wie er von Netzaktivisten propagiert wird, stößt sie bei den professionellen Fotografen, die eine Abwertung des Journalismus befürchten, auf offene Ohren und ist bis Anfang der 2010er Jahre eine der hartnäckigsten Mythen, die diese Phase prägen.

3 Vgl. vor allem: Fred Ritchin, *In Our Own Image: The Coming Revolution in Photography*. New York: Aperture 1990; William J. T. Mitchell, *The Reconfigured Eye: Visual Truth in the Post-Photographic Era*. Cambridge: MIT Press 1992.

4 Von Thomas Knoll seit 1987 entwickelt und zunächst ImagePro genannt, wird die erste Version der Software Photoshop 1990 von Adobe vertrieben und ist für Computer des Typs Macintosh konzipiert.

5 André Rouillé, *La Photographie: entre document et art contemporain*. Paris: Gallimard 2005, S. 614–617.

6 Dominique Héry, »Colloque Visa: l'avenir du photojournalisme – le malade vit encore!« (dt. »Die Zukunft des Photojournalismus – der Kranke ist noch [sehr] lebendig!«). In: *Le Photographe*, Nr. 1623, November 2004, S. 30.

In Erwartung des Wandels

Während die These vom Ende der Fotografie eine technische Erklärung für eine globale Veränderung anbietet, hat die von der Konkurrenz durch die Amateure eine eher sozioökonomische Prägung und fokussiert die Arbeit der Presse. Die beiden Konzepte haben keine Verbindung, aber jedes von ihnen liefert ein Erklärungsmuster, das den gänzlich neuen Charakter des Phänomens unterstreicht.

Der Wunsch, um jeden Preis einen Wendepunkt zu identifizieren, kann in Sackgassen führen. Wenn ich meine Artikel aus den Anfängen jener Phase wieder lese, dann fällt mir besonders auf, wie sehr sie von der Erwartung eines Wandels bestimmt sind. Die angekündigte Revolution muss sich notwendig in sichtbare Veränderungen übersetzen. Also wartet man darauf, diese in den Bildern wahrzunehmen. Wie der digitale Umbruch ist auch der zur Silbergelatinefotografie durch einen Austausch des Trägers gekennzeichnet. Ein Jahrhundert zuvor hatte dieser Prozess die Ikonografie auf den Kopf gestellt: Bewegungen, die wie im Flug erfasst wurden, ein größerer Realismus des Ausdrucks, unzählige neue Motive.

Führt die digitale Speicherung zu einer vergleichbaren Erneuerung? In der Hoffnung, eine ähnliche Zäsur zu entdecken, ist der kleinste Pixel unter die Lupe genommen worden. 15 Jahre später ist es Zeit anzuerkennen, was offensichtlich ist. Trotz einiger bemerkenswerter Erweiterungen, etwa im Bereich des fotografischen Selbstporträts, hat es keine ikonografische Revolution gegeben.

Der Fehler in der Analyse ist *a posteriori* leicht zu beschreiben. Wenn die Silbergelatinefotografie die visuelle Landschaft transformiert hat, dann weil ihr zentrales Kennzeichen, die Reduktion der Aufnahmezeit, anhand des Bildes verifiziert werden konnte.

Die Qualitäten des digitalen Trägers sind anderer Art und tragen nur geringfügig dazu bei, die Ikonografie zu verändern. Wie die allerersten Anwendungen der digitalen Abtastung zum Zweck der visuellen Aufzeichnung zeigen, nämlich die Bilder des Satelliten Mariner 4, die 1965 die ersten Ansichten von der Marsoberfläche liefern,[7] besteht der größte Vorteil dieser Technologie in ihrer Fähigkeit, das Bild über eine [große] Distanz hinweg zu übertragen.

Das Revolutionäre an der digitalen Fotografie ist ihre Fluidität.[8] Die

7 Mehr dazu im Folgenden, Kapitel 1.

8 Ich wähle diesen Begriff anstelle desjenigen der »Dematerialisierung«, der häufig verwendet wird, um digitale Inhalte zu kennzeichnen, und einprägsam, aber dennoch vage ist. Wie jeder

Konvertierung der visuellen Information in Daten, die speicherbar, modifizierbar und übertragbar sind, befreit das Bild aus seiner Abhängigkeit von einem materialen Träger. Es gilt, diese Entwicklung wieder in die lange Geschichte der Bilder einzuschreiben und sich daran zu erinnern, in welchem Maße ihre Materialität ihre Rolle in der Gesellschaft bestimmt hat. Nach der entscheidenden Etappe der technischen Reproduzierbarkeit, die von Walter Benjamin analysiert worden ist,[9] markiert die digitale Fluidität einen weiteren Schritt in der fortschreitenden Diffusion der Bilder, indem sie ihnen eine unendlich gesteigerte Appropriierbarkeit verleiht.

Von der Wandelbarkeit der Fotografie über die Anwendungen im Rahmen der Mobiltelefonie bis hin zum Einbruch der ökonomischen Monopole lassen sich alle Umbrüche, die durch die Digitalisierung in Gang gesetzt worden sind, durch dieses Kennzeichen erklären. Wenn es die Multiplikation der Bilder begünstigt, so steigert es mehr noch ihre Sichtbarkeit, da es sie an allen Formen der Zirkulation teilhaben lässt, die ihre digitale Verfasstheit ermöglicht.

Diese Transformation hat auch negative Aspekte. Im Zuge seiner digitalen Konversion entfernt sich das Bild aus der Kategorie jener beweglichen Formen, die nicht auf eine technische Vermittlung angewiesen sind, und wird in die elektronische Speicherung und in die Kategorie der Lesesysteme überführt. Ohne einen Phonographen ist es heutzutage nicht mehr möglich, eine Schellackplatte aus den 1940er Jahren abzuspielen, während man eine Daguerreotypie, die über ein Jahrhundert alt ist, direkt betrachten kann. Wenngleich es hier zu differenzieren gilt, hat die Omnipräsenz des Papierabzugs der Fotografie doch lange Zeit eine unmittelbare Zugänglichkeit gesichert, die wesentlich zu ihrem populären Gebrauch als Erinnerungsmedium beigetragen hat. Was aber wird geschehen, wenn ein technischer Wandel es unmöglich macht, auf Dateien zuzugreifen, die einer älteren technischen Umgebung angehören? Obwohl wir die entsprechenden Beschränkungen noch nicht kennen, markiert die Umstellung unserer Bildgebung und -verarbeitung auf Lesesysteme eine Entwicklung von großer Tragweite, die ab jetzt irreversibel ist.

Über den technischen Aspekt hinaus hat die regelmäßige Beobachtung

beim Crash einer Festplatte oder beim Verlust eines Datenträgers feststellen kann, behält eine Datei eine gewisse Materialität, deren Impact gewiss reduziert, aber keineswegs ganz aufgehoben ist. Anstatt zu behaupten, dass der digitale Wandel die Inhalte dematerialisiere, ist es angemessener zu sagen, dass er ihre Fähigkeit zur Zirkulation und Verbreitung erhöht.

9 Walter Benjamin, »Das Kunstwerk im Zeitalter seiner technischen Reproduzierbarkeit«. In: ders., *Das Kunstwerk im Zeitalter seiner technischen Reproduzierbarkeit. Drei Studien zur Kunstsoziologie*. Frankfurt a. M. 1963, S. 7–44.

des Wandels es mir ermöglicht, seine fundamentale Zwiespältigkeit zu erkennen. Indem es allzu oft den technischen Fortschritt mit einer Verbesserung gleichsetzt, lässt das historische Narrativ außer Acht, wie ungleichzeitig die Prozesse der Anpassung sind und wie ausgeprägt die Widerstände sein können; ein dialektischer Beweis für die Gewalt, wenn nicht die Brutalität, mit der sich das Neue manifestiert.

Von der Fotografie zum vernetzten Bild

Der digitale Wandel ist nicht der erste große Umbruch innerhalb des fotografischen Feldes, in dem die technische Entwicklung eine vertraute Gegebenheit ist. Aber vielleicht ist es derjenige, der die professionellen Vertreter am meisten aus dem Konzept gebracht hat, so sehr haben diese sich unvorbereitet, unverständig und unfähig zur Anpassung gezeigt. Indem sie das Digitale von Anfang an als »post-fotografisch« bezeichneten, haben zahlreiche Spezialisten das alte Paradigma als eine belagerte Festung und das Neue als einen unwillkommenen Eindringling betrachtet.

Die Digitalisierung der visuellen Aufzeichnung entsteht nicht aus fotografischen Techniken, sondern setzt unmittelbar beim elektronischen Bild an. Dieser exogene Ursprung verstärkt die Ablehnung durch die fotografischen Milieus. Um digital zu werden, muss aus dem Fotoapparat zunächst eine Videokamera werden. Dieser Kategorienwechsel erscheint als eine Bedrohung, als eine Fehlentwicklung oder als Paradox. Diese Wahrnehmung erklärt die Strategie der meisten Hersteller um das Jahr 2000, die darin besteht, die Veränderung zu camouflieren, um eine Illusion von Kontinuität zu schaffen. Indem sie die entscheidenden morphologischen und ergonomischen Kennzeichen der Aufzeichnungsapparate beibehalten, erhalten sie die Unterscheidung zwischen Fotoapparat und Kamera, die von nun an eine künstliche sein wird, erst einmal aufrecht.

Obwohl sie von den Vorteilen des fluiden Bildes profitieren, sehen viele Akteure davon ab, dessen neue Potenziale zu erkunden und ziehen es stattdessen vor, einen Status quo zu verlängern, der durch die Beibehaltung von Formaten ebenso markiert wird wie durch die Morphologie des Equipments. Zu Beginn des 21. Jahrhunderts, während die digitalen Datenträger sich überall durchsetzen, sieht eine Zeitschrift noch zehn Jahre lang weiterhin aus wie eine Zeitschrift, ein Fotoapparat wie ein Fotoapparat, ein Abzug wie ein Abzug, als wäre nichts geschehen – oder nur sehr wenig.

In beispielhafter Weise hat ein Festival, das für das kulturelle Selbstverständnis der Fotografie so repräsentativ ist wie die Rencontres d'Arles in der

Verbreitungsphase der digitalen Technologien nur eine einzige Ausstellung programmiert, die dem Auftreten der neuen Praktiken gewidmet war: *From Here On*, die 2011 von Clément Chéroux, Joan Fontcuberta, Erik Kessels, Martin Parr und Joachim Schmid konzipiert und von der Öffentlichkeit und den regelmäßigen Besuchern des Festivals kühl aufgenommen wurde.[10]

Die Zurückhaltung der professionellen Vertreter, die sich anhand der strategischen Fehler von Kodak illustrieren lässt, wo man sich lieber dafür entschied, ein alternatives Format zu vermarkten (das ephemere APS), anstatt die Ressourcen der eigenen Forschungslabore zu mobilisieren, hat einen unerwarteten Effekt: Sie verschiebt das Zentrum der Innovation vom fotografischen Sektor in den der Mobiltelefonie, die Schritt für Schritt zum Hauptschauplatz der neuen bildgebenden Praktiken wird.

Um das Jahr 2010 wird die Revolution des vernetzten Bildes von den Fotografen immer noch mit Herablassung und von den Herstellern mit Misstrauen betrachtet, die es alle nicht besonders eilig haben, kommunikativ orientierte Anwendungen in die Ausstattung klassischer Kameras zu integrieren. Aus diesem Grund wird der Großteil der Gewinne aus dem digitalen Wandel am Ende vor allem an Akteure im Bereich der Informatik, der Telefonie und des Internets gehen.

Wie in anderen Bereichen hat das Zusammentreffen der Digitalisierung mit der Krise des Kapitalismus zur Folge, dass den Neuen Technologien die Rolle eines Sündenbocks zugeschrieben wird, der für die industrielle Monopolisierung und für den sozialen Verfall in den entwickelten Gesellschaften verantwortlich gemacht wird, auch wenn dieser das Ergebnis politischer Entscheidungen und ökonomischer Planungen gewesen ist.[11] Vor dem Hintergrund einer umfassenden Veränderung der politischen Modelle, die der Allmacht der Märkte unterworfen sind, erscheint jede Andeutung eines Wandels von nun an als Bedrohung. Nicht mehr der Fortschritt ist das Maß der Zivilisation, sondern das Gebot, sich zu unterwerfen. Das Ausmaß der Herausforderungen, ebenso wie das Schweigen der Eliten begünstigen Absetzbewegungen und Panikreaktionen, die dazu führen, dass der Profit

10 Clément Chéroux, Joan Fontcuberta, Erik Kessels, Martin Parr und Joachim Schmid, *From Here On*. Arles: Les Rencontres d'Arles 2011.

11 »Die digitale Technologie hat die Probleme verstärkt und den Prozess beschleunigt, aber der Auslöser ist die Verschlechterung der ökonomischen Bedingungen.« [Übersetzung S. D.] Sylvain Maresca, *Basculer dans le numérique. Les mutations du métier de photographe*. Presses universitaires de Rennes 2014, S. 162. Lawrence Mishel, Heidi Shierholz, John Schmitt, »Don't Blame the Robots: Assessing the Job Polarization Explanation of Growing Wage Inequality.« Center for Economic and Policy Research, November 2013 (www.cepr.net/index.php/publications/reports/dont-blame-the-robots).

den neuen Akteuren vorbehalten bleibt und die bisherigen Akteure mittellos zurücklässt.

Im Fall der Fotografie hat dieser chaotische Übergang eine tiefe Zäsur zwischen Amateuren und professionellen Vertretern entstehen lassen und die Linie zwischen neuen Nutzern und etablierten Akteuren neu gezogen – ein Gegensatz von ungekannter Härte innerhalb eines Universums, das bislang relativ homogen war. Zwischen 2004 und 2015, von den Formen des Chats über Fotomontagen oder animierte Gifs bis zu den Selfies, kontrastieren die Entwicklung und der Erfindungsreichtum individueller Nutzungen mit der Immobilität professioneller Nutzung. Die Rezeption des digitalen Wandels könnte folglich in einer provokanten Formel zusammengefasst werden: eine Revolution für die Amateure, eine Krise für die professionellen Vertreter. Die stärkste Ausprägung dieses Gegensatzes findet sich wahrscheinlich im Bereich des Fotojournalimus, wo zu beobachten war, dass die Fotografen ihren Broterwerb mit Argumenten des ästhetischen Elitismus verteidigten, indem sie das mangelnde Unterscheidungsvermögen von Lesern beklagten, die bereit sind, die *low-cost* Inhalte der Bilddatenbanken zu konsumieren. Wie aber soll es funktionieren, auf einmal die Vorzüge der Kunstfertigkeit geltend zu machen, die der journalistische Diskurs der Objektivität unweigerlich negiert, zumal die Fotografie innerhalb der Presse als eine universelle Sprache eingeführt worden war, die von allen verstanden werden sollte?

Anders als es der Ausstellungs-Slogan im Jahr 2000 in Aussicht stellte, hat der digitale Wandel nicht alle in Fotografen verwandelt. Aber dank der Einbettung in die Infrastruktur der Kommunikation hat er den Gebrauch des Bildes wie nie zuvor erweitert und eine beispiellose Autonomisierung kultureller Praktiken befördert. Mehr noch: Er hat die Zugänglichkeit und Appropriierbarkeit der Bilder verändert. Während Bildbestände sich vormals in geschützte öffentliche Inhalte, die meist nicht appropriierbar waren, und in private Inhalte, die zum Großteil nicht sichtbar waren, aufteilten, hat die Digitalisierung die Karten neu gemischt, den einen wie den anderen Bildern eine ungekannte Zugänglichkeit und Öffentlichkeit verliehen und eine Art Republik der Bilder instituiert, in der eine radikale Egalität herrscht.

Ohne eine allgemeine künstlerische und ikonografische Bildung bleibt das ästhetische Vermögen zwangsläufig ein Privileg der besser gestellten Klassen.[12] Indem sie die Verbreitung bildgebender Praktiken begünstigt,

12 Pierre Bourdieu und Alain Darbel, *L'Amour de l'art: les musées d'art européens et leur public* (2. Auflage). Paris: Minuit 1969.

trägt die digitale Fluidität zur Ausbildung eines populären Bildwissens bei. Sie ist folglich eine Verbündete, wo es um die Entwicklung der Lust am Bild und der bildbezogenen Berufsfelder geht. Ihr Beitrag steht in der Tradition jener Versprechen, die mit der Erfindung der Fotografie verbunden sind, und die sie besser erfüllt als irgendeine andere technische Verbesserung. Wir stehen erst am Anfang dieses neuen Abschnitts.

1 Der digitale Abdruck. Theorie und Praxis der Fotografie im digitalen Zeitalter

Am 15. Juli 1965 erreichen die ersten digitalen Bilddaten die Erde; sie werden vom Mars aus gesendet, der von dem Satelliten Mariner 4 überflogen wird.[13] Lange vor der Erfindung fotografischer Sensoren hatte die NASA entschieden, Bilder zu digitalisieren, um mit den enormen räumlichen Distanzen umzugehen, die imstande waren, ein analoges Signal zu verzerren. Das Videosignal, erzeugt von einer Röhre vom Typ Vidicon in Schwarzweiß, wird von der Kamera in den binären Code transformiert, eine Datei von 40.000 Pixeln erstellt und über ein Radiosignal an die Erde übermittelt. Anstatt die Umrechnung der Daten durch einen allzu langsamen Computer abzuwarten, kolorieren die Ingenieure des Jet Propulsion Laboratory, die ungeduldig darauf warten, das wahre Gesicht des roten Planeten zu entdecken, die Papierstreifen, die aus dem Telegrafen kommen, entsprechend der Grauwerte, die in Zahlen angezeigt werden, und kleben sie dann aneinander, um mit der Hand das Bild zu rekonstruieren, das im Datenschreiber entstanden ist (*Abb. 1*).

Zwanzig Jahre später präsentiert der Film *Zurück in die Zukunft* von Robert Zemeckis einen Wissenschaftler, der mit Hilfe einer Kerntechnologie eine Zeitreisemaschine erfindet, die interessanterweise in einem DeLorean DMC untergebracht ist. Als die Maschine zum ersten Mal getestet wird, bittet Dr. Emmet Brown (gespielt von Christopher Lloyd) seinen jungen Freund, Marty McFly (Michael J. Fox) darum, den Versuch zu filmen. Als der Zeitpunkt gekommen ist, findet sich der Schüler mit seiner Videokamera JVC GR-C1 ein, dem ersten Modell, das 1984 auf den Markt kommt und es ermöglicht, direkt auf einer VHS-C-Kassette aufzuzeichnen (*Abb. 2*). Es handelt sich hier um die älteste Verwendung des fotografischen Sensors CCD, mit dem ab Beginn der 1990er Jahre die ersten digitalen Fotoapparate ausgestattet werden, für den allgemeinen Gebrauch.[14]

Diese beiden Beispiele aus der Zeit vor der Verbreitung der digitalen Fotografie zeigen, dass die Entstehung von Bildern aus Verfahren der digitalen

13 Vgl. »Mariner Press Kit«. In: Robert Goodwin (Hg.), *Mars. The Nasa Mission Reports*, Band 1. Burlington: Apogee Books 2000, S. 13–45.

14 Die beiden Technologien, die derzeit in digitalen Fotoapparaten verwendet werden: CCD (*charged-coupled device*) und CMOS-APS (*complementary metal-oxide-semiconductor active pixel sensors*), wurden jeweils 1969 von Willard Boyle und George E. Smith in den Bell Labs und 1993 von Eric Fossum im Jet Propulsion Laboratory entwickelt. Die Forschungen, die zu diesen Systemen führten, zielten ursprünglich darauf ab, die Röhrensysteme in der Videoaufzeichnung zu ersetzen.

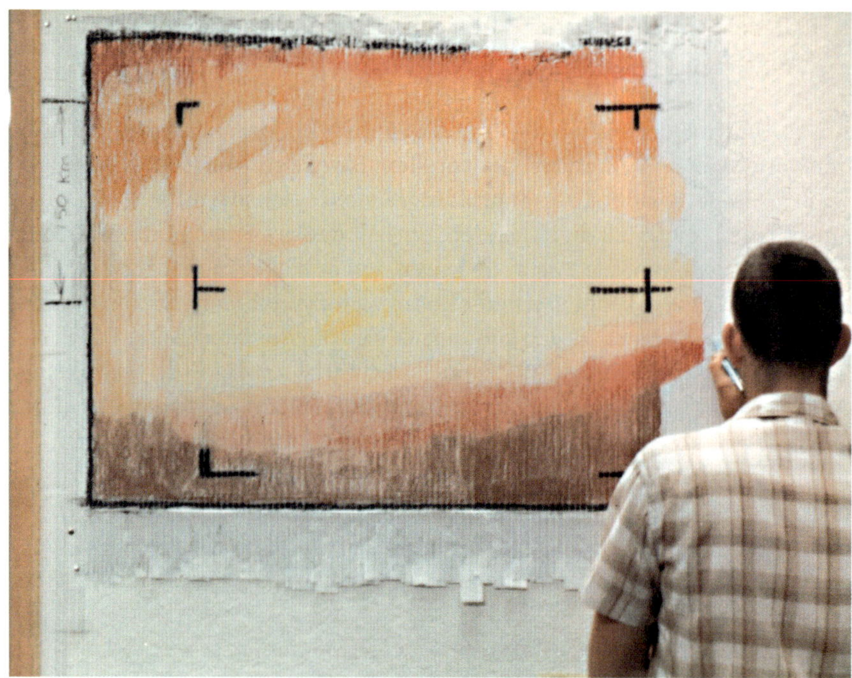

Abb. 1: 15. Juli 1965: Manuelle Rekonstruktion der ersten Fotografie des Marsbodens durch die Ingenieure des Jet Propulsion Laboratory, ausgehend von den digitalen Informationen, die durch den Satelliten Mariner 4 übermittelt wurden (photo NASA).

Abtastung ihre Funktion als Dokument oder Zeugnis keineswegs aufhebt. Auch wenn sie umfassend überarbeitet und reinterpretiert worden sind, markieren die 22 Fotos, die von Mariner 4 gesendet worden sind, definitiv das Ende eines Irrtums, der fast ein Jahrhundert lang Bestand hatte: die Existenz der Kanäle, die der italienische Astronom Giovanni Schiaparelli 1877 auf der Oberfläche des Mars zu erkennen geglaubt hatte, und die 1895 von Percival Lowell als Bewässerungssystem beschrieben worden waren, was die Existenz einer außerirdischen Zivilisation nahezulegen schien.[15]

Die Rezeption, die das digitale Bild zu Beginn der 1990er Jahre erfährt, steht dieser Einsicht gleichwohl entgegen. Die verschwommenen Pixel, die auf den Computerbildschirmen angezeigt werden, rufen vielmehr die Erinnerung an synthetische Bilder wach, wie sie der Film *Tron* (Steven

15 Vgl. Robert Markley, *Dying Planet: Mars in Science and the Imagination*. Durham: Duke University Press 2005.

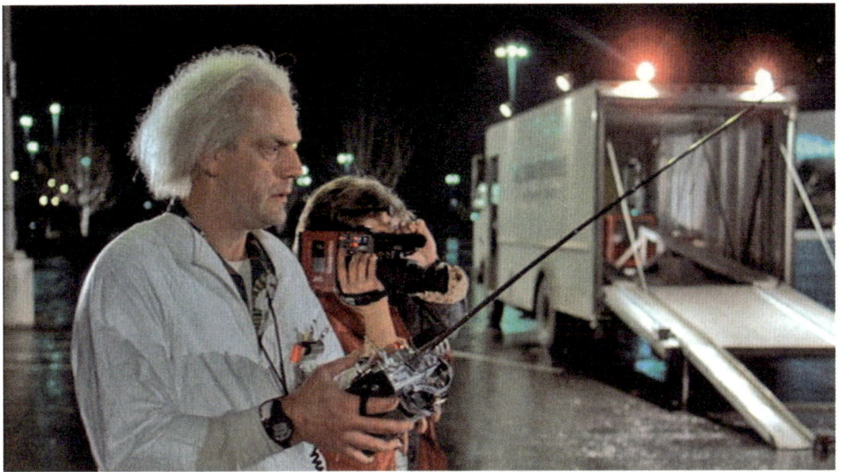

Abb. 2: Robert Zemeckis, *Zurück in die Zukunft*, 1985: Die Videokamera JVC GR-C1 mit elektronischem Sensor (Frame).

Lisberger, 1982) bekannt gemacht hatte. Und während die Software Photoshop in den Expertenkreisen von Gestaltern und Graphikern Einzug hält, argumentieren die Theoretiker formalistisch. In *The Reconfigured Eye* postuliert William J. T. Mitchell, dass wir mit den digitalen Bildern in das postfotografische Zeitalter eintreten: »Auch wenn ein digitales Bild mit einer Fotografie identisch scheint, wenn es in einer Zeitschrift publiziert wird, ist es in Wirklichkeit ebenso fundamental verschieden von einer traditionellen Fotografie wie diese von einem Gemälde.«[16] Mit Verweis auf Paul Strand, der die *raison d'être* der Fotografie durch »eine absolute Singularität der Mittel«[17] definiert sieht, formuliert Mitchell den Gedanken, dass das digitale Bild, das aus einem Raster von Pixeln zusammengesetzt ist, nicht von derselben Natur sei wie der frühere analoge Abdruck. »Die numerische Codierung, die es kennzeichnet, ist symbolisch und zerstört jede indexikalische Spur«,[18] präzisiert Pierre Barboza. »Durch diesen Bruch mit dem Prinzip der physischen und energetischen Verbindung unterscheidet sich

16 »Although a digital image may look just like a photograph when it is published in a newspaper, it actually differs as profoundly from a traditional photograph as does a photograph from a painting.« William J. T. Mitchell, *The Reconfigured Eye*, S. 4 [Übersetzung SD].
17 »Photography [...] finds its *raison d'être* [...] in a complete uniqueness of means.« Paul Strand, Photography [1917], nach: William J. T. Mitchell, ebda., S. 7 [Übersetzung SD].
18 Pierre Barboza, *Du photographique au numérique: la parenthèse indicielle dans l'histoire des images*. Paris: L'Harmattan 1996, S. 19.

die digitale Fotografie fundamental von der analogen Fotografie und das Wahrheitsregime, das sie stützte, bricht zusammen«,[19] sekundiert André Rouillé. Für alle diese Experten drängt sich dieselbe Schlussfolgerung auf: Mit dem digitalen Bild beginnt eine Ära des Misstrauens, die eine lange Epoche des Glaubens an die Wahrhaftigkeit der Bilder beenden wird.

Und dennoch: Die Katastrophe hat nicht stattgefunden. Wenngleich alle unsere Bilder inzwischen aus Pixeln zusammengesetzt sind, hören wir dennoch nicht auf, unsere Zeitungen aufzuschlagen, unsere Fernseher einzuschalten und den Informationen, die sie liefern, Vertrauen zu schenken. Wir fahren fort, unsere Kinder oder unsere Reiseziele zu fotografieren, und selbst wenn sich unsere Familienalben auf einem Computerbildschirm öffnen, zweifeln wir ebenso wenig an diesen Bildern wie an jenen, die früher der örtliche Fotograf lieferte. Nicht, dass es nicht hier und da Fälle von Retusche oder von Manipulation gäbe, die von Zeit zu Zeit gemeldet werden. Wie aber lässt sich erklären, dass auf eine so einhellige Prognose, eine so unversöhnliche Vorhersage nicht der angekündigte Zusammenbruch gefolgt ist?

Das Ende der Indexikalität

Um das Scheitern dieser Vorhersagen zu verstehen, liegt es nahe, ihren theoretischen Unterbau zu untersuchen: die These von der fotografischen Indexikalität, die zum ersten Mal 1977 von Rosalind Krauss formuliert worden ist. In einem Artikel, der immer noch berühmt ist, wenngleich er sich mit damals neuen künstlerischen Praktiken der 1970 Jahre befasst, schlägt die Kunstkritikerin *en passant* diese Definition vor: »Alle Fotografie ist das Resultat eines physischen Abdrucks, der durch die Reflexion des Lichts auf eine sensible Oberfläche übertragen worden ist. Die Fotografie ist folglich jener Typus eines Ikons oder einer visuellen Darstellung, der mit seinem Gegenstand eine indexikalische Beziehung unterhält.«[20]

Seit der Erfindung der ersten Bildaufzeichnungstechniken hat es nicht an Versuchen gefehlt, ihre spezifischen Eigenschaften zu bestimmen. Von Elizabeth Eastlake über Walter Benjamin, André Bazin, Susan Sontag bis zu Roland Barthes unterstellen alle Theoretiker eine Qualität, die nur dem

19 André Rouillé, *La Photographie: entre document et art contemporain*. Paris: Gallimard 2006, S. 615.

20 »Every photograph is the result of a physical imprint transferred by light reflections onto a sensitive surface. The photograph is thus a type of icon, or visual likeness, which bears an indexical relationship to its object.« Rosalind Krauss, »Notes on the Index: Seventies Art in America (1)«. In: *October*, Nr. 3, Frühjahr 1977, S. 75 [Übersetzung SD].

fotografischen Medium eigen sei, und postulieren ein besonderes ›Wesen‹ der Fotografie. Trotz ihrer scheinbaren Nähe repräsentieren diese Zugänge unterschiedliche Ansätze: Benjamin versucht, die Fotografie durch eine gewisse Erfahrung von Präsenz zu definieren, Bazin schreibt sie in ein referentielles Universum ein, das eher psychologisch geprägt ist, während Barthes eine transhistorische Dimension entwirft. Aber wenngleich sie sich in diese Tradition der ontologischen Kennzeichnungen einschreibt, so bringt Krauss mit ihrem Vorschlag zugleich zwei Aspekte ein, die neu sind: der Verweis auf den physisch-chemischen Prozess der Bildaufzeichnung, der zudem in den Rang einer semiotischen Kategorie erhoben wird.

Wo Roland Barthes formuliert: »In der Photographie lässt sich nicht leugnen, *dass die Sache da gewesen ist*«,[21] ein deduktives Argument, konzipiert Rosalind Krauss die Referentialiät des Bildes als physische Verbindung zwischen dem Gegenstand und dem Träger, die durch Vermittlung des Lichts hergestellt werde. Diese Definition ist präziser und zugleich plausibler, da sie allem Anschein nach in der technischen Realität der Fotografie begründet ist. In der Geschichte des fotografischen Mediums bleibt ein solcher Ansatz gewöhnlich den technischen Spezialisten vorbehalten.[22] Wie kommt es dazu, dass eine Autorin, die über keine besonderen Kenntnisse der fotografischen Verfahren verfügt, sich dafür entscheidet, so zu argumentieren?

Der Kontext der US-amerikanischen Moderne liefert hier einen wichtigen Hinweis. Folgt man einem wegweisenden Artikel von Clement Greenberg, der 1960 veröffentlicht wurde, so musste »[j]ede Kunst […] in ihrer eigenen Arbeitsweise und ihren eigenen Werken die Effekte bestimmen, über die sie allein verfügt«.[23] Obwohl sie bestrebt ist, der Hegemonie der Malerei innerhalb des formalistischen Diskurses etwas entgegenzusetzen, da sie die Fotografie als Kunst behandelt,[24] bleibt Krauss an der modernis-

21 Roland Barthes, *Die helle Kammer. Bemerkung zur Photographie.* Frankfurt a. M.: Suhrkamp 1989, S. 86.

22 Zum Beispiel Léon Vidal, *Projet d'organisation en France d'un service d'archives photographiques documentaires.* Paris: AFAS 1894, S 1–2: »Es sind die Strahlen, reflektiert durch die Oberfläche der Gegenstände selbst, die ihren Abdruck auf der sensiblen Platte hinterlassen, ohne dass diese Kopie, die somit automatisch erzeugt wird, der Interpretation bedürfte oder der geringsten Ungenauigkeit verdächtigt werden könnte.« [Übersetzung SD]

23 Clement Greenberg, »Modernistische Malerei« [1960]. In: ders., *Die Essenz der Moderne. Ausgewählte Essays und Kritiken, aus dem Amerikanischen von Christoph Hollender*. Amsterdam, Dresden: Verlag der Kunst 1997, S. 265–278, S. 267.

24 Vgl. Johanne Lamoureux, »La Critique postmoderne et le modèle photographique«. In: *Études photographiques*, Nr. 1, November 1996, S. 109–115 (www.etudesphotographiques.revues.org/103).

tischen Strategie orientiert, die darin besteht, die spezifischen Eigenschaften des Mediums zu bestimmen. Indem sie die entsprechenden Ausführungen durch das Konzept des Index nobilitiert, das sie den Schriften von Pierce entlehnt, verbindet sie den formalistischen Unterbau, Grundlage der US-amerikanischen Kunstgeschichte, mit dem Label der semiotischen Theorie, die sich damals auf dem Höhepunkt ihres Erfolgs befindet. Nie wieder wird die Theorie der Fotografie über ein so elaboriertes, so verführerisches Konzept verfügen, das gut zwanzig Jahre lang in zahlreichen Arbeiten diskutiert und verstetigt wird.[25]

Dennoch ist dieser Ansatz bei aller Schönheit fehlerhaft. Seine vorgebliche technische Fundierung hält einer detaillierten Untersuchung nicht stand. Wenn Krauss das Konzept des Index mobilisiert, um die Idee einer »physischen Beziehung«[26] zwischen dem Zeichen und seinem Ursprung zu konturieren, so erweist sich, dass dieses Erklärungsmodell der traditionellen Konzeption der Simulakren bei Lukrez näher steht,[27] als dem wirklichen Verhalten der Lichtteilchen. Wenn sie so tut, als würde der Lichtstrahl direkt auf den Träger treffen, dann vergisst sie die entscheidende Rolle des optischen Dispositivs. Wie Jean-Marc Lévy-Leblond anmerkt: »Die Trans-

25 Vgl. vor allem Philippe Dubois, *Der fotografische Akt. Versuch über ein theoretisches Dispositiv*, aus dem Französischen von Dieter Hornig. Amsterdam, Dresden: Verlag der Kunst 1998; Jean-Marie Schaeffer, *L'image précaire: du dispositif photographique*. Paris: Seuil 1987. Für eine Diskussion der französischen Rezeption des Artikels von Krauss vgl. Katia Schneller, »Sur les traces de Rosalind Krauss: la réception française de la notion d'index, 1977–1990«. In: *Études photographiques*, Nr. 21, Dezember 2007, S. 123–143 (www.etudesphotographiques.revues.org/2483).

26 »Im Unterschied zu Symbolen stellen Indizes ihre Bedeutung aufgrund einer physischen Beziehung zu ihren Referenten her. Sie sind die Markierungen oder Spuren einer besonderen Ursache, und diese Ursache ist das Ding, auf das sie sich beziehen, der Gegenstand, den sie bezeichnen.« Rosalind E. Krauss, »Anmerkungen zum Index: Teil 1«. In: dies., *Die Originalität der Avantgarde und andere Mythen der Moderne*, hg. von Herta Wolf, Amsterdam und Dresden: Verlag der Kunst 2000, S. 249–261, S. 251. Pierce-Spezialisten haben angemerkt, dass das Konzept des Index komplexer ist. Aber der Verweis von Krauss auf das Werk des Philosophen, der in dem ursprünglichen Artikel nur ein einziges Mal zitiert wird, ist einer, der mit am häufigsten aufgegriffen wird.

27 »Sprechen wir nun davon, mit welcher Einfachheit, welcher Leichtigkeit, diese Bilder sich formen und wie sie, gleich einem Strom, der nicht versiegt, nicht aufhören, sich vom Körper zu lösen. Denn diese oberflächlichen Elemente fließen und strahlen ohne Unterlass von allen Gegenständen ab. […] Und so wie die Sonne in kurzer Zeit viele Strahlen aussenden muss, damit das Universum ständig davon erfüllt sei, so auch und auf dieselbe Weise muss es geschehen, dass der Körper aus allen Gliedern, auf tausendfache Weise, in alle Richtungen, zahlreiche Simulakren aussendet, denn überall, wohin wir den Spiegel drehen, sehen wir sie mit ihrer Form und ihrer Farbe reflektiert.« Lukrez, *De la nature*. Paris: Les Belles Lettres 1985, Buch IV, S. 142–167, S. 11–12 [Übersetzung SD nach AG].

parenz eines Mediums oder seine Opazität [...] sind das Resultat eines sehr komplizierten Mechanismus: Die auftretenden leuchtenden Photonen werden durch elektrische Ladungen des Mediums absorbiert [...] und versetzen diese in Bewegung, die Ladungen emittieren dann neue Photonen, etc. Es ist also nur die Bilanz dieses Prozesses der Absorption und Emission, die es erlaubt festzustellen, ob und wie ein Körper das Licht passieren lässt oder blockiert.« In anderen Worten: »Die Photonen, die auf eine Glasplatte treffen, sind nicht diejenigen, die aus ihr austreten. [...] Es hat vielmehr einen kompletten Austausch dieser Bestandteile des Lichts innerhalb des Materials gegeben.«[28]

Diese Beobachtung reicht aus, um die Fetischisierung der »materiellen Kontinuität zwischen den Dingen und den Bildern« zu konterkarieren, auf der die analoge Fotografie angeblich beruhen soll. Selbst im Fall eines analogen Signals stellen das optische Dispositiv ebenso wenig wie der Träger der Aufzeichnung neutrale Vermittler eines Lichtflusses dar, der vom Gegenstand emittiert würde. Im Gegenteil, die Fotografen wissen, dass sie, wenn sie das Objekt oder den Film austauschen, im Moment der Aufnahme über einen entscheidenden Handlungsspielraum verfügen, der es ihnen erlaubt, den Blickwinkel, die geometrische Komposition oder die Farben einer Szene zu verändern. Man kann einen Fotoapparat nicht als einen transparenten Vermittler des Realen beschreiben: Es gilt eher, ihn als eine Maschine zu begreifen, mit der zwischen Optionen ausgewählt wird, einem Ensemble von Parametern entsprechend, die auf komplexe Weise interagieren und nach präzisen Entscheidungen verlangen. Ein Stellwerk eher als ein Spiegel.

Es ist nicht zu erkennen, auf welcher argumentativen Grundlage der digitalen Fotografie der Status eines Abdrucks abgesprochen werden sollte. Dieser Status leitet sich nicht aus irgendeiner räumlichen oder semiotischen Kontiguität ab. Er wird durch das Protokoll der Aufzeichnung etabliert, das als Speicherung von Informationen unter kontrollierbaren Bedingungen definiert ist. Die Vertrauenswürdigkeit der Resultate hängt ab von dem Respekt vor den Bedingungen des Protokolls, die seine spätere Interpretation garantieren. Diese ›Wahrhaftigkeit‹ ist also fragil, leicht zu fälschen oder zu verändern. Aber wenn die Bedingungen des Protokolls respektiert worden sind, ist sie auch sehr machtvoll, weil unhinterfragbar. Weit entfernt davon, nur die Fotografie zu kennzeichnen, ist diese Eigenschaft allen Formen der Aufzeichnung eigen, vom Fossil über das polizeiliche Register bis zur Mikrorille.

28 Jean-Marc Lévy-Leblond, *La Vitesse de l'ombre: aux limites de la science*. Paris: Seuil 2006, S. 28–29.

Eine Theorie wird durch die Praxis widerlegt

Es war nicht nötig, auf das Auftauchen der digitalen Fotografie zu warten, um die Defizite des indexikalischen Ansatzes zu bemerken. Dennoch ist er bis zu jenem Moment von Kritik weitgehend verschont geblieben. Und so ist es sehr wohl die digitale Praxis, durch die seine zentrale Schwachstelle aufgezeigt worden ist: die ontologische Bestimmung der Fotografie. Obgleich auf falsche Prämissen gestützt, haben diejenigen, die dem digitalen Bild als Kassandra begegneten (ich habe sie weiter oben zitiert), die logische Konsequenz aus der Krauss'schen Argumentation gezogen: Mit dem Übergang zum errechneten Bild müsste der Vertrag über die fotografische Wahrhaftigkeit aufgekündigt werden. Wenn dies nicht geschehen ist, dann liegt dies daran, dass der Prozess der Bilderzeugung im Hinblick auf die Lektüre des Bildes durch den Rezipienten nur ein Parameter unter anderen gewesen ist

So auch im Fall von Abu Ghraib. Im Frühjahr 2004 wird die Welt durch die Verbreitung einer Reihe von Fotos erschüttert, die Folterungen irakischer Gefangener durch US-amerikanisches Wachpersonal zeigen. Es handelt sich um digitale Bilder, die von den Soldaten selbst mit gängigen Kameras aufgenommen worden sind. Ganzseitig drucken die Zeitungen die Pixel und das vielfarbige digitale Rauschen ab (*Abb. 3*). Dennoch, entgegen aller Verlautbarungen, werden diese Fotos sofort als glaubwürdige Dokumente akzeptiert. Der Befund ist umso klarer, als eine andere Gruppe von Bildern, die am 1. Mai durch den *Daily Mirror* veröffentlicht wird, sich rasch als Fälschungen erweist, auch wenn es sich um analoge Abzüge in Schwarzweiß handelt, die das Werk von Fotojournalisten sind.

Die Jahre 2002 bis 2004 entsprechen jener Hochphase der technischen Umrüstung, die dazu beiträgt, dass in den entwickelten Ländern der analoge Bestand zugunsten des digitalen zurückgeht. Unter den Veränderungen, die die neue Technologie mit sich bringt, stellt die Möglichkeit, die Aufnahme sofort auf dem integrierten Bildschirm zu überprüfen, sicherlich den wichtigsten Umbruch, die populärste Eigenschaft und einen besonders eindrücklichen Beweis für die Glaubwürdigkeit des digitalen Bildes dar.

Um die Konsumenten nicht zu verunsichern, haben die Hersteller eine kommerzielle Strategie entwickelt, die beruhigen soll: In der Gestaltung der Kameras bleibt die Morphologie, die durch die klassische Fototechnik etabliert worden ist, erhalten, in den Ausdrucken werden die Formate und das Erscheinungsbild von Abzügen reproduziert. Jeder kann sich selbst davon überzeugen, dass die digitalen Bilder ab einer Anzahl von drei Millionen Pixeln hinsichtlich ihrer Präzision und Qualität den traditionellen

8 monde

LIBERATION
VENDREDI 7 MAI 2004

Le secrétaire à la Défense mis en cause dans le scandale des tortures en Irak.

Rumsfeld sous pressions

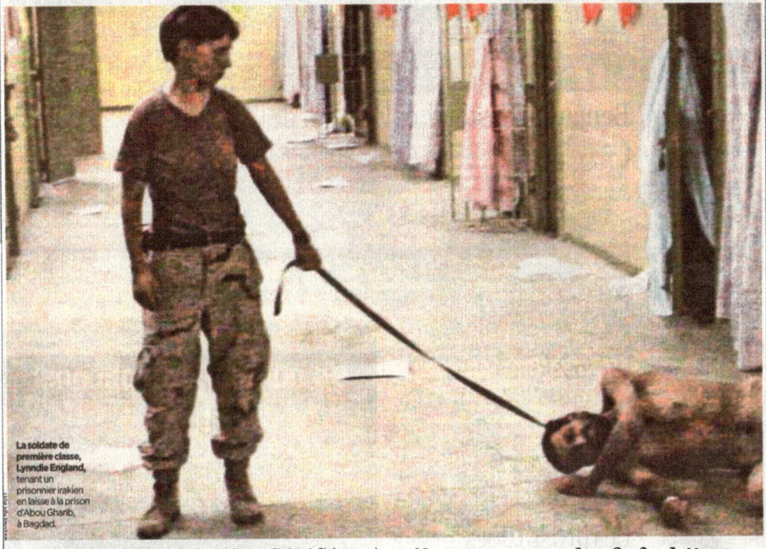

La soldate de première classe, Lynndie England, tenant un prisonnier irakien en laisse à la prison d'Abou Gharib, à Bagdad.

Washington de notre correspondant

La soldate de première classe Lynndie England, 21 ans, a l'air d'une enfant. Elle est debout dans un couloir sinistre, une laisse dans la main gauche. Elle semble s'ennuyer. Au bout de la laisse, un homme barbu et nu, grimace, couché sur le côté. La photo était, hier, à la une du *Washington Post*, qui a mis la main sur un millier de nouveaux clichés, pris, fin 2003, dans la sinistre prison d'Abou Gharib. Images de cauchemar, celles de soldats américains qui torturent, le sourire aux lèvres. Lynndie England est désormais célèbre. Elle figurait déjà sur d'autres photos publiées la semaine dernière. Sur l'une d'entre elles, elle rigole, cigarette aux lèvres, en montrant du doigt le sexe d'un prisonnier nu et cagoulé. Sur une autre, elle lève les pouces devant une pyramide de corps. A Fort Shaby, en Virginie Occidentale, sa famille et ses amis sont consternés. Sa meilleure amie jure qu'elle n'a pas été directement impliquée dans les tortures. Elle était juste *«au mauvais endroit, au mauvais moment»*. Lynndie England n'a pas été inculpée, à la différence de six autres soldats; elle est toutefois consignée à Fort Bragg.

«Le Président n'était pas satisfait et il l'a clairement fait savoir à Donald Rumsfeld.»
Un responsable de la Maison Blanche

Irritation. A l'autre bout de la chaîne de commandement militaire, George W. Bush est sous pression. Hier, à l'issue d'un entretien avec le roi Abdallah de Jordanie, il a indiqué qu'il était *«désolé»* pour les humiliations infligées aux prisonniers irakiens, sans pour autant présenter d'excuses formelles. Il s'est également déclaré *«désolé que ceux qui ont vu ces images n'aient pas compris la vraie nature du peuple américain»*. La veille, le Président avait fait part de son irritation contre le secrétaire à la Défense, Donald Rumsfeld. C'est en effet en regardant les premières images de sévices sexuels, sur CBS mercredi soir, que George Bush a découvert la gravité de ce qui s'était passé à Abou Gharib.

«Le Président n'était pas satisfait et il l'a clairement fait savoir à Donald Rumsfeld», a déclaré un responsable de la Maison Blanche. *«Donald Rumsfeld a un rôle important dans le gouvernement, et il restera dans le gouvernement»*, a affirmé Bush hier.

Trop tard: le fait d'avoir rendu publique la réunion hou- •••

Offensive contre les fiefs chiites

Les Américains veulent capturer le chef radical Moqtada al-Sadr.

L'armée américaine est passée hier à une offensive tous azimuts contre les milices de l'armée du Mehdi, loyales au jeune chef radical chiite Moqtada al-Sadr. Dans le centre du pays, à l'entrée de Najaf, les GI ont tué 41 de ses partisans dans une opération destinée à reprendre la résidence du gouverneur. A Kerbala, des blindés ont détruit les bureaux du mouvement du chef chiite sans rencontrer de résistance. Un milicien a été tué. Najaf et Kerbala sont les plus hauts lieux saints de l'islam chiite dont le saccage pourrait susciter un soulèvement de toute cette communauté qui constitue 60 % de la population de l'Irak. L'intervention des soldats américains a suivi de peu l'annonce par l'administrateur civil américain Paul Bremer de la nomination d'un gouverneur de Najaf. Le poste a été confié à Adnane Al-Zirfi, un chiite de Koufa, une ville qui a un long passé d'opposition au régime de Saddam Hussein. *«Moqtada al-Sadr doit répondre devant la justice irakienne du crime dont il a été accusé et ses partisans doivent désarmer»*, a déclaré Bremer, ajoutant que *«le gouvernorat de Najaf doit avoir une administration irakienne forte»*. Moqtada al-Sadr est accusé d'avoir commandité, l'an dernier, le meurtre d'un religieux rival, et l'armée américaine s'est donné pour objectif de le capturer mort ou vif. Les milices du Mehdi se sont également heurtées, hier, à des soldats italiens près de Nassiriyah, dans le Sud, faisant trois morts irakiens, deux civils et un milicien. Et à Bagdad, dans le faubourg de Sadr City, le fief des partisans d'Al-Sadr, l'armée américaine a annoncé avoir tué dix rebelles. A Bagdad encore, six Irakiens et un soldat américain ont été tués dans un attentat à la voiture piégée sur un pont uniquement emprunté par les militaires et les employés travaillant dans le QG de la coalition. Cette remontée de tension est intervenue alors que l'envoyé spécial de l'ONU en Irak, Lakhdar Brahimi, est revenu à Bagdad pour aider à la formation d'un gouvernement intérimaire d'ici au 30 juin. ◆ H.D.-P.

Abb. 3: Foto aus Abu Ghraib, *Libération*, 7. Mai 2004 (Privatsammlung).

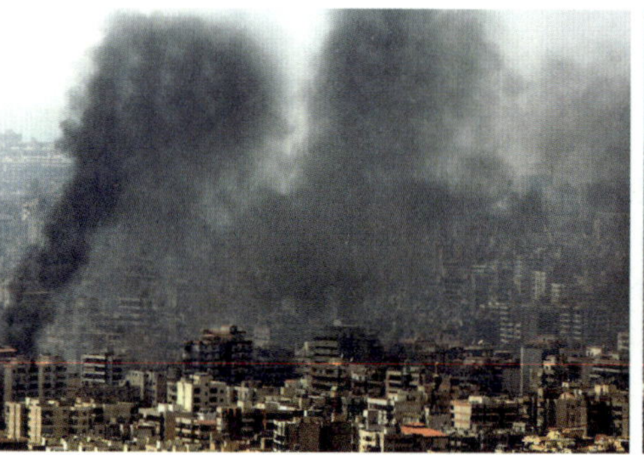
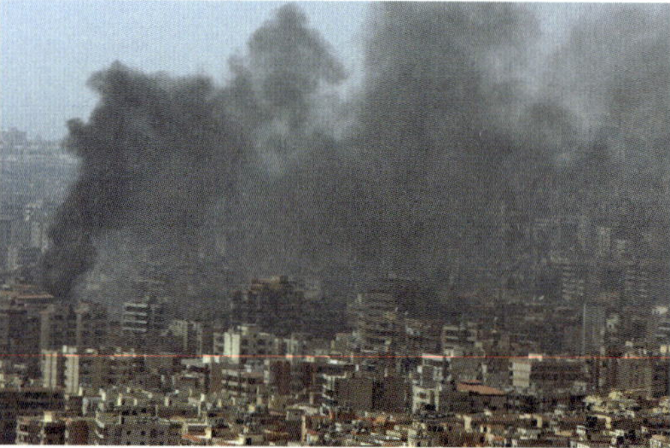

Abb. 4: Retuschierte Version (links) und Originalversion (rechts) des Fotos von Adnan Hajj, das eine Bombardierung von Beirut zeigt, August 2006 (Reuters).

Abzügen im Format 10 × 15 cm vergleichbar sind. Zu beobachten ist, dass die Senkung der Kosten für das einzelne Bild die Folge hat, dass die Zahl der Bilder erheblich ansteigt. Mit Problemen der Speicherung und Archivierung konfrontiert verliert der Amateur keine Zeit damit, seine Aufnahmen zu retuschieren, sondern sucht vielmehr nach Anwendungen, die sofort das beste Resultat liefern.

Diese pragmatischen Erwägungen bilden die Basis des Vertrauens, das die allgemeine Öffentlichkeit der digitalen Fotografie entgegenbringt. Wenngleich der Entstehungsprozess opaker geworden ist, sieht alles nach einer bemerkenswerten Kontinuität der Formen und der Gebrauchsweisen aus, und das trotz eines großen technologischen Umbruchs. Es hat keine Katastrophe im Register des Sichtbaren gegeben. Im Gegenteil, vereinzelte Skandale, wie der um Adnan Hajj im August 2006, zeigen, dass sich die Normen des Fotojournalismus nicht verändert haben. Angesichts einer groben digitalen Fälschung der Aufnahme einer Bombardierung von Beirut reagiert die Agentur Reuters, indem sie den Fotografen entlässt und erklärt, dass »Null-Toleranz« das richtige Prinzip im Umgang mit retuschierten Bildern bleiben wird (*Abb. 4*).[29]

Besser als jedes theoretische Argument hat die Durchsetzung der digi-

29 Beiläufig angemerkt und als Gegenbeispiel: Es ist ganz und gar möglich, aufgrund ihrer Ontogenese für die Wahrhaftigkeit der digitalen Bilder zu bürgen, wie ich mit Hilfe eines Verfahrens gezeigt habe, das für die Fotografien der EHESS verwendet wurde, bei denen die Geschwindigkeit, mit der sie hochgeladen wurden, im Verhältnis zur Anzahl der Bilder jede Intervention in Form der Nachbearbeitung materiell unmöglich machte. Vgl. André Gunthert: »Les Photographies de l'EHESS et le ›journalisme citoyen‹«. In: *Études photographiques*, Nr. 18, Mai 2006, S. 120–137 (www.etudesphotographiques.revues.org/939).

talen Praxis gezeigt, dass die Wahrhaftigkeit des Bildes nicht von seiner Ontogenese abhängt. Wenn es ein ›Wesen‹ der Fotografie gibt, dann ist dieses nicht auf den Mechanismus der Bildproduktion zu reduzieren. Diese Befunde, die sich nach und nach durchgesetzt haben, hatten die Entwicklung von differenzierten kritischen Stellungnahmen zur indexikalischen These zur Folge.[30] Von den Debatten zwischen den Spezialisten abgesehen, bleibt anzumerken, dass die Widerlegung der Theorie durch die Praxis, in der Geschichte der Naturwissenschaften ein gängiges Phänomen, dank der digitalen Fotografie nun auch auf dem Terrain der Kulturgeschichte zu beobachten ist.

Trotzdem ist die Frage der Manipulation des Bildes nicht verschwunden. Wenngleich sie einst nichts anderes als die Negation der fotografischen Objektivität darstellte,[31] hat diese ihre Bedeutung verändert und wird nach und nach in das Verständnis der Bildaufzeichnung integriert. Wie in der kinematografischen Kultur, die stets das Zusammenspiel zwischen der abbildlichen Dimension des Bildes und seiner grafischen Gestaltung akzeptiert hat, entwickelt sich ein neuer Umgang mit der Bildbearbeitung, der in der Erfahrung begründet ist.

Das sukzessive Eingeständnis von korrektiven Eingriffen durch die Presseorgane ist ein erstes Element dieser kritischen Wahrnehmung. Aber mit der beschleunigten Zirkulation der Bilder multiplizieren sich auch die Anschuldigungen der Manipulation, und es wird immer schwieriger, die Fiktion der fotografischen Unantastbarkeit aufrechtzuerhalten. Angesichts der offensichtlichen Retuschierung der Fettpölsterchen von Nicolas Sarkozy in den Kolumnen von *Paris Match* am 9. August 2007 können die ungelenken Stellungnahmen der Redaktion nicht mehr überzeugen. Im November 2008 ist *Le Figaro* die erste französische Zeitung, die eine korrektive Bearbeitung zugibt, die einen teuren Ring vom Finger Rachida Datis, der Justizministerin, verschwinden ließ. Das Eingeständnis ist gewichtig: Zugeben, dass das Schmuckstück entfernt werden musste, weil es die Wahr-

30 Vgl. vor allem Tom Gunning, »La Retouche numérique à l'index: pour une phénoménologie de la photo-graphie«, übersetzt von M. Phéline. In: *Études photographiques*, Nr. 19, Dezember 2006, S. 96–199 (www.etudesphotographique.revues.org/1004).

31 Beiläufig angemerkt und als Gegenbeispiel: Es ist ganz und gar möglich, aufgrund ihrer Ontogenese für die Wahrhaftigkeit der digitalen Bilder zu bürgen, wie ich mit Hilfe eines Verfahrens gezeigt habe, das für die Fotografien der EHESS verwendet wurde, bei denen die Geschwindigkeit, mit der sie hochgeladen wurden, im Verhältnis zur Anzahl der Bilder jede Intervention in Form der Nachbearbeitung materiell unmöglich machte. Vgl. André Gunthert: »Les Photographies de l'EHESS et le ›journalisme citoyen‹«. In: *Études photographiques*, Nr. 18, Mai 2006, S. 120–137 (www.etudesphotographiques.revues.org/939).

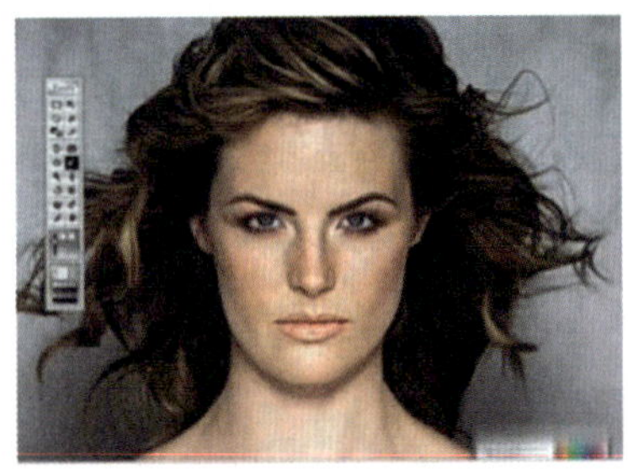

Abb. 5: »Dove Evolution« (Unilever), YouTube-Video, Oktober 2006 (Screenshot).

nehmung beeinflusst hätte, bedeutet, das Ende jenes Dogmas zu akzeptieren, nach dem der Gebrauch der Fotografie in der Presse allein vom Primat der Information bestimmt ist. Die Bearbeitung zuzugeben heißt, eindeutig einzugestehen, dass das Bild hier nur als Illustration figuriert, gleich einem dekorativen Objekt und ohne journalistische Berechtigung.

Die Verwendung von Bildbearbeitungssoftware oder von integrierten Anwendungen zur Bildkorrektur ist eine andere Form, sich mit der Plastizität der digitalen Fotografie vertraut zu machen. Das Web erweist sich als ein gefährlicher Lehrmeister in Fragen der Bildmanipulation. Im Oktober 2006 produziert die Agentur Ogilvy & Mather für den Konzern Unilever die erste virale Werbung. Ein Spot von 75 Sekunden mit dem Titel »Dove Evolution«, der im Zeitraffer erst zeigt, wie ein Model geschminkt wird, worauf die Nachbearbeitung des Abzugs folgt, generiert in den ersten Monaten seiner Verbreitung auf YouTube 1,7 Millionen Klicks (*Abb. 5*). Er zählt damals zu den meist angesehenen Clips auf der Plattform, die einige hunderttausend weitere Clips enthält, die der Manipulation von Bildern mit Photoshop gewidmet sind: ein erfolgreiches Genre unter den Online-Videos. Eine Website wie Photoshop Desasters, die 2008 ins Leben gerufen wurde, hat die Publikation von Fehlern und Pannen der grafischen Bearbeitung sogar zu ihrer Spezialität gemacht.

Steht in der besten aller Bildwelten also alles zum Besten? Wer das glaubt, hätte unrecht. Die formale Nähe zwischen den synthetischen Animationen und den technisch aufgezeichneten Bildern ist noch nie so groß gewesen. Im Jahr 1993 sind die Dinosaurier aus *Jurassic Park* aufgrund ihrer realistischen Darstellung eine Sensation. Seither hat sich durch die paläontologische Rekonstruktion das Bild dieser Kreaturen so weit banalisiert, dass sie den Kindern des 21. Jahrhunderts vertrauter sind als Kühe oder Schweine. Dass die Dinosaurier in einem Spielfilm in Kontakt mit dem *Homo sapiens* kommen, ist eine Sache; aber wenn zwei Spezies, die einander nie begegnet sind, Seite an Seite in einer dokumentarischen Serie auftauchen, kann das

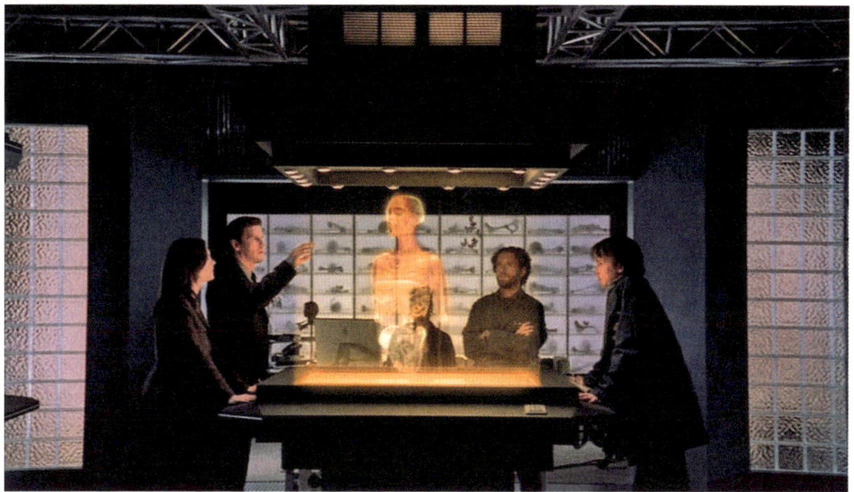

Abb. 6: Hart Hanson, *Bones*, TV-Serie, 20th Century Fox, 2005 (Frame).

perplex stimmen.[32] Das Ausmaß der Verwirrung lässt sich daran ermessen, dass ein pädagogischer Film, der zeigen will, wie historische Darstellungen von Drachen durch die Fossilien von Dinosauriern inspiriert waren, aktuelle Animationen als dokumentarisches Material verwendet.[33]

In der ersten Staffel der Serie *Bones* (HBO 205), die den Abenteuern von Dr. Temperance Brennan, Spezialistin für anthropologische Gerichtsmedizin, gewidmet ist, fällt in der ersten Episode ein holografischer Apparat zur Bilderzeugung auf. Dieser Projektor für synthetische Bilder, der in den Romanen von Kathy Reichs, den Vorlagen für die Fernsehserie, nicht vorkommt, war Gegenstand heftiger Kritik, da er zugleich eindrucksvoll und frei erfunden ist. Man kann zugestehen, dass es sich um den Versuch handelt, die anthropologische Analyse darzustellen: einen Vorgang der mentalen Rekonstruktion, der schwer in Bildsprache zu übersetzen ist. So betrachtet ist das Resultat, das der Simulator liefert, nicht substantiell verschieden von einem Phantombild. Jedoch ist dies nicht der Eindruck, den die Darstellung des Apparats innerhalb der Serie hinterlässt. Anstatt nur ein Hilfsmittel zu sein, ermöglicht er es in den meisten Episoden, einen

32 *Prehistoric Park*: eine dokumentarische Fernsehserie, die von Impossible Pictures produziert und 2006 auf ITV ausgestrahlt wurde.

33 *À la recherche du dragon*, ein Film von Carl Hall, Produktion France 5 / Parthenon Entertainment Ltd., 2004 (ausgestrahlt am 15. Juli 2007 auf France 5).

entscheidenden Schritt voranzukommen, dank der holografischen Darstellung, die jedes Mal zu überzeugen vermag. In *Bones* ist das synthetische Bild der Beweis, der sich an die Stelle eines Realen setzt, das für immer fehlt.

Mitte der 1990er Jahre, zu einem Zeitpunkt, als die entsprechende Technologie noch nicht sehr verbreitet war, hatte die Wahrnehmung der digitalen Fotografie mit dem Vorbehalt zu kämpfen, der aus dem Vergleich mit dem synthetisierten Bild entstand. Inzwischen hat sich dieses Schema umgekehrt: Es sind die 3D-Animationen, die von der Glaubwürdigkeit profitieren, die die digitale Fotografie erlangt hat. Der Übertrag des Vertrauens lässt den teils hochgradig unwahrscheinlichen Charakter dieser Darstellungen vergessen. Aber er erbringt auch den Beweis dafür, dass die Einschätzung der Wahrhaftigkeit von Bildern nicht von theoretischen oder ontologischen Begründungen ausgeht, sondern ihre Basis im Umgang mit der visuellen Kultur der Gegenwart hat.

2 Das digitale Bild zieht in den Krieg: Die Fotografien aus Abu Ghraib

Am 17. September 2004 eröffnete in New York die Ausstellung *Inconvenient Evidence* (dt. »Unbequeme Beweise«). Aus dem Korpus der Fotografien der Vorfälle in dem Gefängnis Abu Ghraib, die seit dem Frühjahr veröffentlicht worden waren, hatte das International Center of Photography siebzehn Bilder ausgewählt, die alle aus digitalen Quellen stammten.

Wenngleich auf schwarzen Bildleisten montiert, mit Bildunterschriften, die sich in weißen Lettern abhoben, waren die Abzüge, die man anlässlich der Ausstellung angefertigt hatte, Folioformate mit breiten Rändern, die an klassische Presseabzüge erinnerten, einfach an die Mauer gepinnt und nicht gerahmt worden. Trotz der Zugeständnisse an die gängigen Codes der Kunstausstellung war deutlich, dass es sich um wichtige historische Dokumente handelte, ikonische Aufnahmen, die »langfristig einen Platz in der Galerie der memorablen Bilder eingenommen hatten und ebenso unmittelbar erkannt wurden wie das Foto von Marilyn, die mit ihrem Rock kämpft«.[34]

Dass die Fotografien der Folterungen in Abu Ghraib diesen Ausnahmestatus erlangt haben, versteht sich nicht von selbst. Von Robert Capa über Nick Ut bis Hocine Zaourar, sind die Akteure hinter jenen »monumentalen Bildern«,[35] die die Geschichte des Fotojournalismus geprägt haben, zum größten Teil hart erprobte Professionelle. Die Schnappschüsse aus dem irakischen Gefängnis sind im Gegensatz dazu privat und von Amateuren aufgenommen worden. Dennoch schließt diese Eigenschaft sie nicht automatisch aus der Kategorie des Journalistischen aus, denn diese enthält – in geringer Anzahl, das ist wahr – einige bekannte Aufzeichnungen, die nicht von professionellen Bildreportern angefertigt wurden, wie der 8mm-Film Abraham Zapruders von dem Mord an John F. Kennedy.

Hingegen handelte es sich um die ersten digitalen Bilder, die einen Platz in der Galerie der berühmtesten Fotografien unserer Zeit erhalten haben. Wenn man sich daran erinnert, dass wenige Jahre zuvor die Einführung dieser Technologie als eine »Veränderung des Wesens der Fotografie« beschrieben worden war, die deren »authentischen Charakter«[36] in Frage

34 Mark Danner, »Abu Ghraib: the Hidden Story«. In: *The New York Review of Books*, Bd. 51, Nr. 15, 7. Oktober 2004 (www.nybooks.com/articles/archives/2004/oct/07/abu-ghraib-the-hidden-story; Übersetzung SD).

35 Ich übernehme diesen Begriff von Vincent Lavoie, *L'instant-monument: du fait divers à l'humanitaire*. Montreal: Dazibao 2001, S. 57.

36 Anne-Marie Morice: »Keith Cottingham ou le Sujet artificiel«. In: *La Recherche photogra-*

stellen würde, dann kann die Rezeption der Bilder von Abu Ghraib überraschen. Im Gegensatz zu allen Ankündigungen sind diese Bilder sofort als glaubwürdige Dokumente akzeptiert worden. Ihre Wiederverwendung zum Zweck der Erinnerung bestätigt, dass sie als Aufzeichnungen eigenen Rechts wahrgenommen werden.

Kann man die ikonischen Bilder aus Abu Ghraib mit jeder beliebigen Fotografie gleichsetzen? Viele Kommentare, die auf die Publikation der ersten Serie folgten, haben im Gegenteil ihren spezifischen Charakter unterstrichen, der mit den technologischen Bedingungen ihrer Entstehung zu tun habe, vor allem die *Multiplikation* der Bilder, die sich aus der umfassenden Verfügbarkeit digitaler Apparate ableiten lasse, und ihre ebenso rasche wie unkontrollierbare Zirkulation über das Internet.[37] Diese pragmatischen Reflexionen haben zweifellos einen allgemeinen Erklärungswert, aber sie passen nicht zu den besonderen Fotografien, die in dem irakischen Gefängnis entstanden. Anders als es den Anschein hat, ist das erste Korpus der Folterbilder eher klein, und es gibt keinen Grund, von einer beschleunigten Verbreitung zu sprechen, wenn die Publikation sechs Monate nach der Aufzeichnung stattgefunden hat.

Erinnern wir uns daran, wie diese Bilder bekannt geworden sind. Am 28. April präsentiert Dan Rather in der Sendung *60 Minutes II* einen kurzen Beitrag, in dem sechs Fotografien zu sehen sind, die von einem Animationstisch abgefilmt wurden (*Abb.* 7). Am 30. April publiziert Seymour Hersh im *New Yorker* einen Artikel unter dem Titel »Torture at Abu Ghraib«, dessen Text auch auf der Website der Zeitschrift veröffentlicht und mit den Reproduktionen von neun Aufnahmen illustriert wird.[38] Im Vergleich zu den flüchtigen Bildern der ersten Auswahl, die von CBS publiziert wurde,

phique, Nr. 20, Frühjahr 1997, S. 20. Zur selben Zeit formuliert Régis Durand die Einschätzung, dass »die Fotografie tatsächlich an einem Wendepunkt ihrer kurzen Existenz angekommen ist: Ihre technische Entwicklung erreicht den Punkt, an dem sie im Begriff steht, etwas ganz anderes zu werden als das, was sie zu Beginn definierte (einschließlich des absehbaren Verschwindens aller sensiblen Oberflächen zugunsten einer rein digitalen Behandlung des Bildes).« Régis Durand, *Le Temps de l'image: essai sur les conditions d'une histoire des formes photographiques*. Paris: La Différence 1995, S. 7.

37 Michel Guerrin und Corinne Lesnes, »Le numérique et Internet bousculent le Pentagone. In: *Le Monde*, 14. Mai 2004; Susan Sontag, »Regarding the Torture of Others«. In: *The New York Times Magazine*, 23. Mai 2004 (www.nytimes.com/2004/05/23/magazine/regarding-the-torture-of others.html).

38 Seymour Hersh, »Torture at Abu Ghraib«. In: *The New Yorker*, 30. April 2004 (www.newyorker.com/magazine/ 2004/05/10/torture-at-abu-ghraib); erscheint in einer französischen Übersetzung von Jean Guiloineau in der Ausgabe von *Le Monde* vom 9. und 10. Mai in der Beilage *La Torture dans la guerre* [dt. *Folter in Kriegszeiten*], S. VI.

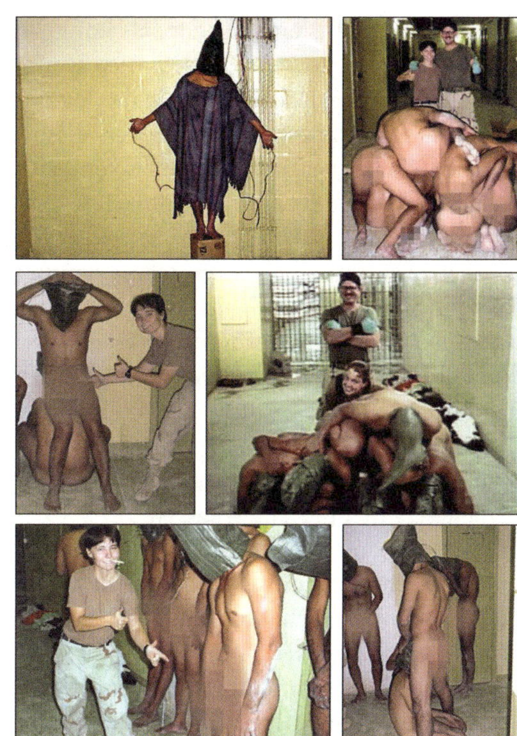

Abb. 7: Korpus von publizierten Fotos aus Abu Ghraib, 28. April 2004.

akzentuiert diejenige der Wochenzeitschrift den sexualisierten Charakter der Motive.

Angesichts des großen medialen Echos entscheidet der Sender am 5. Mai, seinerseits die Dokumente, über die er verfügt, das heißt: vierzehn Bilder, online zu stellen. Die Serien, die von den beiden Presseorganen veröffentlicht werden, überschneiden sich größtenteils: Sieben Fotos sind identisch, zwei sind Variationen – aber leichte Unterschiede in der Rahmung, im Fokus und im Blickwinkel weisen darauf hin, dass dies zwei verschiedene Bildgruppen sind, die aus unterschiedlichen Quellen stammen.

Die Wiederveröffentlichungen in der Weltpresse während der folgenden Tage werden die zwei unterschiedlichen Gruppen systematisch zu einem Korpus verbinden. Und tatsächlich sind diese Gruppen nicht so unabhängig voneinander entstanden, wie man meinen könnte. Wie ein Text am Ende der allerersten Reportage zu verstehen gibt, hatte der Fernsehsender, in dessen Besitz sich die Dokumente seit einigen Wochen befanden, ihre Ausstrahlung auf Bitte des Verteidigungsministeriums verschoben und sich erst dafür entschieden, als konkurrierende Medien ebenfalls eine Veröffentlichung vorbereiteten. Auch wenn sie sich im Wesentlichen auf denselben Bildbestand stützt wie der, zu dem CBS Zugang hatte, ist es vor allem die Publikation im *New Yorker*, die den Ton des medialen Umgangs mit der Affäre bestimmt. Die Präsentation der Fotografien durch Dan Rather, der sich dabei auf das Interview mit General Mark Kimmitt stützt, tendiert dazu, die »Übergriffe« zu relativieren, indem er sie als Einzelfälle beschreibt, während Seymour Hersh den Ergebnissen des Taguba-Berichts folgt und von einer allgemeinen Entgleisung spricht. Im Zuge der beinahe gleichzeitigen Verbreitung eines zusammenhängenden Ensembles von Bildern, der Verbreitung von gleichlautenden Informationen durch das Fernsehen, die Printmedien und das Internet und gestützt durch die Glaubwürdigkeit bekannter Journalisten und anerkannter Presseorgane, etabliert sich binnen weniger Tage ein Dispositiv der Übereinkunft, das von entscheidender Tragweite ist. An der Echtheit der Fotografien wird nie gezweifelt werden.

Am 1. Mai widmet der *Daily Mirror* seine Titelseite der Enthüllung von Folterungen irakischer Gefangener durch britische Soldaten und stützt sich dabei auf eine kleine Gruppe von Aufnahmen, die deutlich anders aussehen: klassisch gestaltet, in Schwarzweiß, offensichtlich von professionellen Fotografen angefertigt.[39] Diese Bilder erwecken sofort Zweifel, von offizieller wie von journalistischer Seite. Nach einer heftigen Kontroverse, die durch die BBC initiiert wurde, entschuldigt sich die Tageszeitung am 14. Mai bei ihren Lesern und kündigt die Entlassung des Chefredakteurs Piers Morgan an.

Der Vergleich der beiden Serien zeugt von einer bemerkenswerten Umkehrung des Verdachts, da die digitalen Bilder für glaubwürdiger als die analogen Fotografien gehalten worden waren. Aus welchem Grund? Ebenso wenig wie ein anderes Dokument kann ein Bild alleine einen Beweis darstellen; zu diesem wird es erst als Element einer Konstellation, deren Authentizität aus ihrer Kohärenz abzuleiten ist. Die Glaubwürdigkeit der Fotografien von Abu Ghraib beruht nicht auf einer intrinsischen Qualität der Aufzeichnung. Sie resultiert vielmehr aus ihrer Rolle innerhalb des Prozesses, der zu ihrer Publikation führen wird: der kriminologischen Untersuchung, die seit dem 31. Januar 2004 dem General Antonio Taguba anvertraut ist, dessen Bericht, den die militärischen Vorgesetzten Ende

39 Paul Byrne, »Rogue British Troops Batter Iraqis in Mockery of Bid to Win over People«. In: *Daily Mirror*, 1. Mai 2004. (Der entsprechende Artikel wurde nach dem 14. Mai 2004 von der Website www.mirror.co.uk gelöscht.)

Februar erhalten, bald in den Redaktionen zirkuliert und am 4. Mai öffentlich gemacht wird.[40]

Wie kann eine Untersuchung, die die Befehlskette innerhalb der Armee ernsthaft in Frage stellt, in einem Land durchgeführt werden, das sich im Kriegszustand befindet? Zu Beginn des Jahres 2004 werden die schweren Missstände im Gefängnis von Abu Ghraib, die durch die Entlassung der Generalin Janis Karpinski deutlich werden, von der Presse noch mit Zurückhaltung behandelt, wenngleich sie Gegenstand von Anspielungen sind.[41] Die Umstände sind nicht günstig für eine Kritik an den Handlungen der Armee. Saddam Hussein ist in der Nacht des 14. Dezember 2003 gefangen genommen worden; der erste Jahrestag des Konflikts steht bevor; trotz der Fortsetzung der Attentate wollen die Regierung und die öffentliche Meinung an eine baldige Lösung glauben. Erst im Verlauf des April beginnt sich die Wahrnehmung der Kampfhandlungen infolge der Intensivierung der Guerrilla-Aktivitäten in der sunnitischen Region zu verändern. Eine Serie verstörender Bilder, vom Lynchmord an US-amerikanischen Zivilisten in Fallujah am 31. März bis zum bislang unbekannten Anblick von Särgen US-amerikanischer Soldaten auf der Titelseite der *Seattle Times* am 27. April hat diesen Stimmungswechsel vorbereitet.[42] Einer Umfrage zufolge, die von CBS und der *New York Times* zwischen dem 23. und dem 27. April durchgeführt wird, wird das Konfliktmanagement der Regierung zum ersten Mal von einer Mehrzahl der US-Amerikaner (52 %) missbilligt. Das Terrain ist also bereit für eine Hinterfragung der Ziele und Methoden der Kriegsführung.

Der Taguba-Report, von Seiten des Militärs in Auftrag gegeben, stellt für die Presse ein wichtiges Hilfsmittel dar. Präzise und rigoros legt er auf etwa fünfzig Seiten die Ergebnisse einer Investigation mit bestürzenden Schlussfolgerungen dar und wird zur zentralen Quelle der journalistischen Berichterstattung. Wenn die Glaubwürdigkeit der veröffentlichten Fotografien dabei nicht diskutiert wird, so geschieht dies nicht nur, weil die Misshandlungen, die sie abbilden, in dem Bericht tatsächlich dokumentiert sind, sondern aus dem einfacheren Grund, dass sie zum Material der

40 Antonio M. Taguba, »Executive Summary of Article 15-6 Investigation of the 800th Military Police Brigade«, Bericht, Version vom 5. Mai 2004 (www.msnbc.msn.com/id/4894001); einige Auszüge erscheinen in einer französischen Übersetzung von David Boyle in der Ausgabe von *Le Monde* vom 9. und 10. Mai 2004 in der Beilage *La Torture dans la guerre* [dt. *Folter in Kriegszeiten*], S. IV–V.

41 Barbara Starr, »Details of Army's Abuse Investigation Surface«. CNN, 21. Januar 2004 (www.cnn.com/2004/US/01/20/sprj.nirq.abuse).

42 Fabrice Rousselot, »La presse s'arme de critiques«. In: *Libération*, 5. Mai 2004, S. 7.

Untersuchung gehören. In Verbindung mit den Zeugenaussagen, die es erlauben, die Urheber, die Daten und die Umstände der Aufzeichnung zu ermitteln, haben die Bilder hier die Rolle von Beweismaterial und werden explizit als belastende Dokumente aufgeführt.

Die kriminologische Aufarbeitung, Grundlage für die Glaubwürdigkeit der Bilddokumente, ist auch bestimmend für den Prozess ihrer Weitergabe an die Presse. Wegen Misshandlung vor Gericht gestellt, bittet einer der Soldaten seine Familie, seine Verteidigung zu organisieren. Im Rahmen der Versuche, die unternommen werden, um die politischen oder militärischen Verantwortlichen zu mobilisieren, nimmt sein Onkel, der pensionierte Sergeant William Lawson, mit Hilfe der Website »Soldiers for the Truth« Kontakt mit einem Berater der Sendung *60 Minutes II* auf.[43] Dieser Austausch wird zu einem Teil der heftigen Debatten, die das Militär seit dem Konflikt in Afghanistan erschüttern, wobei der Widerstand gegen die Methoden des Pentagons eine »Politik der Flucht«[44] in Richtung der Medien zur Folge hat.

Diese verschiedenen kontextuellen Faktoren erklären die verzögerte Verbreitung der Fotografien, von denen ein guter Teil der zunächst publizierten, darunter auch der berühmte »Mann mit Kapuze« (»Hooded Man«)[45] am 8. November 2003 aufgenommen worden sind. Da die Eigenschaften einer digitalen Datei unter gleichbleibenden Sichtungsbedingungen die Stabilität des Blickwinkels garantieren, lässt sich bei einer aufmerksamen Untersuchung der von CBS und dem New Yorker veröffentlichten Serien feststellen, dass es sich nicht um identische Dokumente handelt, sondern vielmehr um zwei verschiedene Serien von Papierausdrucken. Die chromatischen Differenzen zwischen den beiden Serien, die Änderungen der Kontur in den Bildern von CBS, die sichtbaren Spuren der Druckbänder in denen des *New Yorker* sind Anhaltspunkte, die vermuten lassen, dass die Dokumente, die von den Redaktionen verwendet werden, an einem Farbdrucker ausgedruckt worden sind, möglicherweise unter temporärer Verwendung von Farbkopien. Weit entfernt vom Paradigma der instantanen Verbreitung digitaler Dateien in den elektronischen Medien ist die Publikation der ersten Folterbilder aus Abu Ghraib von Mechanismen

43 Robert L. McMahon, »SFTT Role in Uncovering Abu Ghraib Abuses«. Webseite Soldier [sic] for the Truth, 12. Mai 2004.

44 John Mason, »George Bush et l'occupation de l'Irak: l'effondrement de la droite américaine?«, Präsentation im Rahmen des Seminars des CIRPES (Centre Interdisciplinaire de Recherches sur la Paix et d'Etudes Stratégiques), École des Hautes Études, 4. Juni 2004.

45 Mark Danner, »Abu Ghraib: the Hidden Story«, a. a. O. [Im deutschen Sprachraum ist das entsprechende Foto vor allem unter der Bezeichnung »Der Mann auf der Kiste« bekannt; SD.]

bestimmt, die sich in nichts von denen der klassischen Fotografie unterscheiden.

Wenn mit dieser Feststellung den meisten Beschreibungen der Zirkulation dieser digitalen Aufzeichnungen widersprochen wird: Gibt es andere Aspekte, an denen eine neue Ökonomie der Bilder erkennbar wird? Ein erster auffallender Aspekt betrifft unmittelbar die Ikonisierung der Fotografien. Die wiederholten Verwendungen des Bildmaterials, die reziprok zwischen den Printmedien und den Fernsehsendern verlaufen, sorgen bereits für die Multiplikation und Verdichtung der Nachrichtenbilder. Im Zuge der neueren Entwicklung der digitalen Netzwerke ist das Internet nunmehr ein dritter Akteur in dieser Ökonomie der Redundanz, der seinerseits zur Produktion und Reproduktion ikonischer Bilder beiträgt. Dieser Aspekt, der sich vor allem anhand der Fotografien aus dem irakischen Gefängnis illustrieren lässt, und zwar seit ihrer ersten Verbreitung durch drei konkurrierende Medien, ist offensichtlich ein Faktor, der die Monumentalisierung von Bildern beschleunigt, indem er die Gelegenheiten vervielfacht, sie zu memorieren.

Das Korpus aus Abu Ghraib liefert übrigens ein ausgezeichnetes Anschauungsbeispiel, um die Dynamik dieses Prozesses zu analysieren. Nach der Verbreitung der ersten beiden Serien konkurrieren zahlreiche Presseorgane um die Folterbilder. Trotz der Ankündigungen, in denen die Enthüllung einiger hundert, wenn nicht einiger tausend Aufnahmen antizipiert wird, sind die Ergebnisse der verbissenen Suche überschaubar. Nur die größten Medienkonzerne erhalten Zugang zu weiteren Bildern, die in kleinen Mengen freigegeben werden. Die *Washington Post* publiziert am 9. Mai fünf Fotografien, darunter den bekannten »Mann an der Leine« (»Leashed Man«)[46] sowie eine Reproduktion des initialen Korpus. Am selben Tag präsentiert der *New Yorker* eine bislang unbekannte Aufnahme, die ebenfalls berüchtigt werden wird. Danach gilt es, bis zum 19. und bis zum 21. Mai zu warten, um zwei neue Bilder zu sehen, die vom Sender ABC verbreitet werden, sowie eine Gruppe von sechs Bildern in der *Washington Post* (*Abb. 8*).

Wenn man die Wiederveröffentlichungen berücksichtigt, so umfasst das Korpus der Fotografien, die innerhalb eines Monats veröffentlicht worden sind, kaum dreißig Bilder. Aber die unterschiedliche memoriale Insistenz der Bilder aus der ersten Welle von Veröffentlichungen zwischen dem 28. April und dem 10. Mai und derjenigen aus der zweiten ab dem 19. Mai ist eindeutig. Das liegt nicht nur an der Kurzlebigkeit medialen Interes-

46 Mark Danner, »Abu Ghraib: the Hidden Story«, a. a. O.

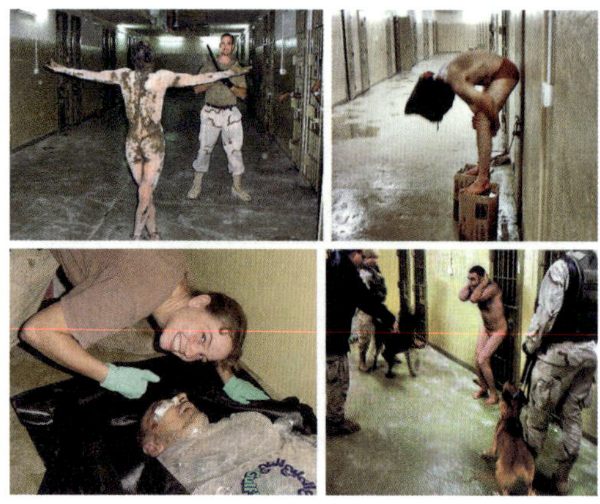

Abb. 8: Korpus von publizierten Fotos aus Abu Ghraib, 9. bis 21. Mai 2004.

ses; die Motive haben zudem bereits an Attraktivität verloren. Während die erste Welle [der Veröffentlichungen] durch einen hohen Anteil von Bildern sexuellen oder pornografischen Inhalts sowie durch eine Reihe bizarrer oder schockierender Szenarien gekennzeichnet ist, dokumentiert die zweite eine Redundanz der Motive und sogar eine gewisse Konfusion.

Offenkundig sind die stärksten Kandidaten für eine [ikonische] Monumentalisierung (der Mann mit Kapuze; der Mann an der Leine; der Mann, der von Hunden angefallen wird) die simpelsten Bilder, das heißt: diejenigen, deren Motiv leicht zu erkennen ist, und die beinahe emblematische Qualitäten haben (der Märtyrer, der Peiniger und sein Opfer, die Ohnmacht angesichts der Gewalt). Umgekehrt sperren sich diejenigen Fotografien, die eine große Anzahl von Akteuren versammeln, ein zu komplexes Umfeld zeigen oder aber eine Situation, die erst einmal interpretiert werden muss, gegen eine einfache Memorialisierung. Die deutlich geringere Anzahl von Wiederveröffentlichungen der Bilder aus der zweiten Welle trägt dazu bei, dass sie weniger genau erinnert werden.

Bleibt jenes Merkmal, das am wenigsten beachtet und dennoch am meisten kennzeichnend für die neuere Praxis der digitalen Fotografie ist, und das dazu beitragen kann, die Frage nach der Entstehung dieser Bilder zu erhellen. Eine der überraschendsten Eigenschaften der Bilder von Abu Ghraib war es, uns mit dem Anblick von Peinigern zu konfrontieren, die im selben Moment in die Kamera lächelten, in dem sie mit der Folter befasst waren. Mehrere Kommentatoren haben die Frage nach der spezifischen Situation gestellt, die eine Aufnahme unter Missachtung aller moralischen Bedenken und aller juristischen Vorsicht zugelassen hatte. Und harsche Stellungnahmen sind formuliert worden, die auf die Möglichkeit der Bar-

barei in Zeiten des Krieges hinweisen.[47] Einige Autoren haben vorgeschlagen, diese seltsamen Foto-Souvenirs mit US-amerikanischen Postkarten vom Anfang des 20. Jahrhunderts zu vergleichen, die ähnliche Motive zeigen: Lynch-Szenen, in denen die Folterer mit einem Lächeln für die Kamera posieren.[48] Und der Regisseur Errol Morris wird sich in einer langen Untersuchung mit Sabrina Harman, einer der Aufseherinnen in dem irakischen Gefängnis, befassen und dabei zeigen, wie ein konditionierter Reflex: *Say Cheese, Smile!* im Kontext der Folter den Blick und das Verantwortungsgefühl der Akteure verstört.[49]

Man kann die Frage auch beantworten, indem man die neuen Eigenschaften der Fotografie befragt. Wenn man von den etablierten Verfahren zur digitalen Praxis übergeht, so besteht die eindrücklichste in der De-Valorisierung der einzelnen Aufnahme. Ein Bild kann aufgezeichnet werden oder nicht, gelöscht oder gespeichert, ohne dass dies Folgen hätte, von der Besetzung von Speicherplatz einmal abgesehen. Diese Optionen veranlassen dazu, die Versuche zu vervielfachen, und es ist zweifellos eine besonders populäre Entdeckung im Umgang mit dem neuen Medium, dass ein Bild so gut wie nichts mehr kostet. Diese Eigenschaft jedoch verändert die Art und Weise, wie Bilder gemacht werden: Der privilegierte Augenblick der analogen Aufzeichnung ist seiner Aura entkleidet – mit der digitalen Fotografie wird die Aufnahme unverbindlich und kostenfrei, das heißt: unbedeutend.

Oder wenigstens fürs Erste. Denn diese Eigenschaft ist transitorisch: Sie gehört zur Geschichte der Fotografie und markiert sehr genau einen Schwellenzustand, den Übergang von einer Technologie zu einer anderen. Als er 1888 mit der Rollfilmkamera konfrontiert wird, warnt Albert Londe seinen Leser mit folgenden Worten: »Dieser Apparat ist wirklich sehr praktisch. [...] Wir werden dennoch eine grundsätzliche Kritik der Rollfilmapparate und ebenso der Kassette für mehrere Platten formulieren, da sie vor allem dazu führen können, dass die Bildqualität vernachlässigt wird. Der Fotoliebhaber, der auf einen Ausflug nur sechs Glasplatten mitnimmt, wird sie mit Umsicht einzusetzen wissen und gewiss sechs wohlüberlegte und interessante Aufnahmen zurückbringen. Wenn er hingegen ein Reservoir von 24 oder sogar 48 Bildern zur Verfügung hat, so steht wohl zu befürch-

47 Michel Wieviorka, »Irak: hygiène du bourreau«. In: *Libération*, 13. Mai 2004, S. 39.

48 Vgl. vor allem Luc Sante, »Tourists and Torturers«. In: *The New York Times*, 11. Mai 2004 (www.nytimes.com/2004/05/11/opinion/tourists-and-torturers.html); Susan J. Brison, »Torture or ›Good Old American Pornography‹?«. In: *The Chronicle of Higher Education*, 4. Juni 2004.

49 *Standard Operating Procedure*, ein Dokumentarfilm von Errol Morris, USA 2008.

ten, dass er sie sinnlos verschwenden und bei seiner Rückkehr gezwungen sein wird, sich einzugestehen, dass der Großteil seiner Korrekturabzüge nur mittelmäßig ist, weil die Aufnahmen zu hastig gemacht wurden.«[50]

Der Eindruck, die Aufnahmen würden unbedeutend, ist von dem Umstand abzuleiten, dass die neue Praxis mit den Maßstäben der alten gemessen wird. Dieser Schwelleneffekt ist typisch für die anfängliche Rezeption der digitalen Fotografie, deren Nutzung durch eine breite Öffentlichkeit sich in den Jahren 2002 und 2003 stark beschleunigt. Ohne allgemeinere Bedenken hinsichtlich der verheerenden Konsequenzen eines ungerechtfertigten Konflikts außer Acht lassen zu wollen, ist durchaus davon auszugehen, dass die Entwicklung eine wichtige Rolle bei der Entstehung der inkriminierten Fotografien gespielt hat, insbesondere unter Akteuren, die seit Kurzem selbst mit digitalen Kameras ausgestattet sind.

Die Folge der Ereignisse, die sich von Herbst 2003 bis Frühjahr 2004 um die Bilder von Abu Ghraib entfaltet, stellt eine Ausnahmesituation dar, die wenig Chancen hat, sich in ähnlicher Weise zu reproduzieren. Mit Blick auf das digitale Bild hat sie mehrere wichtige Erkenntnisse gebracht. Vor allem widerlegt sie jene Unheilverkünder, die den Verfall unserer Sensibilität gegenüber der Sprache der Bilder angekündigt hatten, das Verschwinden unserer Fähigkeit, von Bildern bewegt zu werden oder Mitleid zu empfinden. Sie widerlegt die Vorhersagen, denen zufolge der Eintritt in das Zeitalter der digitalen Fotografie uns für immer von der Zeugniskraft von Aufzeichnungen entfremden wird. Sie stellt schließlich auf exemplarische Weise unter Beweis, dass das digitale Bild der Geschichte der Fotografie angehört, deren Wirkungsweisen und Prinzipien durch die Ereignisse bestätigt werden. Abu Ghraib hat zur Folge, dass die digitalen Fotografien direkt in die Geschichte des Mediums eingehen.

50 Albert Londe, *La Photographie moderne: pratique et applications* [Übersetzung des Zitats SD]. Paris: Masson 1888, S. 25–26.

3 »Alle Journalisten?« Die Attentate von London oder der Auftritt der Amateure

Der Übergang zum digitalen Bild, der seit den 1990er Jahren in Gang war, verlief in der Welt der Presse und der Verlage fast geräuschlos. Die Einführung von Bildbearbeitungssoftware, die Verbreitung von Scannern und später von Geräten für die digitale Bildaufzeichnung sowie die Einrichtung von Websites oder Online-Portalen schienen aufeinander zu folgen, ohne die journalistischen Berufe zu erschüttern – und ohne aus der Sicht des Lesers sichtbare Veränderungen zu zeitigen.

Erst im Sommer 2005 stellt sich jäh ein Bewusstsein für die Veränderungen her. In ihrer Ausgabe vom 20. und 21. August publiziert die Tageszeitung *Libération* quer über dem Bild einer Menschenmenge, die dabei ist, ein Konzert der Sängerin Beyoncé zu fotografieren, die bedeutungsträchtige Schlagzeile: »Sind alle Journalisten?«[51] Auf den Innenseiten findet sich derselbe verallgemeinernde Kommentar aus der Feder von Cyril Fiévet, Spezialist für Blogs, der erklärt, dass es um »den Verlust des journalistischen Monopols auf Information« gehe, und damit auf eine Beobachtung reagiert: »Mehr und mehr anonyme Akteure verwenden ihre mit Fotoapparaten und Kameras ausgestatteten Mobiltelefone, um aktuelle Ereignisse zu dokumentieren.«[52]

Der Aufschwung des »Bürgerjournalismus« (*Citizen Journalism*) innerhalb der neuen netzbasierten Praktiken, im Vorjahr bereits durch eine erfolgreiche Publikation von Dan Gillmor, *We the Media*, thematisiert, hatte dennoch keine alarmierten Reaktionen ausgelöst.[53] Aber dieser Essay beschränkte sich auch darauf, die neuen Redaktionsformen, die von Bloggern oder Nachrichtenportalen erkundet wurden, zu beschreiben, ohne die Frage nach den Bildern zu stellen.

Ein Jahr später jedoch ist es genau dieser neue Überfluss an digitalen Fotos, der als Bedrohung erscheint. »Alle Welt wird zum Bildproduzenten, alle Welt kann ihren Blick auf die Realität bekannt machen«, kommentiert Patrick Sabatier in *Libération*. »Die Nachricht, vormals eine knappe und

51 *Libération*, 20. und 21. August 2005, Titelseite (Foto: Robert Griffith, AP).

52 Cyril Fiévet: »Das ist der Verlust des journalistischen Monopols auf Information« (Statement nach Frédérique Roussel; Übersetzung SD), und Olivier Costemalle, »Quand M. Tout-le-monde s'improvise reporter«, ebda., S. 2 und 3. (www.liberation.fr/evenement/2005/08/20/c-est-la-perte-du-monopole-des-journalistes-sur-l-information_529788 und www.liberation/fr/evenement/2005/08/20/quand-m-tout-le-monde-s-improvise-reporter_529787).

53 Vgl. Dan Gillmor, *We the Media: Grassroots Journalism by the People, for the People* (2. Auflage). Sebastopol: O'Reilly 2006.

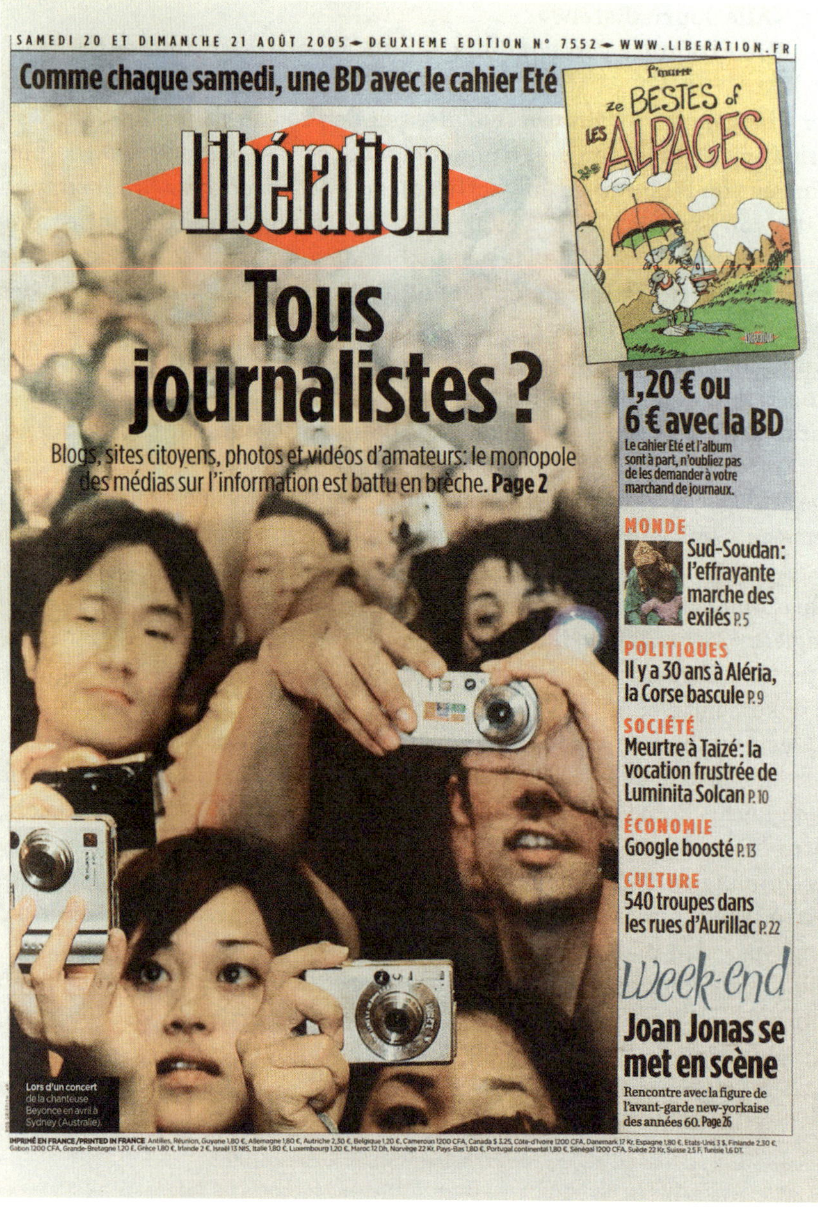

SAMEDI 20 ET DIMANCHE 21 AOÛT 2005 • DEUXIEME EDITION N° 7552 • WWW.LIBERATION.FR

Comme chaque samedi, une BD avec le cahier Eté

Libération

Tous journalistes ?

Blogs, sites citoyens, photos et vidéos d'amateurs: le monopole des médias sur l'information est battu en brèche. **Page 2**

1,20 € ou 6 € avec la BD

Le cahier Eté et l'album sont à part, n'oubliez pas de les demander à votre marchand de journaux.

MONDE
Sud-Soudan: l'effrayante marche des exilés P.5

POLITIQUES
Il y a 30 ans à Aléria, la Corse bascule P.9

SOCIÉTÉ
Meurtre à Taizé: la vocation frustrée de Luminita Solcan P.10

ÉCONOMIE
Google boosté P.13

CULTURE
540 troupes dans les rues d'Aurillac P.22

Week-end
Joan Jonas se met en scène
Rencontre avec la figure de l'avant-garde new-yorkaise des années 60. Page 26

Lors d'un concert de la chanteuse Beyonce en avril à Sydney (Australie).

IMPRIMÉ EN FRANCE / PRINTED IN FRANCE Antilles, Réunion, Guyane 1,80 €, Allemagne 1,80 €, Autriche 2,30 €, Belgique 1,20 €, Cameroun 1200 CFA, Canada $ 3.25, Côte-d'Ivoire 1200 CFA, Danemark 17 Kr, Espagne 1,80 €, Etats-Unis 3 $, Finlande 2,30 €, Gabon 1200 CFA, Grande-Bretagne 1,20 £, Grèce 1,80 €, Irlande 2 €, Israël 13 NIS, Italie 1,80 €, Luxembourg 1,20 €, Maroc 12 Dh, Norvège 22 Kr, Pays-Bas 1,80 €, Portugal continental 1,80 €, Sénégal 1200 CFA, Suède 22 Kr, Suisse 2,5 F, Tunisie 1,6 DT.

Abb. 9: »Tous journalistes?« (dt. »Alle sind Journalisten?«), *Libération*, 20. und 21. August 2005 (© photo: Rob Griffith, AP).

darum kostbare Ware, auf die die Medien das Monopol hatten, banalisiert sich, demokratisiert sich, privatisiert sich. Die Journalisten fragen sich, ob die Unheilverkünder, die das Ende der Medien vorausgesagt haben, nicht recht gehabt haben könnten.«[54]

Alle sind Journalisten? Sollte man nicht eher sagen »Alle sind Fotografen?« (Um den Titel jener Ausstellung aufzugreifen, die 2007 im Musée d'Élysée in Lausanne gezeigt wurde.) Was nicht dasselbe bedeutet. Warum diese Verwirrung zwischen Bild und Nachricht? Wie konnten fotografische Amateurbeiträge, die so alt sind wie die illustrierte Presse selbst, als ein Trojanisches Pferd erscheinen, das die ganze Welt der Medien bedroht?

Diese jähe Veränderung in der Wahrnehmung vollzieht sich zum Zeitpunkt der Attentate von London. Am 7. Juli 2005 zwischen 8:50 und 9:47 Uhr explodieren vier Bomben, die von Terroristen transportiert werden, in drei U-Bahnen und einem Bus, und hinterlassen 56 Tote und 700 Verletzte. Vier Jahre nach dem Einsturz des World Trade Center ruft dieses Ereignis heftige Emotionen hervor und erhält große mediale Aufmerksamkeit, etwa in Form der ständigen Berichterstattung auf BBC 1 und ITV1 ab den frühen Morgenstunden.

Das Krisenszenario teilt bestimmte Merkmale mit dem 11. September, aber es unterscheidet sich in einem entscheidenden Punkt. Beide Attentate finden im Zentrum westlicher Metropolen voller Menschen statt, von denen ein großer Teil mit Kameras und anderen Aufnahmegeräten ausgestattet ist. Aber im Gegensatz zu der Katastrophe unter freiem Himmel, die in New York direkt gefilmt wurde, ereignen sich die Explosionen in London ohne eine unmittelbare visuelle Dokumentation – drei von ihnen sogar unter der Erde, wo sie den Blicken verborgen sind.

Während der Vormittag verstreicht und das Ausmaß der Ereignisse klar wird, konzentrieren sich die Bilder, die im Fernsehen ausgestrahlt werden, auf Zeugen und auf Verletzte. Aber da die Zugänge zur U-Bahn blockiert sind, wissen die Journalisten um die Grenzen, die ihren Möglichkeiten, die unterirdischen Explosionen zu bebildern, gesetzt sind. Aus diesem Grund fasst die BBC rasch den Entschluss, einen Aufruf zur Einsendung von Amateurbeiträgen auf ihre Website zu stellen, dazu den Vermerk: »Seid unsere Augen« (*We want you to be our eyes*) oder, um einiges direkter: »Wir wollen Eure Bilder« (*We want your pictures*).

Es ist bereits 12.35 Uhr, als ein erstes Foto aus dem Inneren der U-Bahn im Fernsehen ausgestrahlt wird. Es handelt sich tatsächlich um ein Ama-

54 Patrick Sabatier: »Marché«. In: *Libération*, 20. und 21. August 2005, S. 3 (www.liberation.fr/evenement/2005/08/20/marche_529790).

teurbild, doch ist es nicht auf dem Übertragungsweg vermittelt worden, den die BBC eingerichtet hatte. Um 9.25 Uhr in dem Korridor, der zu King's Cross führt, von einem Fahrgast, Adam Stacey, mit seinem Mobiltelefon Sony Ericsson V800 aufgenommen, wird es als elektronische Nachricht an mehrere Adressaten versendet. Alfie Dennen empfängt es um 9.56 Uhr. Der junge Unternehmer, Spezialist für Neue Technologien, hat die Plattform MoBlogUK geschaffen, die genau dafür bestimmt ist, Bilder von Mobiltelefonen mit Kamerafunktion zu hosten. Auf eben dieser Seite veröffentlicht er um 10.24 Uhr eine Version des Fotos, versehen mit einer Creative Commons-Lizenz, die dessen freie Verwendung autorisiert.[55] Auf Flickr und danach auf Wikinews reproduziert, wird das Foto schließlich von dem Sender Sky News aufgegriffen, der es ab mittags verbreitet.[56]

Ein zweites, ähnliches Foto, das ebenfalls in der Nähe der Station King's Cross um 9.27 Uhr mit einem Nokia 6630 aufgenommen wurde, wird von seinem Urheber, Alexander Chadwick, nach einer Bildkorrektur mit Photoshop kurz vor 14.00 Uhr an die BBC geschickt. Es wird ab 14.22 Uhr ausgestrahlt werden (*Abb. 10*).[57]

Diese ersten Bilder von der Evakuierung der U-Bahn-Station, eindrücklich und sinister mit ihrem Lichtkranz, der die Dunkelheit durchschneidet, werden am nächsten Tag ausgewählt, um die Titelseiten der *New York Times*, der *Washington Post* (Chadwick) oder der *National Post* in Toronto (Stacey) zu illustrieren. Sie sind jedoch nicht die einzigen, die an die Medien geschickt werden. Nach Angaben von Vicky Taylor, der verantwortlichen Redakteurin für die Internet-Seite der BBC, hat der britische Sender am 7. Juli etwa 23.000 elektronische Nachrichten erhalten, von denen etwa tausend ein Foto oder ein Video enthielten.[58] Dieses Bildmaterial deckt ein großes Spektrum der Ereignisse ab, wobei die unterirdischen Aufnahmen nur einen kleinen Teil repräsentieren. Mehrere andere Bilder der U-Bahn, vor allem Videoaufzeichnungen, werden am nächsten Tag, dem 8. Juli, nach einer internen Beratung und Vorsortierung durch den Sender ausgestrahlt.

55 Die Creative Commons-Lizenzen, 2001 von Lawrence Lessig (a. a. O.) entwickelt, zielen darauf ab, das Autorenrecht zu lockern, indem sie vertraglich eine Reihe von Nutzungsrechten festlegen, die kostenfrei vergeben werden.

56 Chronologie entsprechend den Angaben von Alfie Dennen; Gespräch am 17. Juli 2006.

57 Chronologie entsprechend der EXIF-Daten der Originaldatei, die von Alexander Chadwick auf Flickr veröffentlicht wurde (www.flickr.com/photos/alexanderchadwick/128895717).

58 Statement von Vicky Taylor in *How Mobiles Changed the Face of News*, Dokumentarfilm der BBC (Redaktion: Penny Berry), 11. Januar 2006.

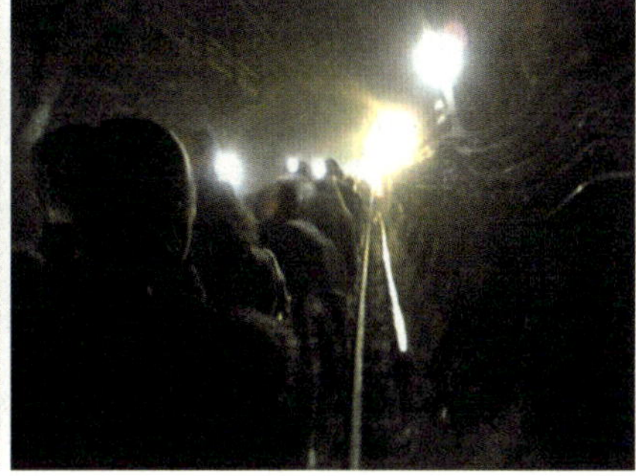

Abb. 10: Adam Stacey / Kevin Ward (links), Alexander Chadwick (rechts), Handyfotos der Attentate von London, 7. Juli 2005.

Von den insgesamt 442 Titelseiten vom 8. Juli auf der Seite Newseum,[59] auf der die wichtigsten Zeitungen vereint sind, werden lediglich neun mit Amateurfotos illustriert (acht verwenden das Foto von Alexander Chadwick,[60] nur eine das von Adam Stacey) – ein Anteil von 2 %. Aber es sind diese Bilder, mehr als die Agenturfotos, an denen die Aufmerksamkeit haften bleibt, und an denen sich die Kommentare orientieren (*Abb. 11*).

Während der folgenden Tage kursiert ein und dieselbe Analyse wie ein Lauffeuer in den Redaktionen: Die Mobiltelefone haben eine zentrale Rolle in der Berichterstattung über das Ereignis gespielt.[61] Dennis Dunleavy resümiert die allgemeine Einschätzung: »Ein neues Kapitel in der Geschichte des Fotojournalismus ist letzte Woche geschrieben worden. Zum ersten Mal haben die *New York Times* und die *Washington Post* ihre Titelseiten mit Fotos illustriert, die von Bürgerjournalisten mit Foto-Handys gemacht wurden.«[62]

Diese These, die hastig und mit Verweis auf Statistiken über den Markt für Mobiltelefone entwickelt worden ist, und in der die Attentate von

59 Newseum, Sammlung von 442 Titelseiten vom 8. Juli 2005 (www.newseum.org).

60 Die Titelseite des *Toronto Star* reproduziert eine Variante des bekanntesten Bildes von Chadwick, das durch Vermittlung von Associated Press verbreitet worden ist.

61 Vgl. Joe Light, »Camera Phones Play Major Role in Coverage«. *The Boston Globe*, 8. Juli 2005 (www.boston.com).

62 »Photojournalism history was made last week. For the first time, both *The New York Times* and *The Washington Post* ran photos on their front pages made by citizens with camera phones.« Dennis Dunleavy, »Camera Phones Prevail: Citizen Shutterbugs and the London Bombings.« *The Digital Journalist*, 9. Juli 2005 (www.digitaljournalist.org/issue0507/dunleavy.html; Übersetzung SD).

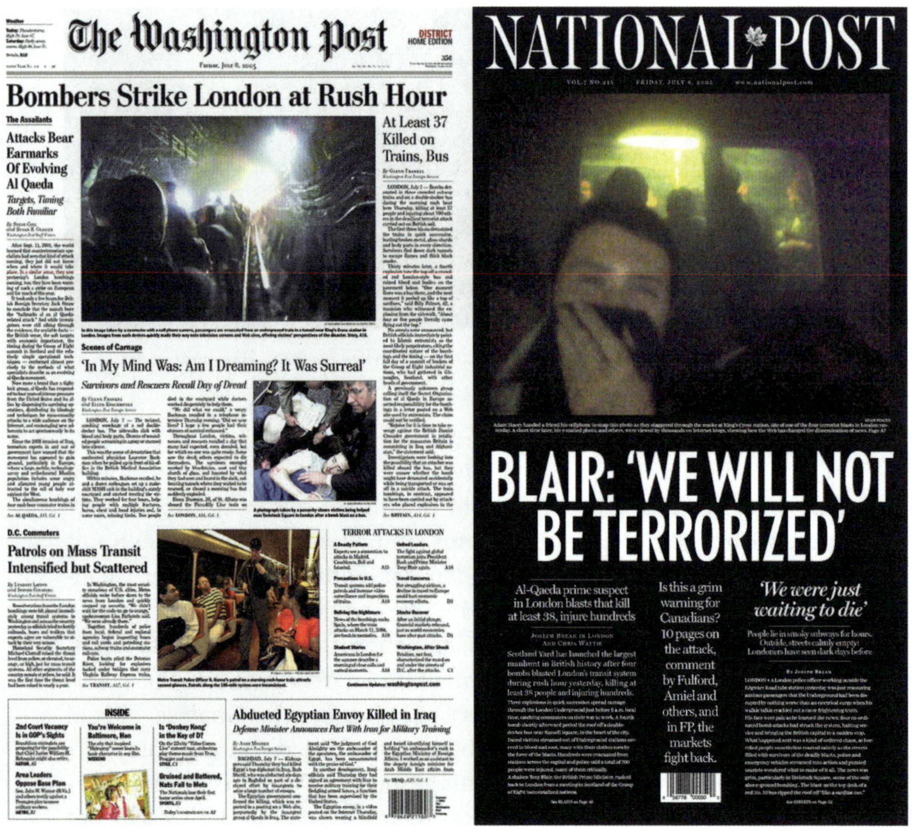

The Washington Post

Bombers Strike London at Rush Hour

The Assailants

Attacks Bear Earmarks Of Evolving Al Qaeda

Targets, Timing Both Familiar

At Least 37 Killed on Trains, Bus

Scenes of Carnage

'In My Mind Was: Am I Dreaming? It Was Surreal'

Survivors and Rescuers Recall Day of Dread

D.C. Commuters

Patrols on Mass Transit Intensified but Scattered

TERROR ATTACKS IN LONDON

INSIDE

Abducted Egyptian Envoy Killed in Iraq

Defense Minister Announces Pact With Iran for Military Training

NATIONAL POST

BLAIR: 'WE WILL NOT BE TERRORIZED'

Al-Qaeda prime suspect in London blasts that kill at least 38, injure hundreds

Is this a grim warning for Canadians? 10 pages on the attack, comment by Fulford, Amiel and others, and in FP, the markets fight back.

'We were just waiting to die'

People lie in smoky subways for hours. Outside, streets calmly empty: Londoners have seen dark days before

Abb. 11: Titelseiten, *The Washington Post* und *National Post*, 8. Juli 2005.

London mit den Fotos der Folterer von Abu Ghraib oder den Amateurvideos des Tsunami vom Dezember 2004 verknüpft werden, soll als provokant verstanden werden. Das widersprüchliche Zusammentreffen eines Ereignisses, das in der informationellen Hierarchie ganz oben steht, mit dem Foto-Handy, also dem letzten modischen Gadget, verursacht einen intellektuellen Schock, der ein Garant für ihren Erfolg ist. Die Titelseite von *Libération* vom 20. und 21. August gehört zur zweiten Welle der Artikel, in denen die These weiter entwickelt wird, um daraus eine moralisierende Antithese zu machen, indem sie die Qualität der journalistischen Arbeit gegen die Mediokrität der Amateurbilder in Stellung bringen, den noblen Charakter der Information gegen die Vulgarität des Voyeurismus und die Strenge der schriftlichen Darstellung gegen die Verführungskraft des Bildes. In *Le Monde* formulieren Guillaume Fraissard und Michel Guerrin die

Einschätzung, dass »Videos und Fotos von Amateuren sehr häufig faszinieren, beunruhigen, abstoßen und rühren und aus genau diesem Grund das genaue Gegenteil von dem sind, was die Medien im Allgemeinen bieten.«[63]

Der mythologische Charakter dieser Verteidigung und Darstellung der traditionellen journalistischen Werte lässt die Beunruhigung der professionellen Vertreter angesichts der Veränderungen, die sie bedrohen, erahnen. Im Rückblick wird deutlich, dass die Konzentration auf einige wenige Zeitungscover einige Eigenheiten dieses außergewöhnlichen Falls verwischt hat. Da ist zunächst die Unzugänglichkeit der U-Bahn-Anlagen, die es ermöglichte, dass die Aufnahmen von Fahrgästen den Platz professioneller Fotos einnahmen. Weniger als die *Produktion* des Bilds sind es zudem die Modalitäten seiner *Übertragung*, die als Schlüsselfaktor der Publikation erscheinen. Dennen und Chadwick, beide weit davon entfernt, ein »Herr Jedermann« zu sein, sind vielmehr Experten für digitale Anwendungen, wie der Rekurs auf die Creative Commons-Lizenz oder die vorgreifende Bildkorrektur bezeugen.

Schließlich zeigt eine genauere Analyse dieser visuellen Praktiken, dass der Zugang zu den ›großen‹ Medien nicht das erste Anliegen der Amateure ist. Seit dem 9. Juli befasst sich eine Journalistin der *New York Times* mit jener Flickr-Gruppe, die den Attentaten von London gewidmet ist und immerhin einige 700 Fotos vereint.[64] Ihr fällt auf, dass eine beachtliche Anzahl von Bildern der Wiedergabe von Nachrichten im Fernsehen, von Zeitungs-Titelseiten oder von journalistischen *in situ*-Reportagen vorbehalten bleibt.

»Das Netz gilt als die beste Umgebung, um Nachrichten aus erster Hand zu finden, bevor diese medial aufbereitet werden«, schreibt Sarah Boxer. »Aber das ist nicht das, was mit der Sammlung der Explosionen von London auf Flickr passiert. Fast alle diese Bilder sind *Bilder der Mediatisierung*. […] Allgemein gesprochen, konzentriert sich die Website nicht auf die Tragödie selbst, sondern auf die Zirkulation von Nachrichten. Man sieht Leute, die in ihre Mobiltelefone sprechen, Fotos von Anzeigetafeln, die Änderungen im U-Bahn-Verkehr ankündigen […]. Es gibt sogar einige U-Bahn-Tickets mit Datum vom 7. Juli, alltägliche Objekte, die sich in Sammlerobjekte verwandelt haben.«[65]

63 Guillaume Fraissard und Michel Guerrin, »L'An 1 du téléphone-caméra«. In: *Le Monde*, 15. Juli 2005 (www.lemonde.fr/idees/ article/2005/07/15/l-an-i-du-telephone-camera-par-guillaume-fraissard-et-michel-guerrin_672796_3232.html).

64 Vgl. »London Bomb Blasts Community«, Gruppe auf Flickr (www.flickr.com/groups/bomb/pool).

65 Sarah Boxer, »On the Web. Photos Strain to Connect 7/7 and 9/11«. In: *The New York Times*,

Sind alle Journalisten? Im Gegensatz zu dem Vorurteil, das die Amateurfotografie in einen Kontext der medialen Konkurrenz stellt, stellt die Aufzeichnung für Privatpersonen eine Form dar, ihre Beziehung zu dem Ereignis zu gestalten – »eine Form, dem Schock einer erdrückenden Realität zu trotzen«,[66] wie Pierre Bourdieu hinsichtlich seiner Erfahrung in Algerien erklärte. Angesichts des Traumas ist die Produktion von Bildern eine Aktivität, die es erlaubt, sich wieder zu fassen, sich in ein Verhältnis zu den Vorgängen zu setzen, sich das Ereignis wieder anzueignen. Nicht zufällig ist es nicht der Urheber des Fotos von King's Cross, der dieses verbreitet, sondern sein Freund, an den es adressiert wird, und der nicht direkt mit dem Eindruck konfrontiert war. Ebenso benötigt Alexander Chadwick mehrere Stunden Aufschub, um seine Bilder als Nachrichtenbilder zu betrachten.

Die These von der Konkurrenz durch die Amateurfotografie ist gewiss nicht ohne Bedeutung. Sie kann als Zeichen für den bewussten Umgang mit einer neuen Situation gedeutet werden, die durch die aktuellen Entwicklungen deutlich geworden ist. 2003 ist das Jahr, ab dem die Nachfrage den Markt für digitale Fotoausrüstungen sprunghaft auf das Zweifache anwachsen lässt, während zugleich die Erfolgsgeschichte der Breitbandübertragung beginnt. Die Bildplattform Flickr, exemplarisch für die neuen Nutzungsformen innerhalb eines dynamischen Webs, da sie es erlaubt, Recherchen auf der Grundlage von Tags vorzunehmen oder Nutzergruppen einzurichten, ist erst im Februar 2004 geschaffen worden.[67] Das Zusammenwirken dieser Angebote: hin zu einem System der Verbreitung, das leicht zu nutzen und der allgemeinen Öffentlichkeit zugänglich ist, markiert zweifellos einen Wendepunkt in der Geschichte der Medien.

Dennoch stimmt die Idee einer neuen Konkurrenz, der sich die Presseorgane ausgesetzt sehen, nicht mit der Realität der Praktiken überein. Es existiert darüber hinaus keine Möglichkeit für die Amateure, ihre Produktion selbst innerhalb der etablierten Medien zu platzieren. Wie das Beispiel der BBC zeigt, geht die Einladung, seine Bilddokumente einzusenden, de facto von den Redaktionen aus, die sich das Privileg der Auswahl und der redaktionellen Bearbeitung der Beiträge vorbehalten.

Seit 2007 hat sich die passive Aufforderung, die nicht immer die erwar-

9. Juli 2005 (www.nytimes.com/2005/07/09/arts/09boxe.html; Hervorhebungen AG, Übersetzung SD.)

66 Pierre Bourdieu, »Voir avec l'objectif autour de la photographie« (Gespräch mit Franz Schultheis). In: *Esquisses algériennes*. Paris: Seuil 2008, S. 368.

67 Vgl. Richard Giles, *How to use Flickr: the Digital Photography Revolution*. Boston: Thomson 2006.

tete Wirkung zeitigt,[68] in eine aktive Auswertung von privaten Quellen transformiert. Die Bildredakteure haben gelernt, die Vorteile von Flickr zu nutzen, ganz besonders die Möglichkeit, Recherchen auf diejenigen Korpora von Bildern zu konzentrieren, die unter der Lizenz Creative Commons abgelegt sind. Wie Florent Latrive, Journalist bei *Libération*, erklärt: »Das ist eine redaktionelle Entscheidung: Es geht darum, Fotos anzubieten, die uns interessant erscheinen und sich von denjenigen unterscheiden, die auf anderen Nachrichten-Websites zu finden sind.«[69]

Diese Entscheidung veranschaulicht die komplexe Beziehung der etablierten Medien zu den Amateurbildern. In einer Phase, in der die Presseagenturen ihr Instrumentarium rationalisieren und ihre Produktion in Form von Bild-Kits, die für die Verwendung aufbereitet worden sind, vereinheitlichen, reduziert sich das visuelle Angebot und zwingt die Zeitungen dazu, dieselben Bilder zu reproduzieren – ein Paradox in einem Moment, in dem das Netz zugleich den Zugang zu den verschiedensten Quellen eröffnet.[70] In einem solchen Kontext kann die Bildproduktion der Amateure eine willkommene Chance zur Diversifizierung darstellen.

Dennoch zeigen die Reaktionen, die diese unvorhergesehene Nachfrage unter den Nutzern von Flickr hervorruft, auch die Grenzen der Praxis auf.[71] Angesichts eines allzu nachlässigen Umgangs oder des mangelnden Respekts gegenüber den Klauseln, die in den Lizenzen spezifiziert werden, artikulieren die Fotografen meist Unverständnis und Bitterkeit. Mehrere verlangen eine Bezahlung für etwas, das ihnen als Dienstleistung erscheint. Einige legen schlicht und einfach Widerspruch dagegen ein, ihre Rechte abzutreten, und modifizieren dementsprechend die Einstellungen ihres Kontos.

Diese Beobachtung steht im Widerspruch zu der These, dass die Amateure als Konkurrenten auftreten, was auch impliziert, dass eine Publikation von ihnen als wünschenswert angesehen werde. Flickr ist keine Bildagentur: Die Erwartungen seiner Nutzer sind sehr viel weiter gefächert als diejenigen, die durch eine redaktionelle Arbeitsbeziehung definiert wer-

68 Vgl. Gilles Klein, »CPE: photos ›amateurs‹ sur liberation.fr et le monde.fr«. *Le Phare*, 19. März 2006 (www.gklein.blog.lemonde.fr).

69 Vgl. André Gunthert, »*Libé* s'illustre pour pas cher«. Actualités de la recherche en histoire visuelle. 3. Juli 2007 (www.arhv.lhivic.org/index.php/2007/07/03/456).

70 Vgl. Olivier Beuvelet, »Libégaro et Fi(gu)ration sont les deux mamelles du pluralisme sarkozyen«. *Devant les images*, 1. März 2009 (www.punctum.blog.lemonde.fr).

71 Vgl. das Forum »Utilisation des images de Flickr par la presse«, eingerichtet von dem Fotografen Hughes Léglise-Bataille am 2. Juli 2007 (www.flickr.com/groups/photoreporters/discuss/72157600600404786).

den. Auf der Plattform werden die Bedingungen einer gleichberechtigten Teilhabe durch den gegenseitigen Austausch etabliert. Eine Aneignung dieser Ökologie durch externe Konsumenten erscheint zwangsläufig als unerwünschte Ausbeutung.

Es hat mehrere Initiativen gegeben, einen Dialog zwischen der Presse und der kleinen Gruppe jener Amateure, die ihre Bilder publiziert sehen wollen, herzustellen. Matthieu Stefani, der zum Zeitpunkt der Attentate in London war, richtet 2005 die Seite Scooplive ein, die 2007 in Citizenside umbenannt wird und als Interface zwischen Privatpersonen und Medien konzipiert ist. Die Online-Agentur, die etwa 500 Nachrichtenfotos pro Tag erhält, verbreitet diese in ihrem Netzwerk, vor allem an die regionale Tagespresse und an die Klatschpresse.[72]

Diese Versuche, Verbindungen zwischen den beiden Welten herzustellen, bleiben dennoch marginal. Die Invasion der Medien durch die Amateure hat nicht stattgefunden. 2007 wird der konservative Essay von Andrew Keen *The Cult of the Amateur* die von der OECD gepflegten Mythen um den nutzergenerierten Content heftig angreifen und die Rückkehr zur Expertise und zu einer strikten Trennung der Rollen propagieren.[73]

Das Instrumentarium, das durch das Netz zur Verfügung gestellt wird, hat das Informationsverhalten von privaten Nutzern sehr weit entwickelt, aber diese sind nicht in direkte Konkurrenz zur traditionellen Medienproduktion getreten. Sehr viel häufiger haben sie parallele Universen in Form von Sozialen Netzwerken geschaffen, die von je eigenen Regeln des Austauschs bestimmt werden.[74] Am Ende wird der Mythos von der Invasion der Amateure einer jener Topoi bleiben, in denen sich die Konfrontation des Journalismus mit der neuen Medienlandschaft digitaler Bildlichkeit artikuliert. Vor dem Hintergrund einer noch nie dagewesenen Prekarisierung der Presse, die durch den Abzug der Werbeeinnahmen verursacht worden ist, hatte die Erzählung über den angeblichen Antagonismus die Funktion, die professionellen Vertreter in ihrer angestammten Rolle als Hüter von Sinn und Moral zu bestärken. Und zwar auf Kosten eines echten Dialogs mit den neuen Bildressourcen.

72 Quelle: Gespräch mit Aurélien Viers, Chefredakteur von Citizenside, am 14. Oktober 2008 (www.citizenside.com).

73 Andrew Keen, *The Cult of the Amateur: How Today's Internet is Killing Our Culture*. New York: Doubleday 2007.

74 Vgl. Jean-Samuel Beuscart, Dominique Cardon, Nicolas Pissard und Christophe Prieur, »Pourquoi partager mes photos de vacances avec des inconnus? Les usages de Flickr«. In: *Réseaux*, Nr. 154, Web 2.0, 2009/02, S. 91–129 (www.cairn.info/revue-reseaux-2009-2-page-91.htm).

4 Das parasitäre Bild. Nach dem Bürgerjournalismus

Im März 2006 löst ein Vorschlag der Regierung, der darauf abzielt, das Arbeitsrecht für junge Arbeitnehmer zu modifizieren, eine große Protestwelle an den Universitäten sowie Demonstrationen in ganz Frankreich aus. Gilles Klein, unabhängiger Journalist und Blogger, thematisiert, dass *Libération* und *Le Monde* ihre Leser dazu einladen, ihnen digitale Fotos der Demonstrationen zukommen zu lassen. Dieses Vorgehen anlässlich eines Großereignisses gehört zu den neuen Reaktionsbildungen der Presse, die man sich seit den Attentaten von London 2005 angewöhnt hat.[75]

Zum selben Zeitpunkt, als Gilles Klein seinen Artikel verfasst, bringt die Anti-CPE-Bewegung[76] einige hunderttausend Personen auf die Straße, es beteiligen sich vor allem Jugendliche. Dennoch stellt er fest, dass die Aufrufe der Zeitungen nur auf ein schwaches Echo stoßen. »Die ›jungen Menschen‹ scheinen keine Lust zu haben, ihre Fotos an Zeitungen zu schicken, die sie vielleicht nicht einmal lesen«, kommentiert er. »Sie teilen sie vor allem auf Flickr – geben Sie das Wort CPE ein und Sie haben an diesem Morgen beinahe 1.400 Fotos.«[77]

Die Bildplattformen: neue Informationsquellen

Wohin hat sich der »Bürgerjournalismus« entwickelt? Seit dem historischen Projekt OhmyNews, der 2000 gegründeten kollaborativen Presseagentur aus Südkorea, die von Dan Gillmor beschrieben worden ist,[78] hat die Entwicklung der Technologien und der Gebrauchsweisen dafür gesorgt, dass die privaten Beiträge zum Nachrichtenwesen nicht mehr wiederzuerkennen sind. Neben jenen Modellen, in denen die journalistischen Raster weiter existieren, redaktionellen Routinen oder dem System der Validierung,[79]

75 Allein am 7. Juli soll die BBC mehr als tausend Fotos erhalten haben (vgl. James Harkin, »What are Citizen Reporters?« *The Times Online*, 16. Juli 2006, www.thetimes.co.uk).

76 Abkürzung nach dem Namen des Entwurfs für den neuen Arbeitsvertrag: »contrat première embauche« (CPE), dt. etwa: »Vertrag für Berufseinsteiger« [Anmerkung SD].

77 Gilles Klein, »CPE: photos ›amateurs‹«, a. a. O. (Anmerkung 68).

78 Dan Gillmor, *We the Media*, a. a. O. (vgl. Anmerkung 53), S. 125–129. Zur französischen Diskussion dieses Beispiels vgl. Thierry Crouzet, *Le Cinquième Pouvoir: comment Internet bouleverse la politique*. Paris: Bourin 2007, S. 84–88.

79 Das französische Pendant von OhmyNews ist die kollaborative Website AgoraVox, die im März 2005 von Carlo Revelli eingerichtet wurde.

haben sich ungeregelte Formen der Verbreitung durchgesetzt. Ihr Kennzeichen ist, dass sie im Wesentlichen auf Bildern aufbauen, die durch Sharing-Plattformen für Bildinhalte wie Flickr,[80] YouTube oder Dailymotion vermittelt werden. Fotos und Videos werden dort die meiste Zeit kaum redaktionell bearbeitet, entgehen jeder Validierung und parasitieren Systeme, die nie dafür geschaffen worden sind, Nachrichten zu produzieren.

Kommen wir auf die Einladung der französischen Zeitungen zurück. Auf der Website von *Libération* wird knapp formuliert: »Demonstranten, handelt: Schickt uns Eure Fotos. Sie werden von der Redaktion ausgewählt und nach und nach auf liberation.fr publiziert werden.« Aber auf diesen Appell folgt ein Text, der sehr viel länger ist und in etwa zwanzig Zeilen die Bedingungen der Publikation präzisiert: »Sie räumen Libération alle Publikationsrechte an den Bildern ein, die Sie uns geschickt haben. [...] Sie bestätigen, der Urheber dieser Bilder zu sein und die notwendige Erlaubnis zur Publikation aller fotografierten Personen zu besitzen. [...] Wir behalten uns das Recht vor, die Bilder zu beschneiden und/oder den Bildausschnitt zu verändern sowie die mitgeschickten Bildunterschriften zu modifizieren.«

Diese Bestimmungen bringen nur die diversen gesetzlichen Auflagen in Erinnerung, die für publizierte Fotos gelten, dazu eine gewisse Anzahl vertraglicher Optionen, die von der Tageszeitung festgelegt werden müssen. Aber sie markieren auch sehr genau die Grenzen des Versuchs und das Ausmaß der redaktionellen Kontrolle über Inhalte, die einer Redaktion freiwillig angeboten werden, so wie früher die Leserbriefe. Auf Seiten des Adressaten setzen sie zum einen den Wunsch voraus, auf der Website der Zeitung publiziert zu werden, und zum anderen den Willen, das journalistische Spiel mitzuspielen.

Wozu aber soll es gut sein, sich diesen Regeln zu unterwerfen, bei denen allein schon die Auflistung lästig ist, und das, ohne die Garantie zu haben, dass die Einsendungen auch verwendet werden? Wozu soll es gut sein, sich dem Blick des Experten zu unterwerfen, den Eingriffen des Layouters, obwohl bereits deren Vermittlerposition als suspekt gilt? Wozu, wenn man über eine kostenfreie Alternative verfügt, die zuverlässig ist, einfach zu handhaben, ohne große Beschränkungen, und die es erlaubt, alle Entscheidungen selbst zu treffen: eine Plattform wie Flickr, in der ganzen Welt bekannt, die man bereits regelmäßig nutzt, um seine Familienfotos dort zu speichern?

80 Flickr beinhaltet zwei Angebote für ein Abonnement, ein erweitertes, für 25 Dollar im Jahr, und ein zweites, eingeschränktes, das kostenfrei ist. Es ist bemerkenswert, dass das kostenfreie Abonnement es genau bis 2006 erlaubte, eine unbegrenzte Anzahl vom Bildern hochzuladen. (Diese Anzahl ist seither auf 200 begrenzt worden.)

Kann man noch von Journalismus sprechen? Eigentlich erheben diese Inhalte darauf keinen Anspruch. Sie entsprechen zunächst der normalen Funktion der Plattformen, die den Gebrauch zu persönlichen sowie zu Freizeit- oder zu Unterhaltungszwecken priorisieren. Einzig die Umstände – und ein zweiter Blick – sind imstande, diese Bilder in Informationsträger zu verwandeln.

Von dem Übergriff auf Rodney King 1991 bis zu den Attentaten von London 2005 ist der typische Weg von Bildinhalten aus der Kategorie des »Bürgerjournalismus« der einer spontanen Dokumentation, die erst durch die Vermittlung der etablierten Medien einer größeren Öffentlichkeit zur Kenntnis gebracht wird. Nach diesem Schema bleibt die Presse der zentrale Akteur, nicht allein bei der Veröffentlichung der Inhalte, sondern auch bei ihrer Validierung, anders gesagt: bei der Einstufung eines Dokuments als Nachrichtenmaterial. Diese Rolle kann durch andere informationelle Praktiken ergänzt werden: Am Tag der Attentate von London wurden zum Beispiel einige hundert Fotos auf Flickr hochgeladen, die die Folgen der Explosionen dokumentierten.[81] Diese parallele Aktivität ändert aber nichts daran, dass die allgemeine Wahrnehmung des Ereignisses durch die etablierten Medien bestimmt wird. Im Gegenzug ändert sich diese Wahrnehmung, wenn in Ermangelung einer angemessenen medialen Berichterstattung die Bildplattformen als erste Nachrichtenquelle konsultiert werden. So wie sie in dem Artikel von Gilles Klein beschrieben wird, dokumentiert die Flickr-Recherche mit dem Schlüsselwort »CPE« ein aktives Verhalten des Nutzers, der, ohne die Unterstützung durch eine Bewertungsinstanz, selbst darüber entscheidet, den Inhalt als Nachricht einzustufen (*Abb. 12*).

Die Bedingungen für diese Entwicklung sind zunächst technischer und wirtschaftlicher Natur. Die kostenfreien Plattformen, die auf die kostenpflichtigen Angebote zur Online-Speicherung folgen, treten 2004 bis 2005 als eine logische Ausweitung der partizipativen Einrichtungen des Web 2.0 in Erscheinung.[82] Aber die Bilder fressen Speicherplatz. Aufgrund der Größe der Dateien, die in Umlauf gebracht werden, und der erforderlichen Breitband-Systeme funktionieren die entsprechenden Einrichtungen nicht ohne hohe Kosten. Die entsprechenden Unternehmen haben entschieden, die notwendige Infrastruktur zu finanzieren und dabei die ökonomische

81 Es handelt sich um die Gruppe »London Bomb Blasts Community«. Vgl. Louise Story, »Witness Photos on Web Captured London Drama«. In: *The New York Times*, 8. Juli 2008 (www.nytimes.com/2005/07/08/technology/08blog.html?ex =1179892800&en=31f557a5bod-9915c&ei=5070).

82 Flickr startete im Februar 2004, YouTube und Dailymotion im Februar und März 2005.

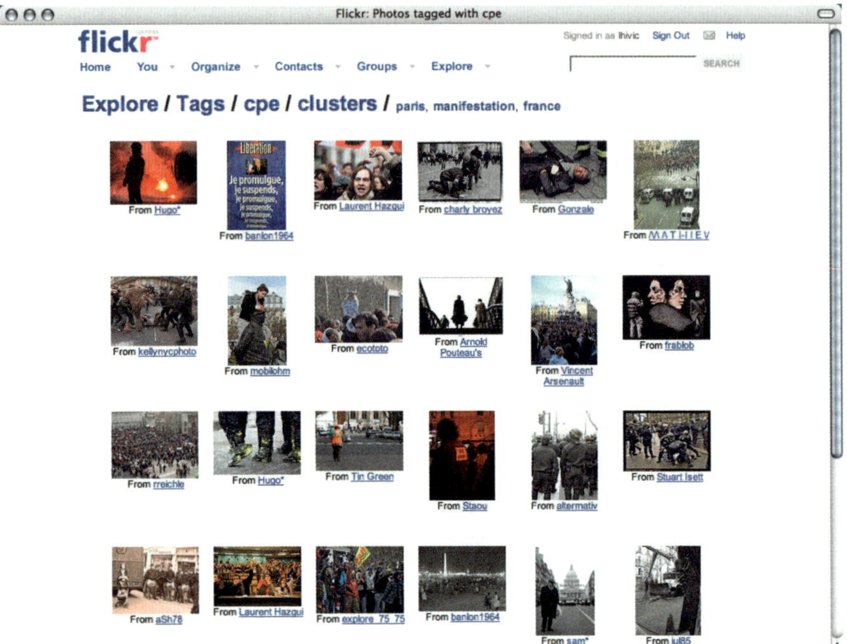

Abb. 12: Bildauswahl über den Tag »CPE« auf Flickr, Oktober 2006 (Screenshot).

Rentabilität durch andere Einkommensquellen zu sichern, vor allem durch Werbung. Die Häufigkeit, mit der die Plattformen besucht werden, wurde daher logischerweise der entscheidende Faktor für ihre ökonomische Bewertung. Aus diesem Grund haben die entsprechenden Dienste ein ganzes Repertoire von Maßnahmen entwickelt, die darauf abzielen, die Anzahl der Aufrufe zu erhöhen. Klickzähler, Tags oder Suchmaschinen, Merk- oder Klassifizierungsfunktionen, *interestingness* (auf Flickr) oder »video star« (auf Dailymotion): All diese Optionen sind nicht allein Mittel, um die Verbreitung von Inhalten zu fördern, sondern auch machtvolle Instrumente des Audience Development.

Die Bewertungslogik für Inhalte, die sich zunächst wie ein Spiel darstellen mag, zielte in keiner Weise darauf ab, den Presseagenturen Konkurrenz zu machen. Sie hat dennoch Nutzungsbedingungen entstehen lassen, die aus den Plattformen ein autonomes Medium machen. Ausgestattet mit Suchfunktionen, die fähig sind, auf eine Informationsanfrage zu reagieren, und dafür eingerichtet, hohen Besucherzahlen standzuhalten, waren diese Dienste bereit dafür, als Nachrichtenanbieter genutzt zu werden.

Damit befasst, einen Bericht zusammenzustellen, in dem die wichtigsten Kennzeichen von Flickr für den Mutterkonzern Yahoo! beschrieben wurden, entdeckte Stewart Butterfield im März 2006, dass die Anwendung, die er erfunden hatte, zu einem Nachrichtenmedium geworden war, ohne dass er dies vorausgesehen hätte. In seinem Artikel, den er mit mehreren Bildern von Hughes Léglise-Bataille und von Charlotte Gonzalez illustrierte, zwei jungen Fotografen, die entschieden hatten, ihre Darstellung der Pariser Demonstrationen auf Flickr zu publizieren, erklärte Butterfield: »Ich habe sie bei einer Recherche unter dem Tag ›CPE‹ entdeckt, als ich dem Link eines Artikels mit dieser Überschrift folgte: ›Frankreich: Die Jugend ignoriert die Einladungen der Presse und nutzt das Internet, um die Fotos der Demonstrationen zu publizieren‹« (*Abb. 13*).[83] Das entsprechende Blog stellte eine englische Übersetzung des Artikels von Gilles Klein zur Verfügung, den ich weiter oben erwähnt habe, und lieferte eine Erklärung des Akronyms, das der Schlüssel war, um Zugang zu den spontan gesammelten Bildern zu erhalten.[84]

Dass gerade die Anti-CPE-Bewegung dem Schöpfer von Flickr die Gelegenheit gibt, diese neue Option auszuloten, ist kein Zufall. Nur außergewöhnliche Umstände können ein Unterhaltungsangebot in ein Nachrichtenmedium verwandeln. Man kann zwischen zwei einschlägigen Fällen unterscheiden: dem eines kurzen krisenhaften Ereignisses wie den Attentaten von London oder, weniger lange zurückliegend, dem Amoklauf am Virginia Tech,[85] in dessen Folge sich das Angebot von und der Bedarf nach

83 »I came across it after browsing the CPE tag, after following a link from a blog post entitled: ›France: Youth Ignore Newspaper Requests for Protest Photos; Turn to Internet‹. The message of the article was that even the biggest French newspapers haven't been able to get readers to send in their photos, but a real-time, street-level view of the protests in Paris was flowing into and out of Flickr.« Stewart Butterfield, »Eyes of the World«, *Flickr Blog*, 24. März 2006 (www.blog.flickr.net/en/2006/03/24/eyes-of-the-world).

84 Anonym, »France: Youth Ignore Newspaper Requests for Protest Photos; Turn to Internet«. *The Editors Weblog*, 20. März 2006.

85 Am 16. April 2007 ereignen sich hintereinander zwei Schießereien auf dem Campus der Universität Virginia Tech (Blacksburg), die 33 Opfer fordern – die blutigste Tragödie, die jemals eine US-amerikanische Bildungsinstitution getroffen hat. Auch wenn sie rasch vor Ort sind, können die Reporter des Kabelsenders CNN nur die Umgebung filmen: die Campusgebäude, das Kommen und Gehen der Polizeikräfte, die Zeugenberichte anwesender Personen. Zufällig folgt ein Student dem Reflex, die zweite Schießerei mit seinem Mobiltelefon, einem Nokia N70, aufzuzeichnen. Wenig später lädt Jamal Albarghouti das Video auf seinen Computer und schickt es dann an die Seite CNN iReport, die für den *citizen journalism*

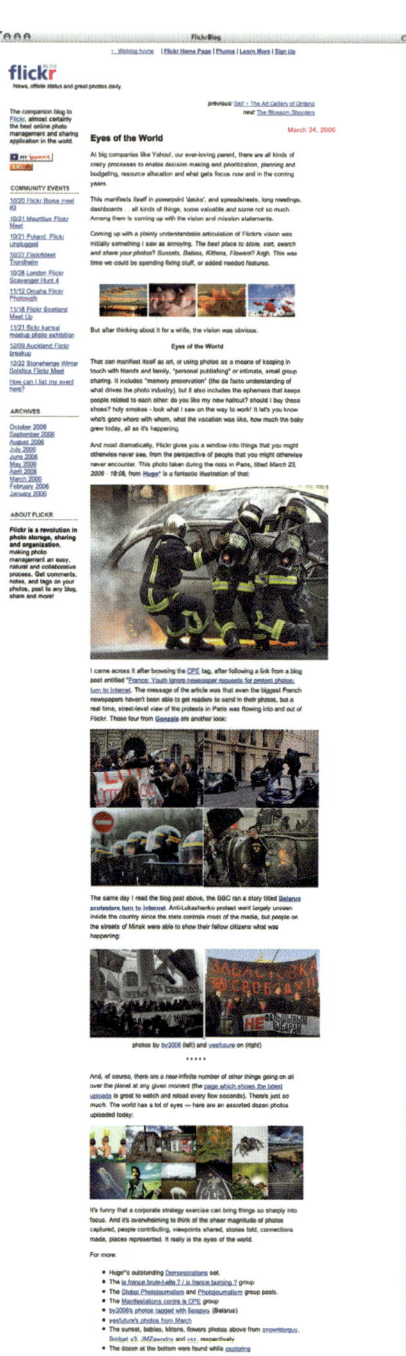

FlickrBlog

← Weblog home | Flickr Home Page | Photos | Learn More | Sign Up

flickr BLOG

News, offsite status and great photos daily

The companion blog to Flickr, almost certainly the best online photo management and sharing application in the world.

COMMUNITY EVENTS

10/20 Flickr Boise meet #3
10/21 Mauritius Flickr Meet
10/21 Poland: Flickr Unplugged
10/27 FlickrMeet Trondheim
10/28 London Flickr Scavenger Hunt 4
11/12 Omaha Flickr Photowalk
11/18 Flickr Scotland Meet Up
11/21 flickr kansai meetup photo exhibition
12/09 Auckland Flickr breakup
12/22 Stonehenge Winter Solstice Flickr Meet
How can I list my event here?

ARCHIVES

October 2006
September 2006
August 2006
July 2006
June 2006
May 2006
April 2006
March 2006
February 2006
January 2006

ABOUT FLICKR

Flickr is a revolution in photo storage, sharing and organization, making photo management an easy, natural and collaborative process. Get comments, notes, and tags on your photos, post to any blog, share and more!

previous: Self + The Art Gallery of Ontario
next: The Blossom Shooters

March 24, 2006

Eyes of the World

At big companies like Yahoo!, our ever-loving parent, there are all kinds of crazy processes to enable decision making and prioritization, planning and budgeting, resource allocation and what gets focus now and in the coming years.

This manifests itself in powerpoint 'decks', and spreadsheets, long meetings, dashboards ... all kinds of things; some valuable and some not so much. Among them is coming up with the vision and mission statements.

Coming up with a plainly understandable articulation of Flickr's vision was initially something I saw as annoying. *The best place to store, sort, search and share your photos? Sunsets, Babies, Kittens, Flowers?* Argh. This was time we could be spending fixing stuff, or added needed features.

But after thinking about it for a while, the vision was obvious.

Eyes of the World

That can manifest itself as art, or using photos as a means of keeping in touch with friends and family, "personal publishing" or intimate, small group sharing. It includes "memory preservation" (the de facto understanding of what drives the photo industry), but it also includes the ephemera that keeps people related to each other: do you like my new haircut? should I buy these shoes? holy smokes - look what I saw on the way to work! It let's you know who's gone where with whom, what the vacation was like, how much the baby grew today, all as it's happening.

And most dramatically, Flickr gives you a window into things that you might otherwise never see, from the perspective of people that you might otherwise never encounter. This photo taken during the riots in Paris, titled *March 23, 2006 - 18:08*, from Hugo* is a fantastic illustration of that:

I came across it after browsing the CPE tag, after following a link from a blog post entitled "France: Youth ignore newspaper requests for protest photos; turn to Internet. The message of the article was that even the biggest French newspapers haven't been able to get readers to send in their photos, but a real time, street-level view of the protests in Paris was flowing into and out of Flickr. These four from Gonzalo are another look:

The same day I read the blog post above, the BBC ran a story titled Belarus protesters turn to Internet. Anti-Lukashenko protest went largely unseen inside the country since the state controls most of the media, but people on the streets of Minsk were able to show their fellow citizens what was happening:

photos by by2006 (left) and yesfuture on (right)

* * * * *

And, of course, there are a near-infinite number of other things going on all over the planet at any given moment (the page which shows the latest uploads is great to watch and reload every few seconds). There's just so much. The world has a lot of eyes — here are an assorted dozen photos uploaded today:

It's funny that a corporate strategy exercise can bring things so sharply into focus. And it's overwhelming to think of the sheer magnitude of photos captured, people contributing, viewpoints shared, stories told, connections made, places represented. It really is the eyes of the world.

For more:

- Hugo*'s outstanding Demonstrations set.
- The la france brule-t-elle ? / la france burning ? group
- The Global Photojournalism and Photojournalism group pools.
- The Manifestations contre le CPE group
- by2006's photos tagged with Беларусь (Belarus)
- yesfuture's photos from March
- The sunset, babies, kittens, flowers photos above from snowriderguy, Bridget x3, JMZawodny and v.s.z. respectively
- The dozen at the bottom were found while exploring

Posted by **Stewart Butterfield**

Abb. 13: »Eyes of the World«, Artikel von Stewart Butterfield auf dem Flickr Blog, 24. März 2006 (Screenshot).

Nachrichten intensivierten und alle verfügbaren Kanäle in Beschlag nahmen. Der zweite Fall ist der eines Defizits in der Berichterstattung durch die etablierten Medien, das sich in einer Nachfrage artikuliert, die vor allem an alternative Netzwerke adressiert ist. Vor allem diese Umstände begünstigen die parasitäre Nutzung als Nachrichtenmedium.

Ein typisches Beispiel: Am Samstag, den 11. März 2006, erfahre ich gegen 9.00 Uhr aus dem Radio von der nächtlichen Evakuierung der Sorbonne, die von Ordnungskräften vorgenommen wurde. Die Tageszeitungen, die am Morgen erscheinen, sind vor dieser Entwicklung in Druck gegangen, also kann mich keine vernünftig informieren. Da ich lediglich über Antennenfernsehen verfüge, weiß ich außerdem, dass ich bestenfalls die Mittagsnachrichten abwarten kann, um mehr zu erfahren. Wo wären sofort Bilder des Ereignisses zu finden? Ausgehend von anderen Erfahrungen versuche ich eine Recherche auf Flickr, indem ich »Sorbonne« in die Suchmaschine eingebe. Die kollaborative Plattform erfüllt ihren Zweck: Seit den ersten Stunden des Tages hat ein junger Student, der vor Ort ist, die gute Idee gehabt, eine Chronik der Ereignisse in Form von Bildern ins Netz zu stellen, die es ermöglicht, verschiedene Phasen der Besetzung zu verfolgen (*Abb. 14*).[86] Gegen 10.00 Uhr morgens hat Flickr für mich die Rolle eines alternativen Mediums gespielt, das mir die Bilder anbietet, die ich zu einem tagesaktuellen Ereignis gesucht habe.

Während die klassischen Medien durch die regelmäßige Erneuerung ihres Nachrichtenangebots strukturiert werden, ist die informationelle Nutzung der Bildplattformen ganz und gar durch die Nachfrage bestimmt. Soweit sich feststellen lässt, bleibt die zentrale Motivation für den Rekurs auf dieses System die Suche nach ergänzenden Informationen, was auf einen Mangel oder eine Parteilichkeit in der Berichterstattung durch die etablierten Presseorgane hinweist.

Wenn man die Fotos der Anti-CPE-Demonstrationen betrachtet, die von Privatpersonen auf Flickr hochgeladen worden sind, ist man ver-

eingerichtet worden ist. Der Film zeigt nur wenig. In einer Minute und fünfzehn Sekunden voller wackeliger Bilder sind einige Polizisten zu sehen, die auf ein Gebäude zueilen. Vor allem ist eine Serie von Schüssen zu hören. Aber es handelt sich um die einzige verfügbare Videoaufzeichnung, die entstanden ist, während sich ein Ereignis von zentraler Bedeutung abspielte. CNN wird deshalb die meiste Zeit des Tages den Clip in einer auf 41 Sekunden gekürzten Version als Loop ausstrahlen. Dieser Sendeinhalt wird schnell von verschiedenen Internetnutzern kopiert und auf verschiedenen Sharing-Plattformen für Videos weiter verbreitet werden. Etwa fünf Stunden nach der [ersten] Ausstrahlung um 15.00 Uhr Ortszeit gibt CNN bekannt, dass die Originalversion, die auf iReport verfügbar ist, 900.000 Mal aufgerufen wurde.

86 André Gunthert, »L'Occupation de la Sorbonne est sur Flickr«. *Actualités de la recherche en histoire visuelle*, 11. März 2006 (www.arhv.lhivic.org/index/php/2006/03/11/127).

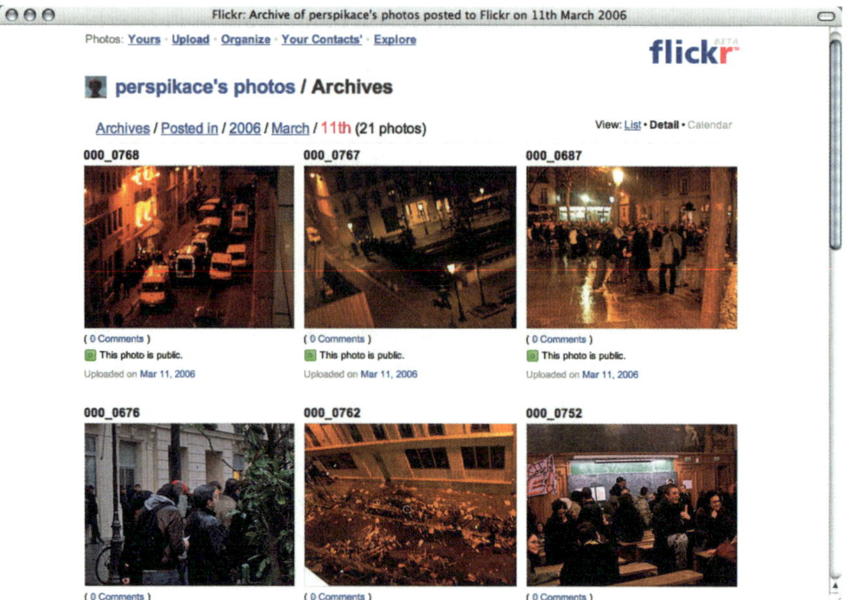

Abb. 14: Nicolas Gosset, »Occupation de la Sorbonne« (dt. »Besetzung der Sorbonne«), digitale Fotos auf Flickr, 10. und 11. März 2006 (Screenshot).

blüfft von dem heiteren und friedlichen Bild, das sie von diesen Versammlungen vermitteln. Während der ganzen Dauer des Ereignisses hatten die etablierten Medien und besonders die Nachrichtensendungen im Fernsehen dafür optiert, die gewalttätigen Ausschreitungen gegen Ende der Demonstrationen zu akzentuieren. Auch auf Flickr findet sich im Übrigen diese Präferenz für die dramatischsten Momente des Geschehens wieder, wenngleich die Urheber im Namen eines »Bürgerjournalismus« agieren.

Das ist ebenso bei Charlotte Gonzalez und Hughes Léglise-Bataille der Fall, deren Fotos in der Blogosphäre aufgrund ihrer formalen Qualitäten, die einer professionellen Gestaltung sehr nahekommen, rasch bekannt geworden sind. Diese Fotos, die gerne die Präsenz von Ordnungskräften oder krisenhafte Vorfälle in den Vordergrund stellen, vermitteln einen dokumentarischen Blick, der von demjenigen der Akteure sehr verschieden ist. Für den, der sich in den Demonstrationszug einreiht, ist die Demonstration eine zivile Ausdrucksform, die umso befriedigender ist, als sie in Form der Mobilität einer Gruppe erlebt wird. Dies ist die Wahrnehmung, die sich zum größten Teil in den Fotos auf Flickr ausdrückt. Und es ist dieses Bild, das von den Medien nicht akzeptiert worden ist, das die Nutzer des Tags »CPE« dort suchen.

Diese Nachfrage nach alternativen Informationen war auch kennzeichnend für die Aufrufe von politisch orientierten Videos während der Kampagne für die französischen Präsidentschaftswahlen 2007. Im Januar, als die Berichterstattung in den Medien Nicolas Sarkozy besonders wohlwollend gegenübersteht, ist auf den öffentlichen Plattformen ein deutliches Ungleichgewicht zugunsten von Kandidaten der Linken, insbesondere von Ségolène Royal, festzustellen.

Vergleicht man das Resultat der Suchanfragen »Sarkozy« und »Royal« auf Dailymotion, so beobachtet man zunächst eine merkliche Differenz der Korpora. Im ersten Fall wenige öffentliche Erklärungen oder Interviews, dafür viele Parodien und Filme denunziatorischen Inhalts. Im zweiten eindeutig mehr Interviews und Reportagen und weniger Satire. Konzentriert man sich auf Stellungnahmen im eigentlichen Sinne, so kommen die drei meistgesehenen Videos für Sarkozy (»Wünsche für 2007«, »Neue Anhänger« »SarkoSégo Debatte«) auf 433.188 Aufrufe. Im Fall von Royal ergibt die entsprechende Stichprobe (»Debatte mit Zuschauerbeteiligung, Elsass«, »Wünsche für 2007«, »Pakt von Bondy«) 2.273.321 Aufrufe, also fünf Mal mehr. Die partizipative Kampagne der Sozialisten läuft auf Hochtouren, aber diese neue Form des politischen Austauschs wird von der Presse vernachlässigt. Das Interesse der Öffentlichkeit verschiebt sich zu Dailymotion, wo eine der höchsten Zuschauerzahlen von der nüchternen Aufzeichnung einer Debatte mit Zuschauerbeteiligung in Straßburg erzielt wird, die am 20. Dezember online gestellt wurde und bis Ende Januar 816.526 Aufrufe erzielt.

Ende März hat der militante Anti-Sarkozy-Clip »Le vrai Sarkozy« (dt. »Der wahre Sarkozy«), der seit Juli 2006 online verfügbar ist und zigfach auf verschiedenen Plattformen kopiert wurde, insgesamt 2,5 Millionen Klicks erhalten. Zu diesem Zeitpunkt handelt es sich um das meistgesehene Video im französischen Sprachraum, wenn man alle Kanäle zusammennimmt. Dennoch hat dieses Dokument nicht das geringste Interesse auf Seiten der Presse erweckt, die es flüchtig zitiert und auf den Status reiner Propaganda reduziert. Während jedoch die meisten Online-Inhalte den Höhepunkt ihrer Bekanntheit nur für kurze Dauer erreichen, einige Wochen maximal, ist dieser Film regelmäßig unter den meist angesehenen Videos mit politischer Ausrichtung zu finden und wird auch neun Monate, nachdem er online gestellt wurde, mehrere tausend Mal am Tag aufgerufen. Liegt es an seinen filmischen Qualitäten, dass das Video so stark frequentiert wird? Eher handelt es sich um ein sorgfältig gestaltetes Bilddoku-

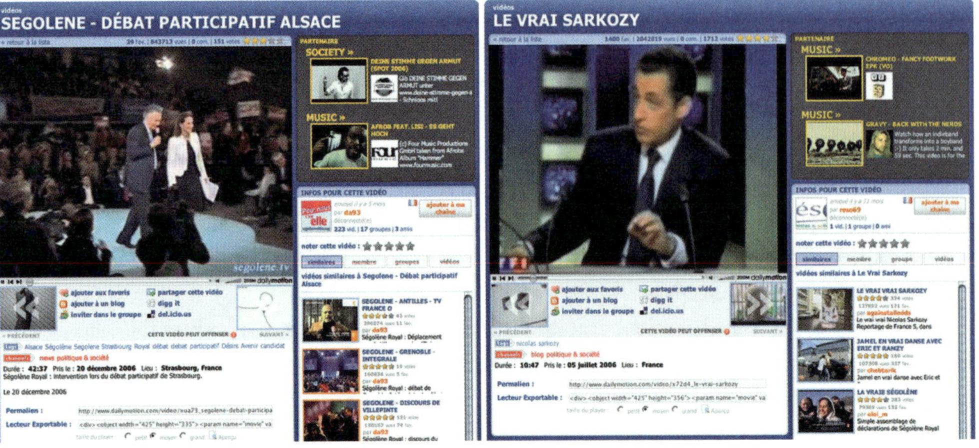

Abb. 15: »Ségolène – débat participatif, Alsace« (dt. »Ségolène, Debatte mit Zuschauerbeteiligung, Elsass«), Online-Video, Dailymotion, 20. Dezember 2006; »Le vrai Sarkozy« (dt. »Der wahre Sarkozy«), Online-Video, Dailymotion, 5. Juli 2007 (Screenshots).

ment, was auf den Online-Plattformen gewiss ein Plus ist. Ohne jedoch seinen Urheber kränken zu wollen, kann man sagen, dass diese kurze Montage aus Fernsehausschnitten nichts Besonderes hat. Zum Zeitpunkt der Kampagne ist es nicht so sehr ihr Inhalt als vielmehr ihre Rezeption, die wichtig ist. Was die Zuschauer in diesem Beitrag erkennen, ist, ungeachtet seines propagandistischen Charakters, ein Bild des Präsidentschaftskandidaten, das in den etablierten Medien nicht vorkommt.[87] »Le vrai Sarkozy« (Der wahre Sarkozy) vermittelt eine einfache Botschaft: Der Kandidat der Rechten macht Angst. Die Häufigkeit der Aufrufe des Videos zeigt an, dass diese Wahrnehmung, die in den etablierten Kanälen ausgeklammert wird, für einen Teil der Öffentlichkeit durchaus eine Rolle spielt.

Die Garantie der Bildquelle

In einem Kontext, in dem Medienangebote immer weiter konzentriert werden und die Berichterstattung vereinheitlicht wird, sowie anlässlich verschiedener öffentlicher Mobilisierungen haben sich die Bildplattformen von ihren anfänglichen Funktionen entfernt und sind zu einer Alternative

87 Die Spezialausgabe der Wochenzeitung *Marianne*, mit dem Titel »Le Vrai Sarkozy«, die ein ähnliches Bild vermittelt, erscheint erst am 14. April 2007.

gegenüber den etablierten Medien und zu Produzenten eines Nachrichtenangebots geworden, das aus einer unbefriedigten Nachfrage entsteht. Dieser Übergang hätte nicht unabhängig vom Medieninhalt bewerkstelligt werden können. Seine wichtigste Bedingung ist der Konsens, der hinsichtlich des aufgezeichneten Bildes und dessen Glaubwürdigkeit als Nachrichtenträger besteht.

Am 8. November 2006, postet ein anonymer Beiträger auf Dailymotion einen Videoclip von zwei Minuten, der einen provokanten Vorschlag von Ségolène Royal wiedergibt: die »Revolution der 35 Stunden« für die Lehrer an Mittelschulen. Im Laufe der folgenden Tage wird der »Buzz« um diesen Clip Ausmaße annehmen, die in der französischen Medienlandschaft bis dahin unbekannt gewesen sind. Am Dienstag, den 14. November, erreicht die Eingabe »Ségolène Royal Video« den ersten Platz unter den Suchanfragen, die von der Suchmaschine Technorati erfasst werden. Eine Woche, nachdem er online gestellt wurde, ist der Clip in verschiedenen Versionen auf Dailymotion eine Million Mal angesehen worden: ein Score, der auf dieser Plattform noch nie erreicht worden ist, erst recht nicht in diesem Zeitraum.[88]

Der kompetitive Rahmen, in dem es darum geht, den sozialistischen Kandidaten für die Präsidentschaftswahl zu benennen, kann diese außergewöhnliche Rezeption größtenteils erklären. Aber die Eigenschaften des Dokuments haben bei seiner Interpretation ebenfalls eine wichtige Rolle gespielt. Aufgrund seines einschlägigen Stils, der durch unkontrollierte Kamerabewegungen, kaum hörbare Dialoge, Unschärfen und unscharfe Einstellungen gekennzeichnet ist, verweist dieses Video auf das, was wir in unserer visuellen Kultur als Amateuraufzeichnung zu identifizieren gelernt haben.

Innerhalb der Medienlandschaft hat dieser Typ von Dokument eine widersprüchliche Position inne. Denkbar verschieden von den professionell aufbereiteten Inhalten, für die sich die Journalisten zuständig sehen, wird ihm dennoch eine hohe Glaubwürdigkeit zugestanden, die aus seinen mutmaßlichen Produktionsbedingungen resultiert, deren unkonventionelle Züge als eine Garantie für Seriosität wahrgenommen werden. Diese Merkmale sind Zeichen einer spezifischen Ästhetik, die als solche durchaus *gefaket* werden kann. Ein wesentlicher Teil der Bildauswahl in der so genannten ›Klatschpresse‹ beruht beispielsweise auf der Imitation von Merkmalen der Amateur- oder Familienfotografie.

Angesichts der wachsenden Verwendung von Amateurmaterial in medi-

88 Der Clip, der zuvor den ersten Platz innehatte, ein Ausschnitt aus der Animationsserie *South Park*, war in zehn Monaten knapp 900.000 Mal aufgerufen worden.

alen Kontexten bestehen die professionellen Vertreter gerne auf dem Kriterium, das den ganzen Wert ihrer Arbeit ausmacht: die Validierung von Information. Aber das Lektüreraster, dem der unbearbeitete Inhalt unterzogen wird, verändert die Bedingungen seiner Rezeption. Indem er Zugang zu einer Primärquelle bietet, setzt der Klick auf den Link den Internetnutzer in eine Beziehung zu dem entsprechenden Ereignis, die der des Journalisten ähnelt. Während uns das mediale Angebot daran gewöhnt hat, Nachrichten passiv zu konsumieren, führt die eigenständige Entdeckung eines unbearbeiteten Dokuments zu einer anderen Art von Einschätzung, die jedem Nutzer die Anstrengung abverlangt, den aufgerufenen Inhalt zu bewerten. In einem Kontext der frei flottierenden Interpretation kann jeder sich auf seine Weise seine Meinung bilden. »Ich werde mir das Video noch mal ansehen«, schreibt folglich ein Internet-Nutzer in seinem Kommentar zu einem Artikel von Daniel Schneidermann auf dem Big Bang Blog, um ein Urteil zu überprüfen.[89]

Die Konfrontation mit Dokumenten, die nicht validiert worden sind, führt spontan zu einer heftigen Kritik der Quellen.[90] Die Vertrautheit mit dieser »Gebrauchsästhetik«,[91] deren Geschichte bis in die Anfänge der Schnappschuss-Fotografie zurückreicht, begründet das Vertrauen des Internetnutzers in seine eigenen Fähigkeiten zur Bewertung der publizierten Inhalte. Dieser Glaube an die Fähigkeit eines jeden, die Seriosität eines Bilddokuments zu beurteilen, mag illusorisch sein. Das ändert aber nichts daran, dass er eine starke individuelle Beziehung zum Inhalt entstehen lässt. Die Bedeutung, die einer Nachricht beigemessen wird, hängt direkt mit der Tatsache zusammen, dass sie gestaltet und nicht einfach nur zugelassen worden ist.

Um auf die Konfrontation mit dem unbearbeiteten Dokument zurückzukommen: Die elektronischen Bilder, die über die Bildplattformen verbreitet werden, stellen die Verbindung zu jenen Interessen wieder her, die den Rekurs auf das Bilddokument in der illustrierten Presse zuallererst motiviert haben.[92] Die Fotoreporter, die versuchen, die professionelle Produktion im Namen der Kompetenz und des guten Geschmacks zu verteidigen,

89 Kommentar von Kawouede zu Daniel Schneidermanns Artikel »Vidéo Royal, suite: les ségolistes accusent le senateur ›strausskiste‹ Daniel Raoul«, *Big Bang Blog*, 11. November 2006 (www.bigbangblog.net/article.php3?id_article=474).

90 Vgl. André Gunthert, »Les Photographies de l'EHESS et le ›journalisme citoyen‹«, a. a. O.

91 Vgl. André Gunthert, »Esthétique de l'occasion: naissance de la photographie instantanée comme genre«. In: *Études photographiques*, Nr. 9, Mai 2001, S. 64–87 (www.etudesphotographiques.revues.org/243).

92 Vgl. Thierry Gervais, »D'après photographie: premiers usages de la photograhie dans le

haben noch nicht begriffen, in welchem Maße die neueren Gebrauchsweisen sich in Abgrenzung zu jener Tradition des Fotojournalismus entfalten, die den redaktionellen Anteil auf Kosten des dokumentarischen Potenzials privilegiert hat.[93] Das parasitäre Bild ist keineswegs ein Allheilmittel – es markiert nur eine partielle und provisorische Antwort auf einen bestimmten Zustand der Nachrichtengestaltung. Nach den Zusammenstößen an der Gare du Nord am 27. März 2007 haben zahlreiche Zeugen ihre Aufzeichnungen an Dailymotion geschickt. Dabei ließen diese Clips, die mit Mobiltelefonen gemacht, allzu kurz und allzu verpixelt waren, fast nichts von diesem komplexen Ereignis erkennen. Auf die reine Bezeugung von Anwesenheit reduziert, lieferten diese Dokumente nur sehr wenige visuelle Information und machten nicht mehr zugänglich als die Ausschnitte, die für die Fernsehnachrichten ausgewählt wurden. Aber der Reflex war inzwischen erlernt: Einige hunderttausend Internetnutzer riefen diese Videos während der folgenden Tage auf. Selbst wenn diese Öffentlichkeit nicht unbedingt die Informationen fand, die sie suchte, signalisierte ihr Verhalten, dass der Umgang mit dem Ereignis in den etablierten Medien als nicht angemessen wahrgenommen worden war.

journal *L'Illustration*, 1843–1859«. In: *Études photographiques*, Nr. 13, Juli 2003, S. 56–85 (www.etudesphotographiques.revues. org/347).

93 Vgl. Gaëlle Morel, *Le Photoreportage d'auteur: l'institution culturelle de la photographie en France depuis les années 1970*. Paris: CNRS 2006.

5 Ist die Fotografie noch modern?

Die Welt der Fotografie erlebt heute einen neuen Widerspruch. In der Praxis hat sie den Schock der Digitalisierung absorbiert, der wichtigsten technologischen Veränderung seit der Erfindung des Negativs (Talbot, 1840). Aber zugleich bleibt sie ihren traditionellen Symbolen eng verbunden und zeigt sich überraschend widerständig, wenn es darum geht, die digitale Entwicklung in ihren Selbstdarstellungen einzugestehen oder zu akzentuieren.

Die Effekte der Digitalisierung fotografischer Verfahren lassen sich mittels ihrer wichtigsten Eigenschaft erklären: der Dematerialisierung der medialen Träger. So wie die schriftliche Notation die Reproduktion und Verbreitung sprachlicher Botschaften ermöglicht hat, so macht die Verwandlung des Bildes in Daten dieses unabhängig von einem materiellen Träger, der nur ein temporäres Vehikel ist.

Diese Verwandlung hat vier wichtige Konsequenzen. Sie modifiziert auf radikale Weise die Bedingungen der Archivierung von Bilddokumenten, die von nun an in digitale Datenbasen integrierbar sind, was ich als ihre *Indizierbarkeit* bezeichnen werde. Sie sichert die Möglichkeit, die Fotos später zu bearbeiten und stellt eine Kontinuität zwischen Aufnahme und Post-Produktion her, also eine neue *Versatilität*. Sie erleichtert ihre sofortige elektronische Übertragung und verleiht ihnen so eine gewisse *Ubiquität*. Sie erlaubt es, sie in Inhalte einzufügen, die über das Internet verbreitet werden können, und bestätigt dergestalt ihre *Universalität*.

Diese Eigenschaften, die es mit allen anderen digitalen Quellen teilt, sichern dem statischen Bild eine Reihe praktischer, technischer und ökonomischer Vorteile, und zwar in einem bislang unbekannten Ausmaß. Dennoch läuft alles so weiter, als sei das fotografische Milieu in eine Art kulturellen Akademismus verstrickt, da es die Entwicklungen, die durch die Digitalisierung in Gang gebracht wurden, hinter der behaupteten Kontinuität von Verfahren und dominierenden Modellen zu verbergen sucht.

Eine unsichtbare Revolution?

Es geschieht nicht selten, dass technologische Entwicklungen in professionellen Praktiken zu kulturellen Veränderungen führen.[94] Die Geschichte liefert viele Beispiele für solche Krisenphasen, die Züge der berühmten

94 Vgl. Patrick Flichy, *L'Innovation technique*. Paris: La Découverte 1995.

»Querelle des Anciens et des Modernes« annehmen können – anders gesagt: der Polarisierung in die zwei Lager der Gegner und der Befürworter des Wandels sowie die Entstehung eines Aushandlungsortes, der dafür sorgt, dass die Debatten öffentlich wahrgenommen werden.

Weit entfernt davon, ein ungewöhnliches Phänomen zu sein, ist der Widerstand gegen die Innovation vielmehr das häufigste Symptom eines kulturellen Übergangsprozesses. Er ist umso stärker, je größer die Anpassungen sind, die von den Akteuren verlangt werden, und je schneller das Tempo der Veränderung ist.

Die Fotografie, die seinerzeit als eine Technologie vorgestellt wurde, die der allgemeinen Öffentlichkeit zugänglich war, hat unbestreitbar die Fähigkeit unter Beweis gestellt, mit Innovationen umgehen zu können. Ihr Auftauchen allein hat den Zorn der Graveure, der Zeichner und der Miniaturmaler hervorgerufen: Professionen, die durch das neue Medium bedroht wurden. Dass Nasskollodium-Verfahren, 1851 von der Heliographischen Gesellschaft, dem ersten Fachverband in der fotografischen Welt, mit Hochmut behandelt, setzt sich binnen weniger Jahre als der neue Standard durch. Sein Nachfolger, die Trockenplatte, die 1880 auf Seiten der professionellen Vertreter Vorbehalte und Spott provoziert, ist ab 1886 ein gängiges Verfahren. Der 35-mm-Film, Anfang der 1930er als Spielerei angesehen, wird rasch von der jungen Generation angenommen, die aus der Leica »den Lieblingsapparat von Reportern in Krisensituationen«[95] macht. Es ist nicht das erste Mal, dass die Fotografie mit einer wichtigen Entwicklung umgehen muss. Und bislang hat sie es immer verstanden, sich in relativ kurzen Abständen anzupassen.

Die digitale Revolution, die die fotografischen Metiers seit den 1990er Jahren empfindlich trifft, steht nicht in dieser Traditionslinie. Der Austausch der Geräte, ein Indikator für die Entwicklung von neuen Praktiken, hat sich seit 2003 stark beschleunigt. 2009 wird der aktive Bestand von Aufnahmegeräten auf fast 45 Millionen digitale Apparate (darunter 18,7 Millionen Fotohandys) gegenüber 12,3 Millionen analogen Apparaten (darunter 5,3 Millionen Wegwerfkameras) geschätzt. Seit 2008 haben die einschlägigen Organisationen aufgehört, eine Statistik für den Verkauf neuer analoger Apparate zu erstellen, deren Anzahl nicht länger als signifikant betrachtet wird. Für die Amateur- wie für die Berufsfotografie gilt hier, dass die Sache gelaufen ist: Die Pixel haben gewonnen.

Dennoch könnte man angesichts der öffentlichen Darstellung fotografischer Praxis daran zweifeln. Während das Kino es verstanden hat, mit der

95 Clément Chéroux, *Henri Cartier-Bresson: le tir photographique*. Paris: Gallimard 2008, S. 90.

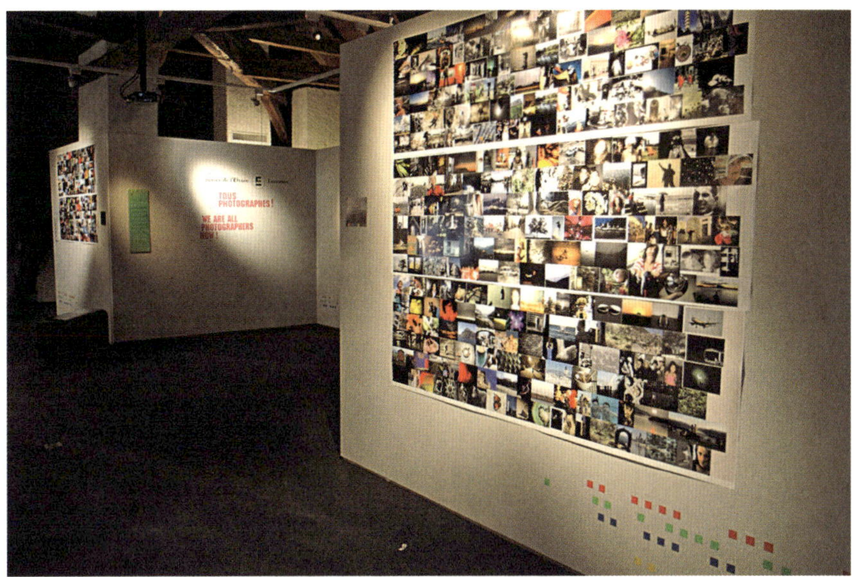

Abb. 16: Musée d'Élysée, Lausanne, Ausstellung *Tous photographes!*, 2007 (Privatsammlung).

3D-Technologie, diesem Schlüsselbegriff für die Entwicklung der Branche, ein positives Bild seiner Beziehungen zu den neuen Technologien zu vermitteln, und während der Musikkonsum mittels Podcasts oder Online-Portalen inzwischen in das kommerzielle Angebot integriert ist, bleibt die Fotografie seltsam zurück und zeigt sich unfähig, die realen Entwicklungen ihrer Praxis anzuerkennen.

Der Prix Arcimboldo, vom Fachverband Gens d'images seit 1999 ausgelobt und der digitalen Gestaltung gewidmet, ist eine diskrete Veranstaltung geblieben. Eine einzige nennenswerte Themenausstellung ist 2007 vom Musée de l'Élysée in Lausanne unter dem Titel *Tous photographes! La mutation de la photographie amateur à l'heure numérique* (dt. »Alle sind Fotografen! Der Wandel der Amateurfotografie im digitalen Zeitalter«) präsentiert worden (*Abb. 16*). Hingegen setzen die Rencontres internationales de la photographie in Arles, das wichtigste Festival im Bereich der Fotografie, im Sommer 2010 »die Ästhetik, die mit der Digitalisierung verschwindet« auf die Tagesordnung. Eine Stellungnahme wie die, die ich 2006 formulieren durfte, ist eine isolierte Position geblieben.[96]

96 André Gunthert, »Flickr, l'une des choses les plus importantes qui soient arrivées à la photographie« (Stellungnahmen auf Einladung von Hubert Guillaud). InternetActu, 8. Juni

Nach dem von der École Louis Lumière organisierten Kolloquium »Nouvelles perspectives pour les photographes professionnels« (dt. »Neue Perspektiven für professionelle Fotografen«), das den Beschwerden der etablierten Fotografen viel Platz eingeräumt hatte (vor allem der Projektion des ›Autodafé‹ von Jean-Baptiste Avril), haben mehrere Fotografen Wert darauf gelegt, mir zu versichern, dass dieses wohlfeile Gejammer nicht repräsentativ für die Haltung der jungen Generation gewesen sei. Tatsache ist, dass diese Generation heute kaum Unterstützung oder sichtbare Wortführer hat. Da es an einer entschlossenen Mobilisierung von Unterstützern der Erneuerung fehlt, beschränken sich in der öffentlichen Debatte die Konsequenzen der Digitalisierung für die Fotografie auf die Litanei von der Konkurrenz durch Amateure und auf die Polemik gegen Bildbearbeitung.

Die Auflösung besteht in der Indizierbarkeit

Alle Stellungnahmen stimmen in der Einschätzung überein, die Einkünfte der professionellen Fotografen seien eingebrochen, und die Schließung einer großen Bildagentur nach der anderen bestätige, dass ein harscher Umbruch im Gange ist. Die Zuschreibung der Ursache für die Verluste bleibt indessen problematisch. Dominique Sagot-Duvauroux spricht von einer »Auflösung des Wertes der Bilder«,[97] was bezeichnenderweise nebulös klingt.

Seit 2000 haben die Spezialisten der Bildvermarktung nacheinander die digitalen Bilddatenbanken, die konkurrierenden Amateure oder den zunehmenden Rückgriff auf den Verweis »Rechte vorbehalten« inkriminiert. Die Variabilität dieser Beschwerden lässt vermuten, dass es sich eher um die reflexhafte Suche nach einem Sündenbock handelt als um das Anliegen, die wirklichen Gründe für die Krise zu identifizieren. Dennoch weisen einige dieser Anschuldigungen durchaus in die richtige Richtung.

Die These von der Konkurrenz durch die Amateurfotografie hält als solche einer Überprüfung nicht stand. In den meisten Fällen geht die Einladung, seine Bilder einzusenden, von den Redaktionen aus, die sich das Recht vorbehalten, die Beiträge auszuwählen und sie redaktionell zu bearbeiten. Das Problem ist also nicht die Vervielfältigung von Digitalkameras

2006 (www.internetactu net/2006/06/08/flickr-lune-des-choses-les-plus-importantes-qui-soient-arrive-a-la-photographie).

97 Dominique Sagot-Duvauroux, »Quels modèles économiques pour les marchés de la photographie à l'heure du numérique?«. In: *Cahier Louis-Lumière*, Nr. 7, Juni 2010, S. 85–95 (www.culturevisuelle.org/blog/5466).

in den Händen der allgemeinen Öffentlichkeit. Die Bedrohung durch die Amateure ist nicht auf Seiten der Bildproduktion zu situieren, sondern im Zugang zu den Mitteln der Indizierung, was die Lage grundlegend verändert hat.

Nach dem Modell der Kunstgeschichte hat sich die Beschreibung fotografischer Praktiken stets auf die Produktion der Bilder konzentriert. Was sie hingegen außer Acht gelassen hat, ist der sehr wichtige Bereich der Ökonomie, die Matthias Bruns als eine Ökonomie der Dienstleistungen identifiziert hat.[98] Seit dem Ende des 19. Jahrhunderts ist der Grund für den Erfolg der Bildagenturen weniger in der Qualität der Bilder zu suchen als in der Schnelligkeit und Zuverlässigkeit der Dienste, in den ökonomischen Vorteilen der Mengenabnahme oder in der juristischen Absicherung, die durch die Dienstleistung garantiert wird.

Das richtige Bild zu finden, ist im medialen Kontext von entscheidender Bedeutung. Die Wertschöpfung hängt von der Fähigkeit ab, rasch Zugang zu dem gewünschten Bilddokument vermitteln zu können. Hier ist die Rolle des Bildredakteurs wichtiger als die des Fotografen, und die Datei oder die Datenbasis werden zu sehr viel wichtigeren Elementen als der Fotoapparat.

Diese Sicht auf die Praktiken macht es verständlich, dass die neue Indizierbarkeit der digitalen Fotografie der zentrale Faktor in der Destabilisierung der Bildökonomie gewesen ist. Wenn man sich bereit zeigt, nicht das Foto, sondern die damit verbundene Information als das eigentlich Wertvolle zu betrachten, dann wird deutlich, dass der wichtigste Grund für die beschriebene »Auflösung« der Konkurrenzdruck bei den Kosten für die Verwaltung dieser Information gewesen ist.

Die Transformation von analogen Karteien in digitale Datenbasen seit den 1990er Jahren hat es ermöglicht, substantielle Einsparungen bei der Verwaltung der Inhalte zu erzielen und den Weg für *low-cost* Bilddatenbanken zu öffnen.[99] Der nächste Schritt wird durch die Aufgabe der traditionellen Bildredaktion markiert, die zuvor auf menschlicher Intelligenz und spezifischen Kompetenzen basierte. Die Indizierung wird vollkommen automatisch (Google Images, 2001) oder direkt von den Nutzern vorgenommen (Flickr, 2004).[100] In beiden Fällen bedroht die kostenfreie Verwal-

98 Matthias Bruns, *Bildwirtschaft: Verwaltung und Verwertung der Sichtbarkeit*. Weimar: VDG Verlag 2003.

99 Vgl. Estelle Blaschke, »Corbis, ou la Demésure de l'archive«. *Culture Visuelle*, 22. März 2010; Fanny Lautissier, *Les Archives photographiques face aux enjeux de la transition numérique*, Masterarbeit, Lhivic / EHESS 2009 (http://culturevisuelle.org/postphoto/2009/12/09/corbis-ou-la-demesure-de-larchive).

100 Vgl. Amélie Segonds, *Indexation visuelle et recherche d'images sur le Web: enjeux et prob-*

tung der Suche, die sich als bestürzend effektiv erweist, unmittelbar jene Unternehmen, die ihre Wertschöpfung auf Expertisen aufgebaut hatten. Weil die Ökonomie der Bilder sich als eine Ökonomie der Dienstleistungen begriffen hat, konnte die Digitalisierung im Hinblick auf die verschiedenen Formen der Indizierbarkeit so viel Schaden anrichten.

Photoshop bedroht das Dogma der Objektivität

Das anhaltende Verbot der Bildbearbeitung, das 2010 durch den Ausschluss eines Preisträgers des World Press Photo Award noch einmal manifest geworden ist, bleibt ein beunruhigendes Symptom. Zu erinnern ist, dass noch vor der Verbreitung der digitalen Fotografie das Auftauchen von Bildbearbeitungssoftware Aufregung unter den Experten hervorgerufen hatte. In *The Reconfigured Eye* rief William J. Mitchell ab 1992 den Eintritt in das »postfotografische Zeitalter«[101] aus und deutete damit an, in welchem Maße die Geschicke des Mediums und der Bildbearbeitung voneinander abhängig schienen.

Die digitale Bildbearbeitung markiert ganz und gar eine Kontinuität professioneller fotografischer Praktiken, unter denen die Bearbeitung des Bildmaterials ebenso notwendig ist wie die des Tonsignals in der Audioaufzeichnung. Anders als in den essentialistischen Beteuerungen selbsternannter Theoretiker behauptet wird, entsteht die Unruhe, mit der die fotografische Welt auf die Einführung von Photoshop reagiert, nicht durch die neue Wandelbarkeit des Bildes, sondern durch die bislang ungekannte *Sichtbarkeit* der Bildbearbeitung, die von nun an den Blicken aller ausgesetzt ist.

Wenn sie sich mit den Standardwerken des letzten Jahrhunderts befassen, stellen die Studierenden von 2010 überrascht fest, dass Roland Barthes ebenso wenig um Fragen der Retusche besorgt war wie Susan Sontag oder Rosalind Krauss. Diese Kurzsichtigkeit ist das Ergebnis einer langjährigen Heuchelei in der Welt der professionellen Fotografie, der es gelungen ist, die Behauptung einer ›naturgegebenen‹ Authentizität des fotografischen Bildes aufrechtzuerhalten, indem sie die Geheimnisse seiner Fabrikation einem Kreis von Eingeweihten vorbehielt. Gisèle Freund, eine der Weni-

lèmes; Masterarbeit, Lhivic / EHESS 2009. Ebenfalls online unter: http://culturevisuelle.org/blog/4118.

101 William J. Mitchell, *The Reconfigured Eye: Visual Truth in the Post-photographic Era*. Cambridge: MIT Press 1992.

gen, die sich in anderem Sinne geäußert haben, schrieb im Jahre 1936 klarsichtig: »Obgleich sie ganz an die Natur gebunden ist, hat die Photographie nur eine scheinbare Objektivität. Die angeblich unbestechliche Linse erlaubt alle möglichen Deformierungen der Wirklichkeit, weil der Inhalt eines Photos jedes Mal von der Art und Weise abhängt, wie der Photograph die Geschehnisse aufgenommen hat [...]. Die Bedeutung der Photographie besteht also nicht allein in der Tatsache, daß sie eine Schöpfung sein kann, sondern darin, daß sie eines der wirksamsten Mittel zur Formung unserer Vorstellung und zur Beeinflussung unseres Verhaltens darstellt.«[102]

Seit Photoshop ist es schwieriger geworden, die Bildbearbeitung unter den Teppich zu kehren. Schwieriger, aber nicht unmöglich, wie es die Argumentation in einer Ausgabe von *Envoyé spécial* zeigt, die am 10. Dezember 2009 auf France 2 ausgestrahlt worden ist.[103] Indem sie sorgfältig die ›oberflächlichen‹ Bereiche des Studioporträts, der Modefotografie und der Werbung (in denen die Nachbearbeitung sich alle Freiheiten erlauben dürfe) von dem einzigen Bereich unterscheidet, der wirklich zählt, nämlich den Nachrichten (bei dem man unterstreicht, dass die Bildbearbeitung untersagt bleibe), wendet diese Dokumentation die klassische Taktik an, mit dem Verweis auf den jeweiligen Kontext zu argumentieren, mit dem die bedrohte Legitimität des Mediums schon etliche Male verteidigt worden ist.[104] Die Debatte über die Retusche ermöglicht es nebenbei, all die anderen Möglichkeiten vergessen zu machen, die es gibt, um ein Bild zu manipulieren, zu kontrollieren oder zu korrigieren. Die berühmte Website *Photoshop Disasters*, die besonders grobe Fehler anprangert, bestätigt die karikatureske Wahrnehmung der digitalen Bildbearbeitung (*Abb. 17*).

Die Konfusion ist so groß, dass sie klar benannt werden muss. Nein, die Wandelbarkeit ist keine Bedrohung für die Fotografie, sondern vielmehr ein Potenzial für die Gestaltung. Der wahrheitsgetreue Charakter der Aufzeichnung ist *a priori* durch keinerlei technische Parameter garantiert, sondern nur durch das Ethos des Urhebers. Was den Bereich der Nachrichten angeht, der exemplarisch für die fotografische Praxis ist, so muss zugestanden werden, dass ebenso wie der Spielraum, den ein Journalist im schriftlichen Ausdruck hat, der genauen Berichterstattung nicht entgegen-

102 Gisèle Freund, *Photographie und Gesellschaft*, aus dem Französischen von Dietrich Leube. Reinbek: Rowohlt 1974, S. 6–7. [Anzumerken ist, dass diese sehr freie Übersetzung dem französischen Original einiges von seiner (marxistischen) Schärfe nimmt; SD]

103 Lucie Mei Dalby, Jean-Pierre Wurtz, Charles Baget et al., *Photos en trompe-l'œil* (Video, 30 min), Agentur Capa, ausgestrahlt am 10. Dezember 2009 auf France 2.

104 Vgl. Thierry Gervais, *L'Illustration photographique: naissance du spectacle de l'information, 1843–1914*. Dissertation im Fach Geschichte, Lhivic / EHESS 2007.

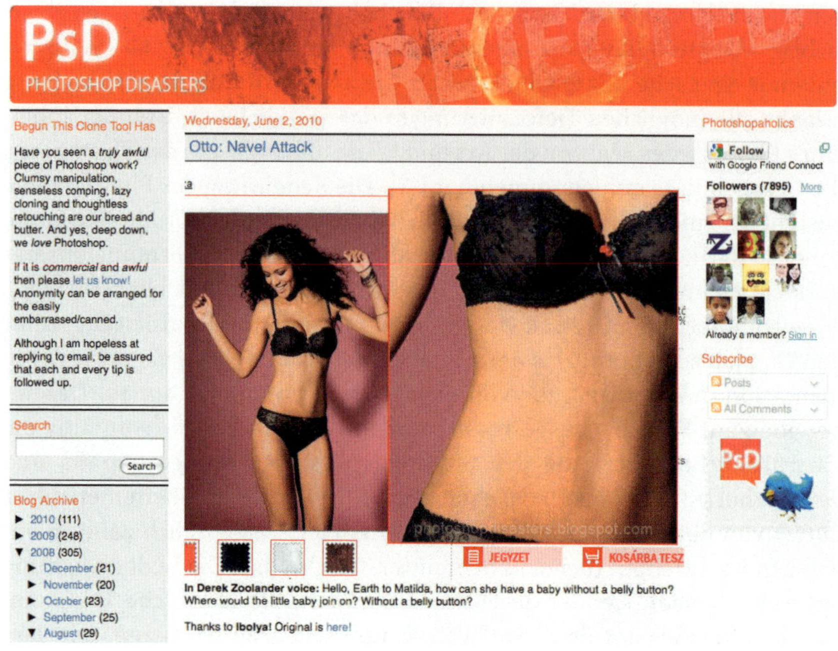

Abb. 17: Website Photoshop Desasters, Juni 2010 (Screenshot).

steht, ein Fotograf nur eine Sichtweise auf das Ereignis anbietet, und dass diese nicht weniger subjektiv geprägt ist als ihr schriftliches Pendant. Und schließlich ist die Fotoreportage, die, anders als die doktrinäre Darstellung es gerne hätte, seit ihren Anfängen Spuren der Kontamination durch die Illustration und die Bildrhetorik aufweist, keineswegs das Alpha und Omega bildlicher Dokumentation, sondern eher der Nachfolger der Historienmalerei, deren Rolle darin besteht, die Ereignisse den Erwartungen der hegemonialen Kultur entsprechend darzustellen.

Die Wandelbarkeit ist für die Fotografie eine Chance, der erdrückenden Doktrin des apparativen Automatismus zu entgehen, die seit so langer Zeit die Anerkennung ihrer grafischen Dimension verhindert. Wie in den 1920er Jahren, als László Moholy-Nagy die Prämissen des »Neuen Sehens« bestimmte, sind es vor allem die Arbeiten junger Künstler, die Werbung oder die Annäherungen an das animierte Bild, in denen sich heute eine gewisse experimentelle Freiheit finden lässt und in denen sich die Ansätze zu einer *Auteurisierung* des Mediums abzeichnen. Wenn man aufmerksam beobachtet, wie sich die gegenwärtigen Erwartungen an das Bild entwickelt haben, und wenn man sich klar macht, dass ein signiertes Werk inzwischen mehr Glaubwürdigkeit besitzt als ein so genanntes neutrales Dokument, dann wird deutlich, dass die Subjektivität, weit entfernt davon, der Feind der Authentizität zu sein, heute als ihr bester Garant gilt.

Alle Bereiche, die von der Digitalisierung erfasst sind, haben eine tiefgreifende Umwälzung ihrer Praktiken, ihrer Theorie oder ihrer Ökonomie durch einen Wandel erfahren, der die bisherigen Kräfteverhältnisse größtenteils in Frage stellt. Offensichtlich steht für die verschiedenen Akteure nicht dasselbe auf dem Spiel. Aber die professionellen Vertreter irren sich, wenn sie glauben, sie alleine hätten die Debatte in der Hand. Die Geschichte ist eigensinnig: Die Fotografie ist durchaus von Amateuren für Amateure erfunden worden, die ebenso das Recht haben, für sie zu sprechen wie diejenigen, die entschieden haben, aus ihr ein Geschäft zu machen. Indem sie die Fähigkeit, Bilder zu produzieren und zu verbreiten, immer weiter ausdehnt, steht die digitale Revolution in direkter Verbindung mit dem ursprünglichen Programm der Fotografie. Es sollte nicht verwundern, dass unsere Zeitgenossen davon Gebrauch machen.

6 Das geteilte Bild. Wie das Internet die Ökonomie der Bilder verändert hat

Gegen Ende der 1980er Jahre ahnt Bill Gates, Mitbegründer von Microsoft, dass der Bildermarkt eine der tragenden Säulen der neuen digitalen Ökonomie sein wird.[105] Als er die Firma Interactive Home Systems gründet, die 1995 in Corbis umbenannt wird, ist das eine Wette auf die Zukunft, die in mancher Hinsicht jene futuristische Vision in Erinnerung ruft, die Paul Valéry 1928 formulierte: »Wie Wasser, Gas und elektrischer Strom von weither auf einen fast unmerklichen Handgriff hin in unsere Wohnungen kommen, um uns zu bedienen, so werden wir mit Bildern oder mit Tonfolgen versehen werden, die sich, auf einen kleinen Griff, fast ein Zeichen einstellen und uns ebenso wieder verlassen.«[106]

Aber in einem Punkt irrt sich Bill Gates. Sein Szenario beruht auf dem Konzept einer Agentur, die in der Lage ist, Reproduktionen aus den existierenden institutionellen Beständen zu kommerzialisieren. War das Bild nicht jenes Qualitätsprodukt, das von professionellen Akteuren gestaltet, von den Regelungen des Copyrights geschützt und spezifischen Verteilernetzen anvertraut wurde, um seinen sorgfältig kontrollierten Konsum sicherzustellen? Seit dem Auftauchen der Bildplattformen[107] jedoch, Flickr und YouTube an der Spitze, basiert der aktivste Teil der Bildwirtschaft[108] auf der Eigenproduktion, der Verbreitung und dem direkten Zugang derjenigen, die selbst Nutzer der multimedialen Inhalte sind. Dieser zehn Jahre zuvor noch nicht absehbare Umbruch einer Ökonomie der kontrollierten Verteilung zu einer selbstverwalteten Fülle von Bildern ist dabei, unsere Beziehung zum Bild tiefgreifend zu verändern.

105 Vgl. Estelle Blaschke, »From the Picture Archive to the Image Bank. Commercializing the Visual Through Photography: the Bettman Archive and Corbis«. In: *Études photographiques*, Nr. 24, November 2009, S. 150–181 (etudesphotographiques.revues.org/3435).

106 Paul Valéry, »La Conquête der l'ubiquité« [1928]. *Werke*, Band 2, Paris: Gallimard 1960, S. 1284 f. Übersetzung nach Walter Benjamin, »Das Kunstwerk«, a. a. O., S. 11.

107 Eine Plattform bezeichnet einen spezialisierten interaktiven Service im Netz. »Bildplattformen« nenne ich diejenigen Seiten, die der Verwaltung von statischen oder bewegten Bildern gewidmet sind.

108 Von Matthias Bruns entlehne ich den Begriff »Bildwirtschaft« (vgl. Matthias Bruns, *Bildwirtschaft*, a. a. O., Anmerkung 98).

So wie Bill Gates hat auch sonst niemand den Wandel vorausgesehen, der in der Verbreitung digitaler Bilder im Netz besteht. Nach einer experimentellen Phase[109] begünstigt der wachsende Markt für Digitalkameras und Foto-Handys ab 2002 die Zunahme von kostenpflichtigen Speicherdiensten, die sich an eine allgemeine Öffentlichkeit richten.[110] Diese Dienste bieten die Speicherung der Dateien und ihre Online-Präsentation in Form von Alben oder personalisierbaren Seiten an. Diese Verknüpfung der Funktionen bietet einen ganz neuen Komfort. In einer Phase, in der Software für die Verwaltung von Bildern noch nicht verbreitet ist, stellt die Online-Archivierung ein interessantes Angebot für all jene dar, die über einen Breitbandanschluss verfügen. Die Vereinfachung der Bedienung, die einen Zugang auf Distanz zu den Fotos ermöglicht, erscheint sofort als entscheidendes Plus, und zwar ebenso für die professionellen Akteure oder die Künstler, die ihre Arbeit vermarkten wollen, wie für die Amateure, die ihre Bildproduktion mit der Familie oder mit Freunden teilen können. Was Videos angeht, so ist die Verbreitung mit Hilfe einer Online-Plattform eine willkommene Alternative zu den Lösungen, die von Anbietern gegen eine relativ hohe Gebühr und nur in einem professionellen Kontext zur Verfügung gestellt werden.

Die Instrumente, die die Einrichtung dieser neuen Dienste ermöglichen, gehören zur Generation des dynamischen Webs, das ab 2004 »Web 2.0« genannt wird und durch die Vereinfachung der Online-Publikation von Inhalten und durch die Möglichkeit, mit den Nutzern zu interagieren, gekennzeichnet ist.[111] Bis zu diesem Zeitpunkt hatten Privatpersonen nur Zugang zu interpersonellen Kommunikationsmöglichkeiten, während die Kosten für eine Verbreitung in größerem Umfang dafür sorgten, dass diese einer ausgewählten Elite vorbehalten blieb. Indem es die Schwellen für die Publikation wie für den Abruf von Inhalten deutlich senkt, erschüttert das Web 2.0 die medienkulturelle Tektonik und bedroht die traditionelle Auftei-

109 Von den ersten wichtigen Seiten wird man iFilm (für Videos, ab 1997) oder Ofoto (für Fotos, ab 1999) in Erinnerung behalten.

110 Vor allem SmugMug (2002), Photobucket (2003), ImageShack (2003) für Fotos oder Metacafe (2002) und Vimeo (2004) für Videos. Festzuhalten ist, dass geschützte Inhalte im Internet ein sehr viel größeres Segment darstellen als Bilder, die allgemein zugänglich sind. Nach einer Studie von comScore vom April 2009 ist der wichtigste Anbieter ImageShack mit 20 Milliarden hochgeladenenen Fotos, gefolgt von Facebook mit 15 Milliarden. Flickr zählte zum selben Zeitpunkt ›nur‹ 3,5 Milliarden hochgeladene Bilder.

111 Vgl. Tim Reilly, »What Is Web 2.0: Design Patterns and Business Models for the Next Generation of Software«. o'reilly.com, 30. September 2005 (www.oreilly.com/web2/archive/what-is-web-20.html).

lung zwischen privater und öffentlicher Sphäre. Das Raster, durch das diese Verschiebungen lesbar gemacht werden, ist die These von der »Revolution der Amateure« und der Demokratisierung der Nachrichtenproduktion, die 2004 in dem Werk *We the Media* von Dan Gillmor gewürdigt wurde.[112] In Verbindung mit den rechtlichen Innovationen der *Free Culture*[113] oder den Theorien einer »nachhaltigen«[114] Ökonomie, entwirft diese Darstellung »das kohärente Bild einer möglichen Zukunft unserer Gesellschaft«.[115]

Flickr, im Februar 2004 von Stewart Butterfield und Caterina Flake ins Leben gerufen, passt genau in diesen Kontext. Von der älteren Generation der Online-Dienste übernimmt die Bildplattform die Option einer kostenpflichtigen Premiumvariante, ermöglicht aber auch die Eröffnung von kostenfreien Konten.[116] Anstatt den Schwerpunkt auf die Personalisierung der Bildpräsentation zu legen, reduziert die Seite diese auf eine Standardversion. Vielmehr propagiert sie eine Interaktion, die durch die Inhalte in Gang gebracht und über Kommentare, Bookmarks und Tags vermittelt wird. Und anstatt die Restriktion des Zugangs zu den Fotos zu unterstützen, favorisiert Flickr eine Kultur des Sharing und fördert diese durch die Möglichkeit, Gruppen und kollektive Alben einzurichten, sowie die Unterstützung von offenen Zugängen oder von Creative Commons-Lizenzen. Zum ersten Mal erscheint die Exportabilität der Inhalte als eine ausgearbeitete und ausdrücklich beworbene Funktion. Die Einrichtung dieses Angebots ermöglicht einen bislang ungekannten Dialog mit der Welt der Blogs und der dynamischen medialen Umgebung, die sich gerade in der Entwicklung befindet. Diese deutliche Positionierung lässt Flickr als eines der Aushängeschilder im Web 2.0 erscheinen: jene Plattform, die dessen technische Potenziale, kooperative Dimension und avantgardistischen Charakter am besten abbildet.

112 Dan Gillmor, *We the Media*, a. a. O. (Anmerkung 53). Siehe auch Charles Leadbeater und Paul Miller, *The Pro-Am Revolution: How Enthusiasts are Changing Our Society and Economy*. London: Demos 2004 (www.demos.co.uk/publications/proameconomy).

113 Vgl. Lawrence Lessig, *Free Culture: How Big Media Uses Technology and the Law to Lock Down Culture and Control Creativity*. New York: Penguin Press 2004 (www.free-culture.cc).

114 Vgl. Chris Anderson, *The Long Tail: Nischenprodukte statt Massenmarkt. Das Geschäft der Zukunft*. München: dtv 2009.

115 Piotr [Pierre Mounier], »La Révolution des amateurs-professionnels«. Homo Numericus, 26. Februar 2005 (http://blog.homo-numericus.net).

116 Bis 2006 ermöglicht es das kostenfreie Abonnement, eine unbegrenzte Anzahl von Bildern online zu stellen (diese Anzahl wird später auf 200 begrenzt) und die Begrenzung beschränkt sich auf das monatliche Speichervolumen (20 MB anstelle von 2 GB für die Premium-Konten). Folgt man der Studie von Jean-Samuel Beuscart et al., so waren im Juli 2006 96,3 % aller Konten kostenfreie Konten (vgl. Jean-Samuel Beuscart et al., »Pourquoi partager mes photos de vacances avec des inconnus?«, a. a. O., S. 99).

Mit dem Verbot kommerzieller Werbung für die Nutzer (einer Maßnahme, die an die Prinzipien der Verbände von Fotoamateuren erinnert)[117] und aufgrund des Respekts, den die Mitglieder der Community den Regeln des geistigen Eigentums bezeugen,[118] hat Flickr entscheidend zu dem neuen Mythos eines tugendhaften, uneigennützigen und produktiven Amateurs beigetragen. Mehrere Plattformen versuchen, dieses Modell für das Medium Video zu adaptieren. YouTube, im Februar 2005 von Chad Hurley, Steve Chen und Jawed Karim gegründet, hat zahlreiche Parameter von Flickr übernommen: Gratisabonnement, gute Wiedergabequalität, einfache Uploads, ein großzügig bemessenes Datenvolumen,[119] eine Online-Veröffentlichung ohne vorangehende Kontrolle, ein Interface mit Kommentaren, Likes, Tags und Gruppen sowie der unkomplizierte Export eines Videos auf ein Blog oder eine externe Seite.

2005 ist das Jahr, in dem die Investitionen in den Sektor der Neuen Medien wieder anziehen, nachdem dieser zuvor durch die Explosion der IT-Blase 2001 traumatisiert worden war. Dieses Wachstum wird durch die Angebote im Web 2.0 befördert. Zwischen 2005 und 2006 ist der Anstieg der Aufrufe von Seiten wie Myspace, Wikipedia, YouTube und Flickr spektakulär, während sie auf den kommerziellen Portalen stagnieren.[120] Die Datenanalysten und die Experten sind sich einig, dass darin eine Wende zu sehen sei. Ein Ausdruck, der anlässlich des Kolloquiums »Web 2.0« im Oktober populär wird, adressiert dieses Phänomen: den *user-generated content* (»nutzergenerierter Inhalt«), auch UGC genannt.[121] Ein Bericht der OECD präsentiert dazu eine detaillierte Analyse. Die Online-Publi-

117 Vgl. A. M. Cox, P. D. Clough und J. Marlow, »Flickr: a First Look at User Behaviour in the Context of Photography as Serious Leisure«. In: *Information Research*, Band 13, Nr. 1, März 2008 (www.information.net/ir/13-1/paper336.html).

118 Während YouTube vor allem Inhalte hostet, die aus der Produktion der Kulturindustrie kopiert werden, bleibt Flickr eine Plattform, auf der Raubkopien von urheberrechtlich geschützten Fotos oder der Diebstahl von Bildern zwischen Abonnenten relativ selten vorkommen. Dieser Umstand kann zugleich mit dem geringeren Aufwand bei der Produktion fotografischer Inhalte und mit dem ausgeprägten Community-Spirit der Seite erklärt werden.

119 YouTube begrenzte zunächst das Volumen für Uploads auf 100 MB pro Video. Zum Vergleich: Eine Plattform wie Vimeo gestattete nur ein Upload-Volumen von 20 MB pro Woche.

120 Vgl. Richard McManus, »R/WW Trend Watch: User-generated Sites Define This Era of the Web«, ReadWrite, 26. November 2006 (www.readwrite.com/2006/11/26/user-generated_sites_define_this_era_of_web). Vgl. auch Sarah Lacy, *The Stories of Facebook, YouTube & Myspace: the People, the Hype and the Deals Behind the Giants of Web* 2.0. Richmond: Crimson 2008.

121 Vgl. Richard McManus, »Web 2.0 Conference Day 2: Yahoo! CEO on Future of Media«, ZDNet, 6. Oktober 2005 (www.zdnet.com/article/web-2-0-conference-day-2-yahoo-ceo-on-future-of-media).

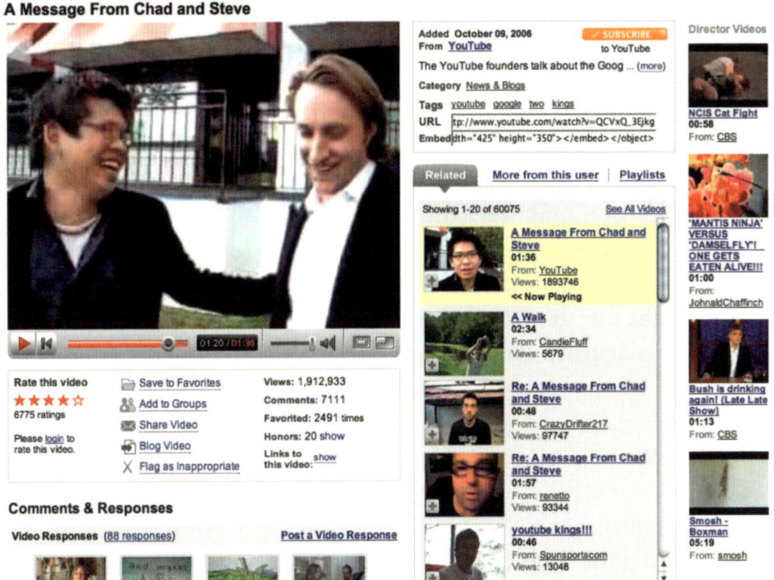

Abb. 18: »A Message from Chad and Steve«, Videobotschaft der Gründer von YouTube nach dem Verkauf der Plattform an Google, Online-Video, YouTube, 9. Oktober 2006 (Screenshot).

kation von Inhalten durch Amateure, motiviert durch den Wunsch nach Selbstausdruck oder Anerkennung, impliziert keinerlei Erwartung auf Vergütung. Dennoch stellt sie eine neue Form der Wertschöpfung dar, wie ihre zahlreichen Rezipienten beweisen. Diese Verschiebung der Aufmerksamkeit vollziehe sich auf Kosten der traditionellen Medien. Um auf das Ungleichgewicht zu reagieren, empfiehlt die Organisation, rechtliche und industrielle Spielräume mit dem Ziel zu erkunden, das Prinzip des UGC in den allgemeinen Markt zu integrieren.[122]

Jenseits der Graphen und Zahlen lässt die Theorie des *user-generated content* eine große Ratlosigkeit erkennen. Außerstande zu verstehen, was den Erfolg der neuen Anwendungen ausmacht, reduzieren die Wirtschaftswissenschaftler die Praktiken der eigenständigen Online-Veröffentlichung auf das industrielle Paradigma, und zwar innerhalb eines Szenarios, in dem die nicht-kommerzielle Produktion in direkte Konkurrenz zum Angebot der professionell produzierten Inhalte tritt. Aber YouTube hat die Parame-

122 Vgl. Sacha Wunsch-Vincent und Graham Vickery, *Participative Web: User-created Content*, Dezember 2006, Bericht der OECD, Direktion Wissenschaft, Technik und Industrie, Kennzeichen DSTI/ICCP/IE(2006)7, April 2007 (www.oecd.org/dataoecd/57/14/38393115.pdf).

ter des Problems verschoben. Anstatt vor allem selbst produzierte Inhalte zu hosten, wird die Plattform als ein riesiges Archiv genutzt, in dem Werbungen und Clips, Fernsehsendungen oder DVD-Kopien recycelt werden, ohne Rücksicht auf die Regeln des Copyright. Die These vom UGC hat Google dazu veranlasst, die hübsche Summe von 1,65 Milliarden Dollar zu investieren, um die Seite im Oktober 2006 zu kaufen (*Abb. 18*). Jedoch erscheint die Beschreibung der Nutzer als brave Amateure im Rückblick kaum angemessen.[123] Der Ansatz, der darin besteht, den Erfolg der kooperativen Plattformen als eine direkte Konkurrenz für die Kulturindustrie zu betrachten, macht nur die Unruhe der professionellen Akteure angesichts eines Phänomens deutlich, das sie nicht zu fassen bekommen.

Die Zeit des Buzz

Da sie der Ausweitung der Sharing-Kultur und der NonProfit-Kultur, die durch die Nutzung des Internets befördert wird, feindselig gegenüberstehen, entwickeln die Presse und die Kulturindustrie ab 2005 einen Diskurs der Kriminalisierung gegenüber den Amateuren, die von ihnen beschuldigt werden, eine unfaire Konkurrenz zu betreiben, in der die professionelle Produktion entwertet wird. 2007 verkündet der wütende Essay *The Cult of the Amateur: How Today's Internet Is Killing Our Culture* von Andrew Keen, dass der Mythos der nutzergenerierten Inhalte vorbei sei.[124] Der Zeitpunkt für die Revanche des Marktes ist gekommen. Als die Übersetzung des Werks in Frankreich erscheint, wird ihr ein Vorwort von Denis Olivennes vorgestellt, Eigentümer der FNAC, Autor von *La gratuité, c'est le vol*[125] (dt. etwa »Umsonst heißt gestohlen«) und wichtigster Ideengeber hinter dem Gesetz Hadopi, das 2009 in Kraft tritt.[126] Mehrere wissenschaftliche Studien zu Wikipedia und Flickr, die zeigen, dass der Großteil der Beiträge auf das Konto einer kleinen Gruppe hyperaktiver Teilnehmer geht, tragen

123 Nate Anderson, »Did ›Lazy Sunday‹ Make YouTube's $1,5 Billion Sale Possible?«. *Ars Technica*, 23. November 2008 (www.arstechnica.com/old/content/2008/11/did-lazy-sunday-make-youtubes-1-5-billion-sale-possible.ars).

124 Andrew Keen, *The Cult of the Amateur*, a. a. O. (Anmerkung 73).

125 Denis Olivennes, *La gratuité, c'est le vol: quand le piratage tue la culture*. Paris: Grasset 2007.

126 HADOPI (»Haute Autorité pour la diffusion des œuvres et la protection des droits sur l'Internet«) bezeichnet sowohl die französische Behörde, die von 2009 bis 2013 eingerichtet wurde, um gegen Urheberrechtsverletzungen im Internet vorzugehen, als auch das mit dieser Behörde implementierte Gesetz (»la loi HADOPI«), nach dem Internetnutzer, die gegen das Urheberrecht verstießen, in einem Drei-Stufen-Verfahren abgemahnt und bestraft werden konnten.

dazu bei, den Paradigmenwechsel zu befördern. Die Figur des braven Amateurs verschwindet, während ein neues Erklärungsmuster auftaucht, das auf einer Semiologie der Zuschauerschaft basiert.

Einst für die Massenmedien entwickelt, ist das Konzept der Zuschauerschaft nicht leicht auf das Universum der Online-Kultur zu übertragen. Seit Kriegsende haben die Forschungsinstitute zunächst für das Radio, dann für das Fernsehen Systeme zur Evaluation von Zuschauerzahlen entwickelt, die nötig sind, weil die Möglichkeit der unmittelbaren Beobachtung fehlt und die Inhalte zugleich durch Werbung finanziert werden. Die Messung der Zuschauerzahlen erscheint als notwendiger Kunstgriff, dessen Effektivität dem Maß an Übereinstimmung zwischen den Akteuren entspricht, die ihrerseits das Produkt eines langen Sozialisierungsprozesses ist.[127] Das Internet, Medium der Vernetzung statt der Verbreitung, partizipatives Medium statt Empfangsgerät, Medium der Nischen und der Mikro-Communities statt Massenmedium, weist von Anfang an mehrere Züge auf, die im Widerspruch zu den Grundlagen der Zuschauermessung stehen. Auch wenn die Vermarktungsmöglichkeiten, die mit den entsprechenden Messungen verbunden sind, viele Begehrlichkeiten wecken, kann nur konstatiert werden, dass der Status der Indikatoren unsicher und die Verständigung über die angemessenen Forschungsmethoden unzureichend ist.[128]

Zu den paradoxen Aspekten der Zuschauermessung im Internet gehört es, dass das Prinzip der Verknüpfung, anders als im Fall der analogen Massenmedien, eine große Zahl quantifizierbarer Informationen produziert. Aber diese Daten, die man *site centric* nennt, geben weder eine Antwort auf die Frage nach der Definition eines Publikums noch auf die nach der Bewertung seines Rezeptionsverhaltens. Sie liefern vielmehr Daten zur Häufigkeit der Nutzung, die stark abhängig von der Einstellung des jeweiligen Messinstruments sind.[129] Messungen von Seitenaufrufen oder Besucherzahlen können daher um das Zehnfache abweichen, je nachdem, wie dabei das ›Echo‹ zwischen zwei Zählsystemen behandelt wird. Aber der einfache Zugriff auf diese Zahlen und die oft schmeichelhaften Ergebnisse, die diese liefern, ermutigen dazu, sich auf sie zu beziehen. Dies ist durchaus nicht

127 Vgl. Emmanuel Fraisse, »Que mesure-t-on quand on mésure l'audience?« In: *Hermès*, Nr. 37, 2003, S. 51–62 (http://hdl.handle.net/2042/9385); Régine Chaniac, »Télévision: l'adoption laborieuse d'une référence unique«, ebda., S. 81–93 (http://hdl.handle.net/2042/9388).
128 Vgl. Josiane Jouët, »La Pêche aux internautes«, ebda., S. 203–211 (http://hdl.handle.net/2042/9403); Alain Le Diberder, »La Mesure d'audience des nouveaux médias: une bonne réponse mais quelle est la question?«, ebda, S. 221–228 (http://handle.net/2042/9405).
129 Vgl. Raphaële Karayan, »Mesure d'audience Internet: comment s'y retrouver?«. *Journal du Net*, 14. April 2006 (www.journaldunet.com/0604/060414-mesuresaudience.shtml).

das geringste Hindernis, das einer angemessenen Analyse der neuen Praktiken entgegensteht.

Indem sie einen kostenfreien Dienst mit kollektiver Ausrichtung anbieten, haben die Start-ups des Web 2.0 die Theorie der effektiven Vernetzung in die Praxis umgesetzt, der zufolge die Nützlichkeit eines Dienstes mit der Anzahl der Nutzer wächst.[130] Bei der Anwendung dieses Prinzips entwickeln Flickr und YouTube im Umfeld der Bilder ein ganzes Ensemble von Funktionen, die dazu bestimmt sind, den Austausch und die Interaktion zu fördern. Das Ziel besteht nicht darin, die Inhalte anzuhäufen, sondern Knotenpunkte der Kommunikation und Zirkulation aus ihnen zu machen. Daraus entwickelt sich ein kohärentes System der bildbezogenen Sozialisation. Neben anderen Einstellungen haben beide Plattformen dafür optiert, jedem Foto oder Video eine Funktion zuzuordnen, die erfasst, wie oft sie angesehen wurden. Der Erfolg der Blogs hat die Nutzer mit diesen Anzeigen vertraut gemacht, aber sie auf einen multimedialen Inhalt anzuwenden, ist ein eigenständiger Ansatz.

In der kollaborativen Optik, die für die Bildplattformen kennzeichnend ist, stellt die Zahl der Sichtungen zunächst ein Kriterium unter anderen dar, mit denen die Reaktionen der Nutzer auf ein online publiziertes Bild bewertet werden. Wie Jean-Samuel Beuscart, Dominique Cardon, Nicolas Pissard und Christophe Prieur in ihrer Studie über die Nutzung von Flickr betonen, haben »die Entwickler selbst eine Beschränkung vorgenommen, indem sie die Zählung als zentrale Funktion eingerichtet haben und den Aspekt der Bekanntheit besonders betonen«.[131]

Im Fall von YouTube werden jedoch die Daten, die der Zähler liefert, in den Algorithmus der Suchmaschine integriert. Dieser kleine Unterschied hat weitreichende Folgen. Da sie die Relevanz von Suchergebnissen erhöht, integriert diese Angabe, die zwischen Aufrufen durch angemeldete Nutzer oder kurzfristige Besucher nicht unterscheidet, den Beitrag externer Konsumenten in das Informationssystem der Plattform. Die Bedeutung, die der Häufigkeit von Aufrufen beigemessen wird, ist einer der Faktoren, die YouTube aus dem Universum des partizipativen Webs in das der Massenmedien katapultieren.

Die Online-Presse spielt eine wichtige Rolle bei dieser Entwicklung. Zwischen 2006 und 2008, in einer Phase der Hyperreaktivität im Umgang

130 Vgl. Carl Shapiro und Hal R. Varian, *Information Rules: a Strategic Guide to the Network Economy*. Boston: Harvard Business Review Press 1998; vgl. auch Olivier Bomsel, *Gratuit! Du déploiement de l'économie numérique*. Paris: Gallimard 2007.

131 Jean-Samuel Beuscartet al., »Pourquoi partager mes photos de vacances avec des inconnus?«, a. a. O. (Anmerkung 74), S. 126.

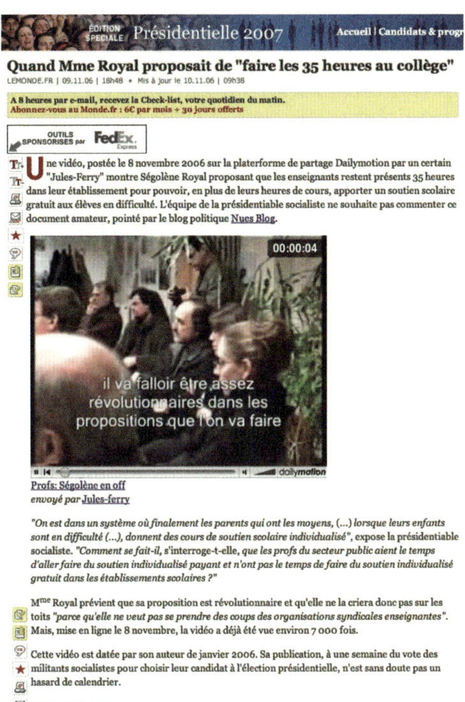

Le Monde.fr

ÉDITION SPÉCIALE Présidentielle 2007 Accueil | Candidats & progr

Quand Mme Royal proposait de "faire les 35 heures au collège"

LEMONDE.FR | 09.11.06 | 18h48 • Mis à jour le 10.11.06 | 09h38

A 8 heures par e-mail, recevez la Check-list, votre quotidien du matin.
Abonnez-vous au Monde.fr : 6€ par mois + 30 jours offerts

OUTILS SPONSORISES par FedEx Express

Une vidéo, postée le 8 novembre 2006 sur la plateforme de partage Dailymotion par un certain "Jules-Ferry" montre Ségolène Royal proposant que les enseignants restent présents 35 heures dans leur établissement pour pouvoir, en plus de leurs heures de cours, apporter un soutien scolaire gratuit aux élèves en difficulté. L'équipe de la présidentiable socialiste ne souhaite pas commenter ce document amateur, pointé par le blog politique Nues Blog.

Profs: Ségolène en off
envoyé par Jules-ferry

"On est dans un système où finalement les parents qui ont les moyens, (...) lorsque leurs enfants sont en difficulté (...), donnent des cours de soutien scolaire individualisé", expose la présidentiable socialiste. *"Comment se fait-il,* s'interroge-t-elle, *que les profs du secteur public aient le temps d'aller faire du soutien individualisé payant et n'ont pas le temps de faire du soutien individualisé gratuit dans les établissements scolaires ?"*

Mme Royal prévient que sa proposition est révolutionnaire et qu'elle ne la criera donc pas sur les toits *"parce qu'elle ne veut pas se prendre des coups des organisations syndicales enseignantes"*. Mais, mise en ligne le 8 novembre, la vidéo a déjà été vue environ 7 000 fois.

Cette vidéo est datée par son auteur de janvier 2006. Sa publication, à une semaine du vote des militants socialistes pour choisir leur candidat à l'élection présidentielle, n'est sans doute pas un hasard de calendrier.

Constance Baudry

Abb. 19: Artikel auf der Website LeMonde.fr mit exportierbarer Lesefunktion, 10. November 2006 (Screenshot).

mit den neuen bildbezogenen Nutzungen,[132] sind die Websites der großen Tageszeitungen der wichtigste *Passage Point* für Online-Videos. In Frankreich ist lemonde.fr die erste Redaktion, die Bildinhalte mit Hilfe der Export-Funktion in den Text von Artikeln einfügt (*Abb. 19*).[133] Da die Seiten vielfach aufgerufen werden, steigen die Aufrufe der Quellen, die in diesem Umfeld zitiert werden, erheblich an. Als die etablierten Medien damit beginnen, die Aufrufe zu zählen, hat dies zur Folge, das entsprechende Phänomen (die Viralität der Inhalte) zu verstärken.

Die Auswertung dieser Zählungen ist das Ergebnis einer fortschreitenden Entwicklung. Anfang 2007, im Kontext des französischen Präsidentschaftswahlkampfs, befassen sich verschiedene Zeitungen mit der hohen

132 Vgl. André Gunthert, »Emballements médiathiques autour des nouveaux usages de l'image«. *Actualités de la recherche en histoire visuelle*, 30. April 2006 (www.arhv.lhivic.org/index.php/2006/04/30/163).

133 Vgl. André Gunthert, »La Vidéo d'Angers: un tournant de la culture médiathique française«, ebda., 19. November 2006 (www.arhv.lhivic.org/index.php/2006/11/19/247).

Zahl von Aufrufen, die die Videos der kommunistischen Partei auf Dailymotion erzielen, und die dem Einsatz von Bots zugeschrieben werden.[134] Diese frei erfundene Deutung ist die erste, noch ungeschickte Artikulation eines Interesses an der Zählung von Aufrufen als Gradmesser für Reichweiten. Sie dokumentiert die Schwierigkeit, ein Bezugssystem zu etablieren, ohne das eine Analyse einfach nicht zu bewerkstelligen wäre.

Mit der Wiederausstrahlung einer Pressekonferenz des französischen Präsidenten und ihrer sarkastischen Kommentierung durch einen Journalisten der RTBF,[135] »Sarkozy beim G8«,[136] wird ein neues Kapitel aufgeschlagen. Am 8. Juni 2007 auf YouTube publiziert, erreicht die Aufzeichnung in zehn Tagen 15 Millionen Besucher und damit den höchsten Anstieg von Aufrufen eines Online-Beitrags, der zu dieser Zeit in Frankreich beobachtet wird. Als er die Zahlen kommentiert, vergleicht Guilhem Fouetillou sie mit den Zuschauerzahlen der Abendnachrichten oder denen des Endspiels der Fußballweltmeisterschaft von 1998 (20 Millionen Fernsehzuschauer).[137] Wenngleich die Statistik der Klickzahlen und die Zuschauermessung nicht dasselbe erfassen, ist es dennoch der Vergleich mit Fernsehzuschauern, der die Wahrnehmung der Online-Videos bestimmt.

Was sich hier wiederfindet, ist das unterschwellige Narrativ von der Konkurrenz zwischen alten und neuen Medien – und die messianische Erwartung, das jeweils Neue werde den Sieg davontragen. In einem Widerspruch, der erkennen lässt, wie wichtig Darstellbarkeit ist, macht die ökonomische Performance des Internets nur unter der Bedingung Sinn, dass sie mit alten Maßstäben gemessen wird. Als könnte die Identität des Internets nur mit Bezug auf die Kulturindustrie erkennbar werden, wird hier das älteste Instrument aus dem Repertoire der Massenmedien zum Schlüssel der Auswertung von Online-Verhalten. Einmal etabliert, erweist sich dieses Raster als sehr effektiv. Um an die neuen Nutzungsformen im Netz zu erinnern, wird es von nun an ausreichen, auf »den Buzz um dieses Video« zu verweisen.

Die Sinnverkehrung ist komplett. Der Begriff *buzz* (»Summen«), der aus der Welt des Marketing kommt, bezeichnet ursprünglich die schnelle

134 Vgl. Damien Léloup und Alexandre Picard, »Audiences surprenantes de vidéos communistes sur Dailymotion«, *lemonde.fr*, 28. Januar 2007 (www.lemonde.fr/web/article/0,1-0@2-823448,36-859874,0.html).

135 RTBF: Radio-télévision belge de la Communauté française [Anmerkung SD].

136 Thlllll [Thomas Lesui], »Sarkozy au G8«, Video, 50 Sekunden, YouTube, 8. Juni 2007.

137 Guilhem Fouetillou, »Vidéo de Sarkozy au G8, un impact sous-évalué«. Wahlkampfbericht, 2007, 13. Juni 2007 (http://blog.observatoire-presidentielle.fr/index.php?2007/06/13/78-video-de-sarkozy-au-g8-un-impact-sous-evalue).

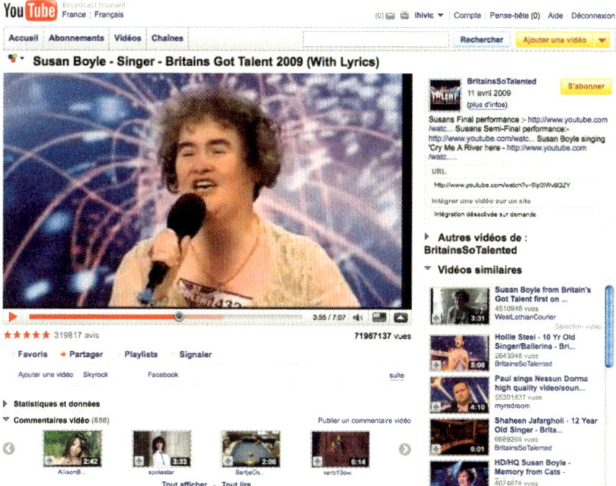

Abb. 20: Susan Boyle singt *I Dreamed a Dream*. Britain's Got Talent (Sender: ITV 1), Online-Video, YouTube, 11. April 2009 (Screenshot).

Verbreitung einer Meldung über nicht-institutionalisierte Kanäle wie die Mundpropaganda, bevor er spezifischer gefasst wird, um virale Phänomene im Internet zu kennzeichnen. Aber Viralität bedeutet nicht Popularität. Die eigenständige Verbreitung einer Meldung sollte eigentlich die Originalität oder die Wichtigkeit einer Quelle kenntlich machen. Indem sie den *buzz* nach der Häufigkeit von Aufrufen messen, was mit Hilfe von Klickzählern möglich ist, ignorieren die Netzanalysten die spezifischen Nutzungsformen des Mediums.

Eben diese Inversion dokumentiert der mediale Tsunami »Susan Boyle«. Am 11. April 2009, nach der jährlichen Wiederaufnahme der Talentshow *Britain's Got Talent*, eröffnet der Sender ITV1 einen offiziellen Account auf YouTube und publiziert dort mehrere Ausschnitte der Sendung, darunter eine sorgfältig geschnittene Version des Auftritts der 47-jährigen Kandidatin aus Schottland, die die Zuschauer mit ihrer Interpretation von *I Dreamed a Dream* überrascht (*Abb. 20*). Der Ausschnitt, der über die Sozialen Medien verbreitet wird, erreicht in weniger als einer Woche über 20 Millionen Aufrufe und ist Gegenstand zahlreicher Besprechungen in Blogs und in der Online-Presse.[138] Von diesem Moment an ist eine selbstlaufende Feedback-Schleife in Gang gesetzt, in der die Sequenz als Zuschauerphänomen beschrieben wird, und die verschiedenen Versionen der Aufzeichnung erreichen innerhalb eines Monats um die 200 Millionen Klicks.

138 Vgl. Fatima Azis, »L'image en contexte: le phénomène Susan Boyle«, *SocioVeille*, 28. April 2009 (www.bit.ly/hZeqK).

Mit dem Fall Susan Boyle hat YouTube seine Macht unter Beweis gestellt, die Wirkung eines Massenmediums zu erzielen, indem die Plattform zur Entstehung einer Metaerzählung globalen Ausmaßes beiträgt. Dennoch markiert diese Episode nicht den Sieg des Neuen über das Alte.[139] Sie ist, ganz im Gegenteil, der Beweis für eine forcierte Interaktion zwischen dem Web 2.0 und der Kulturindustrie. Die ersten Werbekampagnen, in denen etablierte Kanäle und virale Verbreitung vermischt werden, zeigen, wie komplementär diese Instrumente sind.[140] Am 5. Juni 2009 ist der Öko-Propagandafilm *Home* von Yann Arthus-Bertrand das erste Werk, das gleichzeitig auf allen verfügbaren Kanälen verbreitet wird, vom Fernsehen über das Kino und die DVD-Auswertung bis zu YouTube, womit die Integration der Website in den Kanon der Medien besiegelt ist.[141]

Pragmatik des Archivs

Die Zeit des *buzz* hat die Erwartungen aus der Frühzeit der Amateure widerlegt. Aber weder die Tyrannei der Zuschauerzahlen noch die Rückkehr der Hit-Paraden (deren Ende Chris Anderson in *The Long Tail* angekündigt hatte)[142] werden den Bildplattformen gerecht, die zugleich als Massenmedien *und* als partizipative Medien agieren. Die wichtigste Lektion, die sich aus ihrer kurzen Geschichte lernen lässt, ist der Befund, dass zwischen Diskursen und Praktiken ein Unterschied besteht. Wie Walter Benjamin einst mit Blick auf die Fotografie formulierte, wäre es wichtig gewesen, zu fragen, ob das Internet unsere Beziehung zu den Medien nicht grundsätzlich verändert, anstatt sich über die Konkurrenz zwischen alten und neuen Medien auszulassen.[143]

Im Hintergrund der großen Ankündigungen und der simplifizierenden Erklärungsmuster haben sich die eigentlichen Nutzungen ohne viel Auf-

139 Im Original »la victoire des Modernes sur les Anciens«.

140 Vgl. Rémi Douine, »Économie de la viralité«, Beitrag auf der 4. Studientag der Summer School für Doktoranden, EHESS / Institut Telecom: »Pratiques des images dans la société de l'information«, 10. September 2009, Porquerolles.

141 *Home*, Film von Yann Arthus-Bertrand, Produktion EuropaCorp, 100 Minuten (www.youtube.com/watch?v=NNGDj9IeAuI).

142 Vgl. Chris Anderson, *The Long Tail*, a. a. O. (Anmerkung 117), Kapitel 2.

143 »Hatte man vordem vielen vergeblichen Scharfsinn an die Entscheidung der Frage gewandt, ob die Photographie eine Kunst sei – ohne die Vorfrage sich gestellt zu haben: ob nicht durch die Erfindung der Photographie der Gesamtcharakter der Kunst sich verändert habe – so übernahmen die Filmtheoretiker bald die entsprechende voreilige Fragestellung.« In: Benjamin, »Das Kunstwerk«, a. a. O.

sehen entwickelt. Die Praktiken derjenigen, die Inhalte posten, sind zum Thema detaillierter Studien geworden. Die aktive Partizipation am Sharing von Inhalten nimmt in erster Linie die Form einer gesellschaftlichen Aushandlung an.[144] Wenn es erforderlich ist, können diese Instrumente vorübergehend als Übertragungskanäle genutzt werden, um eine eigene Nachricht zu verbreiten, so wie es im Fall des parasitären Bildes geschieht. Die Nutzungsformen der Konsumenten von Online-Inhalten sind weniger genau beobachtet worden. Aber die Praktiken der Verbreitung oder der Empfehlung gehören ihrerseits zu einem neuen Nutzerverhalten, bei dem das Bild die Rolle einer Währung und einer sozialen Verbindung spielt.

Die wichtigste Nutzung der Plattformen ist jedoch die der enzyklopädischen Befragung. Anstelle der Suchmaschinen und der Sozialen Medien sind YouTube und Wikipedia aufgrund ihrer enzyklopädischen Qualitäten die beiden Websites, die heute den Umgang mit dem Internet bestimmen. YouTube, das von den Nutzern spontan und je nach persönlichen Interessen ergänzt wird, umfasst heute ebenso die neuesten aktuellen Songs, Werbungen oder Filmtrailer sowie Homevideos, Kochrezepte, Anleitungen zum Umgang mit Rubiks Zauberwürfel, Mitschnitte von Fernsehnachrichten oder Unterhaltungssendungen, aber auch das umfassendste Archiv des Frühen Kinos, Folgen aus Fernsehserien der 1960er Jahre, Animationsfilme, Aufzeichnungen von wissenschaftlichen Tagungen, agitatorische Filme oder Dokumentarfilme. So wie Wikipedia aufgrund seiner Konstruktion den aktiven Teil unserer Wissensbestände repräsentiert, konstituiert YouTube den größten Speicher unserer aktiven visuellen Kultur. Mit ähnlichen Limitierungen, vergleichbaren Brüchen, gemeinsamen Unwägbarkeiten. Vor allem aber mit einem identischen Potenzial – demjenigen nämlich, das durch die allgemeine Verfügbarkeit aller teilbaren Quellen auf ein und derselben Seite geschaffen wird.[145]

Im Unterschied zu Wikipedia, das sich aus eigenen Beiträgen der Nutzer zusammensetzt, besteht der Reichtum von YouTube darin, dass diese Plattform zum Instrument der Verbreitung eines faktischen Archivs geworden ist. Diese Nutzung ist theoretisch durch die Regelungen zum Schutz des geistigen Eigentums beschränkt. Diese sind allerdings Gegenstand zahlreicher Verdrehungen und Transgressionen. Die Plattform modifiziert das Urheberrecht nach ihrem Gusto, da sie auf die Beschwerden

144 Vgl. Jean-Samuel Beuscartet al., »Pourquoi partager mes photos de vacances avec des inconnus?«, a. a. O. (Anmerkung 74), S. 96–97.

145 Vgl. Hubert Gallimard, »Quand YouTube remplacera Google«. *InternetActu*, 11. Dezember 2008 (www.internet.actu.net/2008/12/11/quand-youtube-remplacera-google).

von Rechteinhabern reagiert, indem sie Inhalte *a posteriori* unterdrückt. Die hier beschriebene Regelung hat den Charakter eines Rechts der Copyright-Inhaber: Solange diese nicht intervenieren, ist es sehr wahrscheinlich, dass die Inhalte auf der Seite bleiben. Einige Urheber entscheiden sich dafür, die Sache laufen zu lassen oder die nicht-autorisierte Verbreitung sogar zu unterstützen, so wie Daft Punk, die französische Musikgruppe, deren Titel zu den am meisten kopierten, gesampleten oder veränderten Inhalten zählen. Die Ungewissheit, die mit der Online-Veröffentlichung verbunden ist, stellt eine weitere Form der Beugung des Copyright dar. Wenn ein gelöschter Inhalt von einem anderen Abonnenten wieder gepostet wird, bleibt er über die Suchmaschine auf der gesamten Plattform zugänglich. Und sogar unterdrückte Videos können einige Tage online geblieben sein und ein temporäres Publikum gefunden haben. Die veränderliche Verfügbarkeit der Inhalte steht der Nutzung als Archiv keinesfalls entgegen. Die immer aktivere Partizipation großer Copyright-Inhaber, die ihrerseits zu Produzenten von kostenfrei verfügbaren Inhalten werden, trägt dazu bei, eine Situation zu normalisieren, von der alle profitieren.

Seit der Entstehung des Web hat es viele Pioniere gegeben, die mit dem Projekt einer neuen Bibliothek von Alexandria geflirtet haben, die imstande sein könnte, alles Wissen der Welt zu vereinen. Diese Utopie ist auf viele materielle, ökonomische und juristische Widerstände gestoßen. Im Gegenzug sind es seit der Einrichtung von YouTube die Nutzer selbst, die sich daran gemacht haben, ein visuelles Archiv zu schaffen, von dem bis dahin niemand zu träumen gewagt hätte – außer vielleicht Bill Gates. Die enzyklopädische und archivarische Nutzung von Flickr ist, wenngleich von geringerem Umfang, ebenfalls Realität, was durch diverse Formen der Wiederverwendung oder des Exports von Inhalten dokumentiert ist.[146]

Wie die Erfindung der Fotografie hat der digitale Wandel die Furcht vor einer Entwertung der Bilder entstehen lassen. Diese ist nicht eingetreten. Die wichtigste Eigenschaft der Bildplattformen ist, wie wir jetzt begreifen, das Prinzip der Kollektivierung von Inhalten gewesen. Aus diesem Prinzip ergibt sich ein neuer Status des Bildes als gemeinsamer Besitz, was seine Verwendungen fundamental verändert hat. Heute besteht der eigentliche Wert eines Bildes darin, geteilt werden zu können. Die Schaffung des größten visuellen Archivs ist die direkte Konsequenz daraus – und eines der konkretesten Ergebnisse der Nutzung des Web 2.0.

146 Vgl. Amélie Segonds, »Vers un déplacement de la sphère documentaire«. In: *Indexation visuelle et recherche d'images sur le Web: enjeux et problèmes*, Masterarbeit, EHESS 2009, S. 92–107.

7 Die Kultur des Sharing oder die Rache der Vielen

Im Laufe der 1920er Jahre wurde es offensichtlich, dass das Kino dabei war, das Verhältnis der Zeitgenossen zur Kultur umfassend zu verändern. Die Anpassung theatraler Praktiken an eine neue Technologie und der Welterfolg eigenständiger Filmwerke, vor allem der Filme Chaplins, wurden als Zeichen für die Entstehung einer neuen Kunst der Massen wahrgenommen.[147] Kein Geringerer als Walter Benjamin hat in seinem berühmten Aufsatz »Das Kunstwerk im Zeitalter seiner technischen Reproduzierbarkeit« den Gegensatz zwischen einer alten bürgerlichen Kultur, die auf das Modell der Einzigartigkeit des Kunstwerks gestützt ist, und den neuen Medien der Bildaufzeichnung, die mittels der Reproduzierbarkeit die Herrschaft der Kulturindustrie durchsetzten, skizziert.[148] Das Kino hat das Kunstwerk nicht zum Verschwinden gebracht. Aber es hat den Werken der Populärkultur eine bis dahin ungekannte Legitimität verliehen und auf diese Weise zur Erneuerung der künstlerischen Formen und zur Hybridisierung der Kulturen beigetragen.

In den Jahren seit der Jahrtausendwende ist es offensichtlich geworden, dass ein Paradigmenwechsel von vergleichbarer Tragweite in Gang war. Das Internet und vor allem das interaktive Web waren dabei, die kulturellen Praktiken tiefgreifend zu verändern. Während die geregelte Zirkulation geistiger Werke es ermöglicht hatte, die Kontrolle über sie zu behalten, begünstigte die neue Fluidität der kulturellen Güter ihre Aneignung außerhalb von juristischen oder kommerziellen Zusammenhängen. Der Akt des Sharing selbst ist zur Signatur kultureller Operationen geworden.

Amateure: von der Kontribution zum Dialog[149]

Der Aufschwung der digitalen Kommunikationstechnologien wurde durch komplementäre Utopien befördert: der eines dokumentarischen Universums, das vielfältiger war als alles, was man sich bis dahin vorstellen konnte;

147 Richard Butsch, *The Citizen Audience: Crowds, Publics, and Individuals*. New York: Routledge 2008; Emmanuel Plasseraud, *L'Art des foules: théories de la réception filmique comme phénomène collectif en France, 1908–1930*. Villeneuve-d'Ascq: Presses du Septentrion 2011.

148 Walter Benjamin, »Das Kunstwerk«, a. a. O.

149 Hier wie in zahlreichen anderen Passagen, in denen Interaktion und Austausch im Web 2.0 thematisiert werden, wird im französischen Original nicht der Begriff »dialogue«, sondern der Begriff »conversation« verwendet, der im Französischen offener und fluider gefasst ist,

der einer freiwilligen Aktivität der Amateure, den wichtigsten Akteuren dieser Wissensrevolution; der eines gemeinsamen Eigentums, das aus dem gleichberechtigten Austausch unter Gleichen entstanden war.[150]

1990 von Tim Berners-Lee erfunden, ist das World Wide Web eine Anwendung des Netzwerks Internet, wo es mit mehreren anderen Protokollen der Datenübertragung koexistiert. In seiner ursprünglichen Version ist das Web ein Medium der passiven Konsumption, so wie das Fernsehen oder das Radio. Das erste Konzept von Berners-Lee sah dennoch bereits die Option des Sharing vor, die Nicht-Hierarchisierung und den sozialen Gebrauch von Informationen. Die technischen Lösungen, die das Web interaktiv machen sollten, wurden sehr früh durch die Webseiten von Online-Händlern getestet. Amazon oder eBay, beide 1995 gegründet, müssen, um zu funktionieren, einen Kunden identifizieren können und ihm die Möglichkeit einräumen, einen Befehl an die Seite zu schicken. Die entsprechenden Funktionen erfordern es, das statische System der Aufrufe um zwei neue Instrumente zu ergänzen: eine Strukturierung der Datenbasis, die Informationen für die Abfrage zugänglich macht, und eine Programmiersprache, die den Internetnutzer autorisiert, die Datenbasis mit Hilfe von vereinfachten Eingaben zu befragen.

Diese komplexen Systeme, zu kommerziellen Zwecken entwickelt, wurden sehr rasch in verschiedene Ausführungen kostenfreier Software transformiert. Ab 1998 wird als beste Alternative zu den kommerziellen Angeboten eine Kombination beschrieben, die Linux als Betriebssystem hat, dazu einen Server von Apache, eine Datenbasis des Typs MySQL und die Programmiersprache PHP. Im Kontext solcher IT-Architekturen bietet die frei verfügbare Software große Vorteile: Neben der Kostenfreiheit ermöglicht es der offene und modifizierbare Charakter aller Anwendungen, sie in ein komplexes Umfeld zu integrieren, und garantiert, dass die Möglichkeit erhalten bleibt, das System weiter zu entwickeln, ohne im Fall einer Störung auf kommerzielle Angebote angewiesen zu sein. Die Situation erlaubt es zahlreichen, vor allem jungen Akteuren, die über Fertigkeiten im Bereich der Informatik verfügen, zu experimentieren, Webseiten zu gestalten und technisches Wissen auszutauschen.

Insgesamt begünstigen derartige Bedingungen die Entstehung eines

während »dialogue« eher den zielgerichteten sprachlichen Austausch bezeichnet. Da die deutsche Konnotation der Begriffe eine andere ist und »Dialog« den Phänomenen, die Gunthert adressiert, fast immer deutlich besser entspricht, ist für die Übersetzung dieser Begriff gewählt worden [Anmerkung S. D.].

150 Fred Turner, *From Counterculture to Cyberculture: Stewart Brand, the Whole Earth Network, and the Rise of Digital Utopianism*. Chicago: University of Chicago Press 2006.

dynamischen Webs, da sie die Fähigkeit des Internet-Nutzers, mit den Online-Inhalten zu interagieren, erweitert. Ein neues Kapitel beginnt 1999 mit der Plattform Blogger (2003 von Google übernommen), die allen Internetnutzern, selbst wenn sie nicht über besondere Kompetenzen verfügen, die Möglichkeit eröffnet, in vereinfachter Form seine eigene Datenbasis online zu gestalten: das Weblog oder Blog.

Um die Jahrtausendwende sind die wesentlichen technischen Einrichtungen, die für das Funktionieren eines dynamischen Webs erforderlich sind, vorhanden. Dennoch haben die entsprechenden Anwendungen alleine nicht ausgereicht, um eine tiefergehende Veränderung in einer Online-Landschaft zu bewirken, die im Wesentlichen zwischen den Angeboten der großen Player, kommerziellen Seiten und Nachrichtenseiten sowie unzähligen individuellen Seiten geteilt bleibt, unter denen die Blogs zu diesem Zeitpunkt nur wenig vertreten sind. Zwei sehr unterschiedliche Unternehmen geben die ersten Signale dazu, die interaktiven Strukturen im Sinne der Aneignung zu nutzen: der Erfolg von Napster, dem Netzwerk zum Austausch von MP3-Dateien nach dem Peer-to-Peer-Prinzip, sowie der Start des kollaborativen enzyklopädischen Projekts Wikipedia.

Um die Mitte der Nullerjahre befördern die Verbreitung von Programmen, die kreative Freizeitpraktiken unterstützen, sowie die Entwicklung von Sharing-Plattformen und das Lob des interaktiven Webs, das häufig geradezu messianisch klingt, die Idee eines »Triumphs der Amateure«[151] (*Abb. 21*). Mit Blick auf den sichtbaren Rückgang der Nutzung traditioneller Medien und auf den gleichzeitigen Anstieg der Nutzung von Online-Angeboten prognostiziert dieser Entwurf einer neuen Aufmerksamkeitsökonomie, dass die freiwillige Aktivität der Amateure bald zur Konkurrenz für die Kulturindustrie werden wird.

YouTube, von Google 2006 für 1,65 Milliarden Dollar übernommen, ist die Inkarnation dieser neuen Erwartung. Aber die Plattform hält das Versprechen nicht, dass in ihrem Slogan formuliert wird: *Broadcast yourself*. Es wird rasch deutlich, dass die Online-Dienste, die Videos hosten, damals in erster Linie genutzt werden, um Mitschnitte von Fernsehprogrammen oder DVDs zu verbreiten, und lange nicht so häufig dazu, eigenständige Arbeiten zu teilen.[152] Anstatt zu einem Schauplatz alternativer Kreativität wird YouTube zu einem Schauplatz der spezialisierten Dokumentation, der

151 Andrew Keen, *The Cult of the Amateur*, a. a. O. (Anmerkung 73). Patrice Flichy, *Le Sacre de l'amateur: sociologie des passions ordinaires à l'ère numérique*. Paris: Seuil 2010.

152 Dass die Nutzungsformen, die hier noch als Status quo beschrieben werden, bereits zum Zeitpunkt der Erstpublikation des entsprechenden Aufsatzes (2013) längst nicht mehr aktuell sind, muss angemerkt werden [Anmerkung SD].

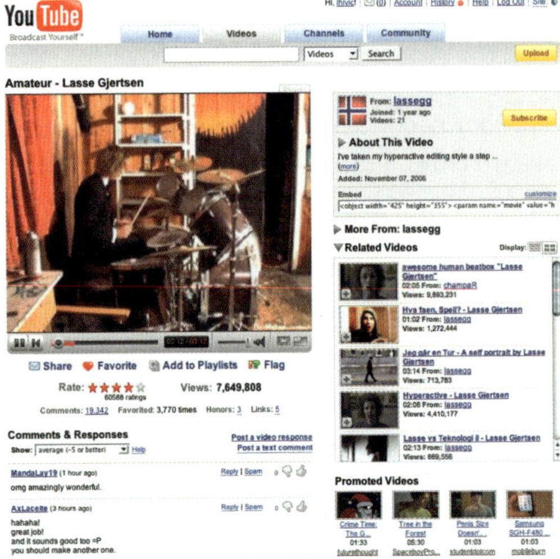

Abb. 21: Lasse Gjertsen, »Amateur«, Online-Video, YouTube, 7. November 2006 (Screenshot).

das enzyklopädische Angebot von Wikipedia ergänzt, das im audiovisuellen Bereich kaum entwickelt ist.

Neben dem Zugang zu wenig bekannten Quellen bevorzugen die Sharing-Websites ebenso wie die Blogs ein neues Modell der Artikulation: das des Dialoges. Innerhalb der interaktiven Systeme kann jede Online-Publikation zum Gegenstand von Kommentaren oder verschiedenen Bewertungen werden.[153] Die Formen des Dialogs setzen sich rasch als Mittel zur Bekanntmachung von Inhalten durch, die diese attraktiver machen, aber auch als symbolische Anerkennung der publizistischen Aktivität durch Kennzahlen, in denen sich die Rezeption materialisiert. Indem es die Interaktion vom Prinzip der Anerkennung bestimmen lässt, macht das Web aus dem Dialog zwischen Nutzern ein partizipatives Spiel.[154] Diese machtvolle Dynamik wird durch Soziale Netzwerke wie Facebook noch einmal verstärkt, in denen die Hierarchie zwischen Publikation und Kommentar umgekehrt wird, indem sie den Dialog zum Organisationsprinzip der Information machen.

Die Utopie der partizipativen Aktivität der Amateure beruhte auf einem stereotypen Konzept, das durch die Kant'sche Ästhetik beeinflusst ist und die kreative Arbeit als emanzipative, erstrebenswerte und selbstgenüg-

153 Valérie Beaudouin, »De la publication à la conversation: lecture et écriture électroniques«. *Réseaux*, Nr. 116, 2002/06, S. 199–225 (www.cairn.info/revue-reseaux-2002-6-page-199.htm).

154 Jean-Samuel Beuscart et al., »Pourquoi partager mes photos de vacances avec des inconnus?«, a. a. O. (Anmerkung 74).

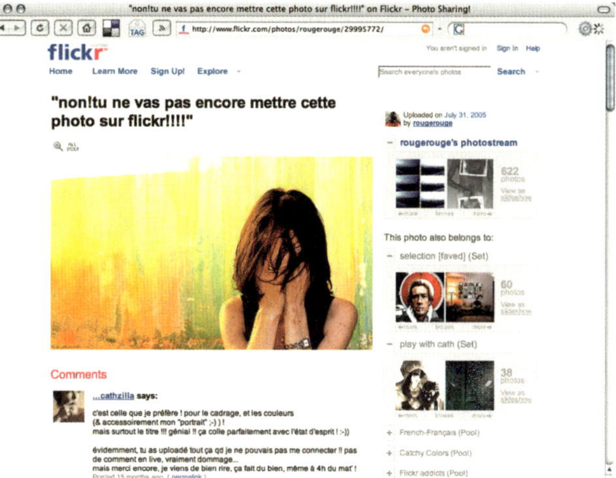

Abb. 22: Jeff Roques (»rougerouge«), »Non! Tu ne vas pas encore mettre cette photo sur Flickr!!!«, digitales Foto auf Flickr, 31. Juli 2005 (CC-Lizenz; Screenshot).

same Tätigkeit begreift. Zahlreiche Spezialisten sind davon ausgegangen, dass die Bereitstellung einer interaktiven Struktur zwangsläufig auf ein menschliches Bedürfnis nach Kreativität und Selbstausdruck treffen würde.[155] Aber die beobachteten Nutzungsformen spielen sich in einem deutlich anderen Spektrum ab, das aus kommunikativen, interventionistischen und ludischen Anteilen zusammengesetzt ist, die in den gemeinsamen Interessen der Akteure begründet sind und durch das Anwachsen sozialen Kapitals honoriert werden (*Abb. 22*).

Anstatt originaler Werke hat die interaktive Struktur vollkommen neue kulturelle Mechanismen entstehen lassen. Die Öffnung für eine unbegrenzte Anzahl von Partikularinteressen hat durchaus zur Folge, dass sich ein dokumentarischer Schauplatz ausgebildet hat, der durch eine bis dato unbekannte Dichte und Diversität gekennzeichnet ist. Die Egalität und Reziprozität der Interaktion haben den Dialog als Modell kultureller Produktion instituiert. Und mit der viralen Verbreitung hat sich die positive Bewertung als entscheidende Bedingung für die kulturelle Zirkulation etabliert.

155 Henry Jenkins, »Quentin Tarantino's Star Wars? Grassroots Creativity Meets the Media Industry«. In: *Convergence Culture: Where Old and New Media Collide*. New York: New York University Press 2006, S. 131–168; Clay Shirky, *Cognitive Surplus: Creativity and Generosity in a Connected Age*. New York: Penguin Press 2010.

Die Appropriation ist ein notwendiger Motor für die Assimilierung kultureller Produktionen. Wie Vincent Goulet gezeigt hat, existieren die populären Medien im öffentlichen Raum vor allem aufgrund ihrer Appropriabilität und ihrer dialogischen Nutzung.[156] Wir haben bereits mehrere Phasen erlebt, in denen die Rechtsstruktur für die legale Weitergabe kultureller Güter temporär von Phasen der mehr oder weniger wilden Appropriation verdrängt wurde. Zum Beispiel die Frühzeit des Kinos, die durch den Diebstahl und das Plagiat von Verfahren, Techniken und Inhalten gekennzeichnet war.[157]

Es existieren verschiedene Grade der Appropriation. Die Kenntnisnahme oder das Zitat können als symbolische Appropriationen bezeichnet werden. Die Nutzung eines kulturellen Guts und erst recht seine Modifikation hängen hingegen von einer operativen Appropriation ab, die es erlaubt, jene Möglichkeiten, die der tatsächliche Besitz eröffnet, ganz oder teilweise in Anspruch zu nehmen. Die symbolische Appropriation, die keinerlei Übertragung von Besitzrechten voraussetzt und aus einem Gut ein Allgemeingut macht, ist ein konstitutiver Bestandteil kultureller Praktiken. Die operative Appropriation stellt hingegen ein Problem dar, insofern sie sich außerhalb legaler Ansprüche abspielt und besondere Bedingungen voraussetzt, um akzeptiert zu werden.

In einer Welt, die mit einer zunehmenden Reproduzierbarkeit konfrontiert war, erschien die Initiative Marcel Duchamps, der die Ausstellung industriell gefertigter Objekte, der berühmten Ready-Mades, forderte, als eine provokative Geste, die sich als widersprüchlich verstand. In der Extraterritorialität der Kunstwelt konnte sie toleriert werden, unter der Bedingung, dass sie einem Distinktionsprinzip folgte, demzufolge industrielle oder populärkulturelle Produkte, ebenso wie die ›primitive Kunst‹, in den Rang eines Werks erhoben wurden, ohne einen Urheber und ohne eine Intention.

Anders als die vertikale Appropriation innerhalb der zeitgenössischen Kunst folgt diejenige, die sich im Internet beobachten lässt, einem horizontalen Schema und vollzieht sich in den Formen der Kopie, des Remix oder der Wiederverbreitung. Die auffallendste Facette der digitalen Appropriation ist die Aktivität des privaten Kopierens. Vor der Dematerialisie-

156 Vincent Goulet, *Médias et classes populaires: les usages ordinaires des informations*. Bry-sur-Marne: INA 2010.

157 Francis Vanoye, *L'Adaptation littéraire au cinéma: formes, usages, problèmes*. Paris: Armand Colin 2011, S. 13.

rung der medialen Infrastruktur behinderte der umständliche Charakter der Reproduktion eines audiovisuellen Werks dessen Verbreitung. Seine Zirkulation war daher zwangsläufig auf einen kleinen Kreis beschränkt.

Die Digitalisierung räumt mit diesen Beschränkungen auf und regt zu einer kopistischen Aktivität in bislang ungekannten Ausmaßen an. Die Industrie verfolgt, wie die Verkaufszahlen für materielle Träger, CDs oder DVDs einbrechen, und entscheidet, diese Form des Parallelkonsums zu bekämpfen, die sie als »Piraterie«[158] identifiziert.

In Frankreich beauftragt die Kultusministerin Christine Albanel 2007 Denis Olivennes, damals Geschäftsführender Direktor der FNAC, einen Gesetzesentwurf zu entwickeln, der darauf abzielt, das Online-Sharing von Inhalten mit Urheberrechtsschutz durch die Suspendierung des Internet-Zugangs zu sanktionieren. Das Gesetz »Kreativität und Internet«, 2009 verabschiedet und auch »Hadopi«-Gesetz genannt, dokumentiert den Einfluss digitaler Praktiken auf die Ökonomie des geistigen Eigentums. Zahlreiche ähnliche Maßnahmen werden in den entwickelten Ländern ergriffen, mit dem Ziel, von kopistischen Aktivitäten abzuschrecken und die Öffentlichkeit für die Grenzen kultureller Produktivität zu sensibilisieren. Aber die ungewöhnliche Aggressivität der Intervention von Albanel sowie der begleitende Diskurs, der die merkantile Dimension der Werke akzentuiert, führen zu einer paradoxen Umkehr.

Seit der Aufklärung beruhen die Valorisierung der Kultur und ihre Darstellung als Gemeingut darauf, dass ihre ökonomischen und kommerziellen Aspekte in den Hintergrund gerückt werden. Dank der Museen, der Schulen oder der Bibliotheken können geistige Werke so präsentiert werden, als wären sie vom merkantilen Joch befreit und für alle zugänglich.[159] Indem sie vorgeben, die Einkünfte der Künstler zu schützen, und die kreative Aktivität nach dem Vorbild eines Handwerks beschreiben, wo »jede Anstrengung auch bezahlt sein« will, haben die industriellen Lobbys zugleich die Figur des künstlerischen Genies, um die das moderne Verständnis der Kunst

158 Ich werde mich hier nicht bei dem sehr fragwürdigen Charakter der Argumente aufhalten, die den Einbruch der Verkaufszahlen materieller Medienträger mit dem Aufschwung des Online-Sharings in Zusammenhang bringen. Vgl. vor allem Philippe Le Guern und Patricia Bastit, »Crise de l'industrie musicale et politique anti-piraterie en France: Hadopi, Internet civilisé ou politique répressive?« In: *Contemporary French Civilization*, Band 36, Nr. 1–2, Juli 2011, S. 141–160; Maya Bacache-Beauvallet, Marc Bourreau und François Moreau, *Portrait des musiciens à l'heure du numérique*. Paris: Éditions Rue d'Ulm 2011; Christine Schweidler und Sasha Costanza-Chock, »Piraterie«. In: *Enjeux des Mots: regards multiculturels sur les sociétés de l'information*. Caen: C&EN Éditions 2005, S. 528–571.

159 Max Horkheimer und Theodor W. Adorno, *Dialektik der Aufklärung. Philosophische Fragmente*. Frankfurt a. M.: Fischer 1988.

organisiert ist, so gut wie negiert und die kulturelle Produktion etwas ungeschickt als ökonomische Unternehmung bloßgestellt.

Weit entfernt davon, die Piraterie zu diskreditieren, hat die Verteidigung des geistigen Eigentums dazu beigetragen, das Internet zu einer der letzten Bastionen zu machen, in denen die Kultur noch Gemeingut ist.[160] Denn die appropriativen Praktiken, die online zu beobachten sind, zielen nicht auf eine einfache Übertragung von Besitz, auf die Verlagerung des Monopols zur Auswertung von einem Akteur zu einem anderen ab, sondern ganz im Gegenteil auf die gemeinsame Verfügbarkeit von Inhalten, die als kulturelle Güter gelten, mit Hilfe der Aktivität des Sharing.

Die Klassifizierung kultureller Güter vollzieht sich, indem ihnen ein Wert zugeschrieben wird, der sicherstellt, dass sie als begehrenswert gelten. Diese Valorisierung kann verschiedene Formen annehmen. In der Tradition der Regeln höfischer Etikette, wie sie von Norbert Elias beschrieben worden ist, besteht der typische Mechanismus der patrimonialen Kultur in der Zuschreibung eines besonderen hierarchischen Werts auf der Basis einer Autorität, deren Distinktionsprinzipien von Pierre Bourdieu analysiert worden sind.[161] Ein anderes Prinzip, das typisch für die populäre Kultur ist, leitet den Wert eines Inhalts aus der entsprechenden Nachfrage ab, die durch Analysen erfasst wird.

Qualitative Bewertung und quantitative Bewertung, Valorisierung durch die Elite oder Valorisierung durch die Masse, Analyse oder Reichweitenmessung sind nicht notwendig an bestimmte kulturelle Inhalte gebunden, sondern vermitteln bestimmte Konzepte und werden einander oft entgegengesetzt, um ein Kunstwerk von einem Massenerfolg zu unterscheiden. In diesen bereits veralteten Antagonismus führt die Viralität eine entscheidende Änderung ein. Während die Reichweitenmessung *ex post* das Sofortbild der Rezeption eines Medienprodukts liefert, dessen kulturelle Bedeutung durch die Verbreitung im öffentlichen Raum bestätigt wird, partizipiert die Wiederveröffentlichung gleichwelchen Inhalts an seiner Aufwertung zum kulturellen Gut, indem sie ihn der allgemeinen Aufmerksamkeit empfiehlt.

Ob es um die Gestaltung gefakter Trailer auf YouTube geht, um parodistische Abwandlungen, um die imitative Hommage in Form von Coverversionen (individuelle Versionen eines Musikstücks) oder um die virale

160 Lawrence Lessig, *The Future of Ideas: the Fate of the Commons in a Connected World*. London: Vintage 2002; Philippe Aigrain, Cause commune: l'information entre bien commun et propriété, Paris: Fayard 2005; Association VECAM, *Libres savoirs: les biens communs de la connaissance*. Caen: C&F Éditions 2011.

161 Pierre Bourdieu, *Die feinen Unterschiede. Kritik der gesellschaftlichen Urteilskraft*, aus dem Französischen von Bernd Schwibs und Achim Russer. Frankfurt a. M.: Suhrkamp 1982.

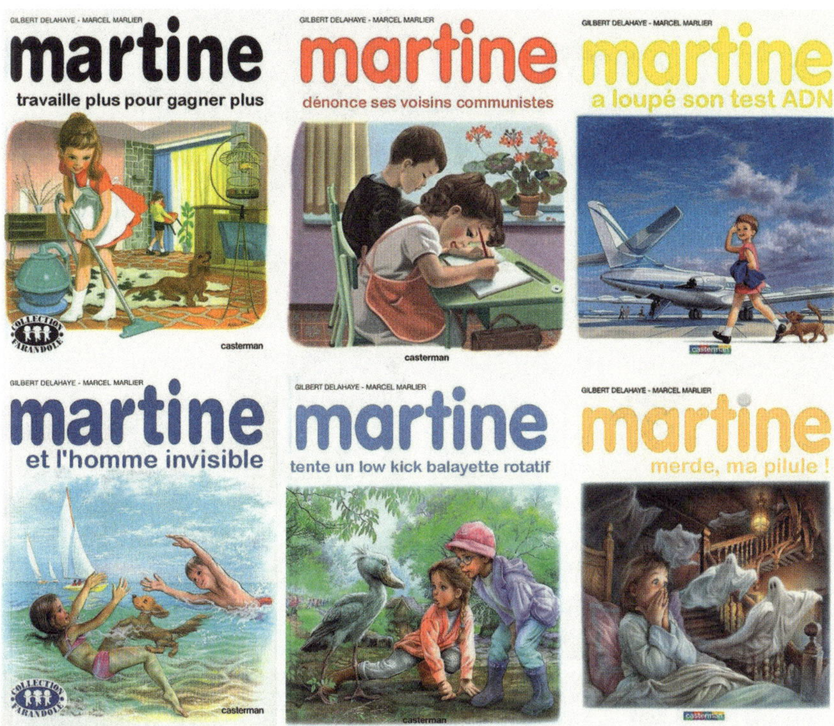

Abb. 23: Beispiele für falsche Umschlagseiten, produziert mit Hilfe des Martine Cover Generator, Oktober 2007 (Screenshots).

Verbreitung von Memes (die Aneignung und Dekontextualisierung eines Motivs, vgl. *Abb. 23*), die Konditionen der digitalen Appropriierbarkeit beruhen auf improvisierten Manövern und ungewisser Duldung: dem Schutz der Anonymität oder des kollektiven Ausdrucks, dem publizistischen oder politischen Charakter der Inhalte, der Flüchtigkeit oder der Unsichtbarkeit der Veröffentlichungen, der Unkenntnis der Regelungen und vor allem den Kategorien des Spiels, der Satire und der Zweitauswertung, die, wie einst der Karneval, soziale Räume der Ausnahme und der geduldeten Transgression sind… Der Remix profitiert im Allgemeinen von der Grauzone, die durch rechtliche Lücken entsteht, von Nachlässigkeiten bei der Kontrolle oder von seiner spielerischen Anmutung (*Abb. 24*). Aber diese Umstände machen aus dem Web einen jener raren öffentlichen Räume, in dem die kollektive Appropriation noch zulässig ist.

Die digitale Ökologie ermutigt nicht nur zur Produktion im Modus des Remix und der Wiederverbreitung. Sie etabliert vielmehr die Appro-

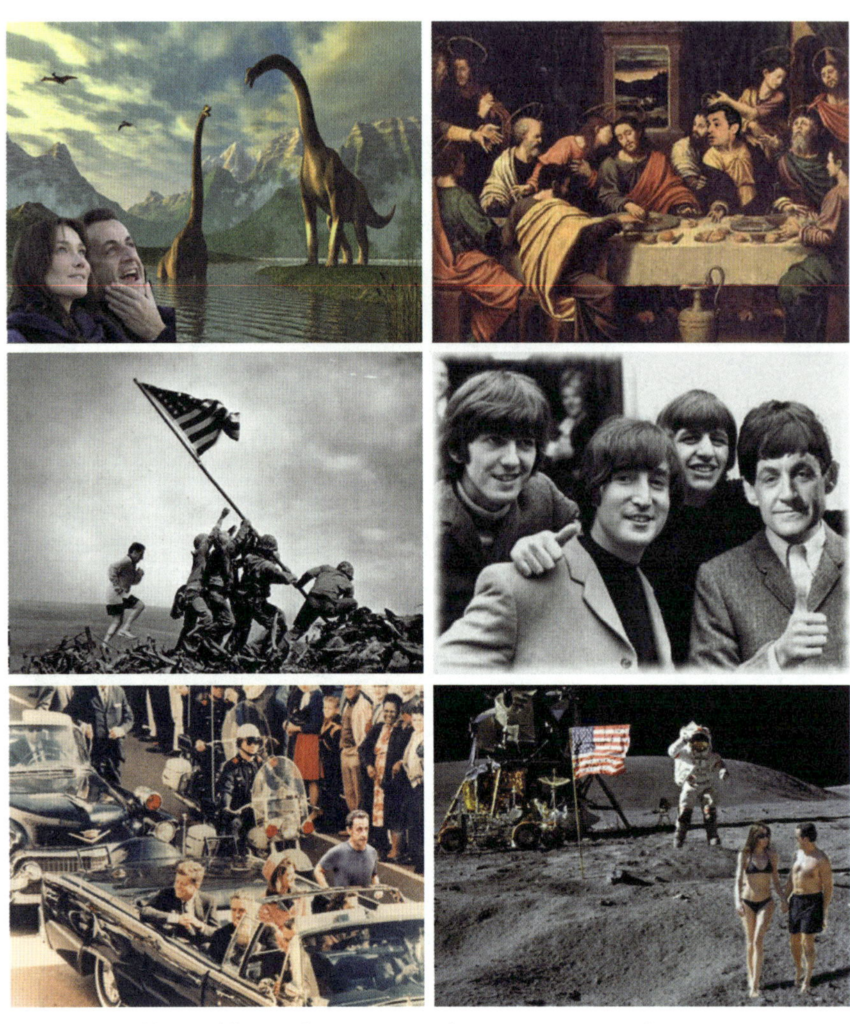

Abb. 24: Auswahl von Bildern zu dem Meme »#sarkozy partout«, November 2009 (Screenshots).

priierbarkeit als ein Charakteristikum und Kriterium kultureller Güter, die der Aufmerksamkeit nur würdig sind, wenn sie sich teilen lassen. Ein nicht-appropriierbarer Inhalt wird von den Empfehlungen in den sozialen Netzwerken oder den Anzeigen der Suchmaschinen ausgeschlossen sein, aus dem Spiel und aus der Zirkulation, von denen die Architektur dieses medialen Ökosystems bestimmt ist. Auf diese Weise wird die Appropriierbarkeit ihrerseits viral.

Den kulturellen Annäherungen an die netzbasierten Formen des Ausdrucks ist es gemeinsam, dass sie zunächst auf bekannte Konzeptionen von Kreativität zurückgreifen, um diese neue Medienlandschaft zu strukturieren. Aber das Instrumentarium einer Kultur der Distinktion taugt nicht dazu, eine Kultur des Sharing zu beschreiben, die ihre eigene Ästhetik entwickelt hat. Im Universum der kreativen Äußerungen ist die Entstehung eines Systems, das auf der Signatur, der Innovation und der Exklusivität beruht, eine Entwicklung, die historisch relativ neu ist, die sich zeitgleich zu einer Ökonomie ausbildet, und in der Kultur nach den Normen der industriellen Revolution organisiert wird, die sich in den Gesetzen zum Schutz des geistigen Eigentums niedergeschlagen haben.[162] Im Gegensatz dazu hat die digitale Durchlässigkeit die Entwicklung einer Kultur der Anonymität, des Zitats und des Sharing begünstigt, sowie eine große Anzahl von Inanspruchnahmen des kollektiven Eigentums, das auf der freien Zirkulation von Information basiert: näher an der Kunst des Mittelalters oder den Formen der Populärkultur.

Charlie Bit My Finger (2007), die kaum eine Minute lange Aufzeichnung einer kleinen Szene zwischen zwei Brüdern, von denen der kleinere den größeren in den Finger beißt, ist bis heute das meistgesehene Amateurvideo auf YouTube (823 Millionen Aufrufe im Juni 2015).[163] Die Beobachter, die auf etwas anderes gewartet haben, müssen einräumen: Die kreative Aktivität im Netz hat kein einziges großes Werk hervorgebracht, das mit den Erzählungen rivalisieren könnte, die *Madame Bovary, Anna Karenina* oder *Buddenbrooks* gewesen sind.

Aber muss man das Internet wirklich als einen Konkurrenten der Kulturindustrie betrachten? Im Allgemeinen ist dies die Form, in der das Phänomen adressiert wird, und in der die umgekehrten Verläufe der steigenden Online-Aufrufe und der sinkenden Absätze klassischer Medienträger effektiv vermittelt worden sind.[164] In den Praktiken zeigt sich jedoch eine komplexere Medienlandschaft, innerhalb derer ständig dialogisch mit der kul-

162 Carla Hesse, »The Rise of Intellectual Property, 700 BC – AD 2000: an Idea in the Balance«. In: *Dædalus*, Nr. 131, Frühjahr 2002, S. 26–45 (www.amacad.org/content/publications/pubContent.aspx?d=904).

163 Diese Angabe muss korrigiert werden. Tatsächlich wird das Video bereits 2011 von Platz 1 verdrängt und befindet sich heute (2019) nicht einmal mehr unter den Top 100 der »Most Viewed Videos« auf YouTube [Anmerkung SD].

164 Richard A. Lanham, *The Economies of Attention: Style and Substance in the Age of Information*. Chicago: Chicago University Press 2006.

turindustriellen Produktion interagiert wird.[165] Die besonders typischen Interventionen der Sharing-Kultur – Mashup, Remix, Coverversionen, Abwandlung, Satire, Dekontextualisierung etc. – entsprechen allesamt referentiellen Formen, in denen sich eher ein aktiver Parasitismus artikuliert als eine kreative Praxis.

Die verwaltete Zirkulation von Kulturgütern im industriellen Zeitalter hat uns vergessen lassen, dass Imitieren und Teilen die wichtigsten Antriebskräfte kultureller Entwicklungen sind. Ebendieser Ökologie gehören die kreativen Aktivitäten im Web an. Der virale Erfolg des Clips eines koreanischen Schlagersängers oder die Replik einer Fashion-Celebrity in einer Reality-Show erscheinen einer Kritik, die den traditionellen Formen der Hochkultur verbunden ist, vollkommen unverständlich. Hier sind Inhalte von zweifelhaftem Interesse, die von unbekannten Personen präsentiert werden – und die nicht einmal der Kategorie der Amateurproduktion angehören, sondern einfach Produkte der Kulturindustrie sind. Das Echo, das sie im Internet auslösen, erscheint im besten Fall als ein Missverständnis und im schlimmsten als Zeichen für die Degeneration einer Gesellschaft des Spektakels im Zustand maximaler Verwirrung.[166]

Psy (*Abb. 25*) oder Nabilla liefern dennoch die Bestätigung dafür, dass die Kultur des Sharing nicht die Inhalte privilegiert, sondern deren Appropriierbarkeit. Der Wert des fraglichen Objekts wird umso höher sein, je besser die Bedingungen für seine Appropriation sind: technisch (das heißt: online verfügbar und versend- oder kopierbar), juristisch[167] (keine Gefahr für denjenigen, der es weiterverbreitet), aber auch stilistisch (geeignet, Aufmerksamkeit zu erregen, leicht zu imitieren oder abzuwandeln, stereotyp, exemplarisch, komisch, mit aktuellem Bezug etc.).

Diese Kriterien mögen überraschen. *Der Untergang* von Oliver Hirschbiegel[168] und *Gangnam Style* von Psy, die zu den meistappropriierten Werken der letzten Zeit zählen, haben gemeinsam, dass sie eine Sprache, die für die meisten Internet-Nutzer unverständlich ist (Deutsch oder Korea-

165 Fabienne Schmitt, »Télé sociale: la guerre est déclarée entre Facebook et Twitter«. In: *Les Échos*, 7. Oktober 2013 (www.lesechos.fr/tech-medias/dossiers/Twitter-en-bourse/0203049093238-tele-sociale-la-guerre-est-declaree-entre-facebook-et-twitter-614143.php).

166 Isabelle Roberts und Raphaël Garrigos, »La Société du spectacle de Nabilla«. In: *Libération*, 18. März 2013 (http://ecrans.liberation.fr/ecrans/2013/03/18/la-societe-de-spectacle-de-nabilla_951626).

167 Calimaq (Lionel Maurel), »Le Secret de Gangnam Style? Ne pas être à cheval sur le droit d'auteur!«, S. I. Lex, 6. Oktober 2012 (www.scinfolex.com/2012/10/06/le-secret-de-gangnam-style-ne-pas-etre-a-cheval-sur-le-droit-dauteur).

168 Virginia Heffernan, »The Hitler Meme«. In: *The New York Times*, 24. Oktober 2008 (www.nytimes.com/ 2008/10/24/magazine/26wwin-medium-t.html?pagewanted=all&_r=0).

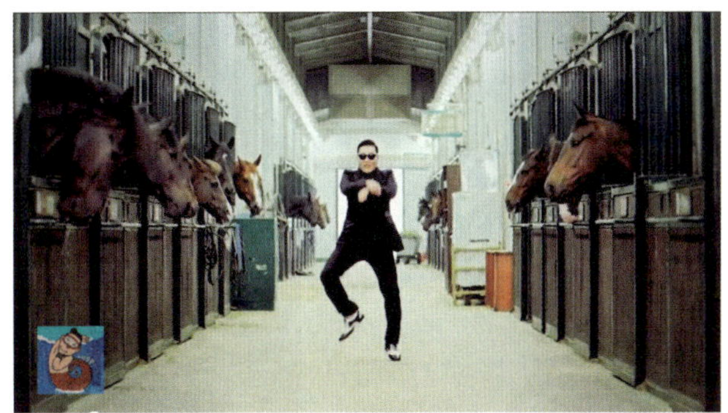

Abb. 25: Psy, »Gangnam Style«, Online-Video, YouTube, 15. Juli 2012 (Screenshot).

nisch), mit einer Situation verbinden, die sich sehr einfach parodistisch rekontextualisieren lässt. Es ist folglich diese semantische Ambiguität, die das wichtigste Element der Viralität darstellt. Ein anderer Faktor, den Gangnam Style mit zahlreichen abgewandelten Clips teilt, sind die Albernheit und Selbstironie der protagonistischen Figur. Man spielt nicht mit der Kultur der Distinktion. Aber der koreanische Clip ist ein UFO, anti-heroisch und a-referentiell. Psy hatte keine Scheu, eine Clownsfigur zu konstruieren, deren mimische Regungen, ganz wie die von Chaplin, sich umso mehr für die Re-Iteration anbieten, je lächerlicher sie erscheinen. Aufgrund ihrer appropriativen Qualitäten zählen Komik und Uneigentlichkeit zu den Strategien, die in der Kultur des Sharing am meisten zum Einsatz kommen.

Ein appropriativer Zug, der besonders geschätzt wird, ist die Fähigkeit, einen Inhalt durch Abweichungen in der individuellen Gestaltung abzuwandeln. Wie die Worte oder die Melodie eines Liedes sind der Tanz in der Originalversion von Gangnam Style oder die komische Replik im Clip mit Nabilla Motive, die sich für jene spielerische Wiederholung anbieten, für die Dubravka Ugrešić die Bezeichnung »Karaokekultur« vorschlägt.[169] Die Wiederholung, die eine Parodie ebenso wie eine Hommage sein kann, ist per definitionem im Kontext der hochkulturellen Ästhetik, die das Original privilegiert, ohne jede Bedeutung. Aber der Erfolg der entsprechenden Interpretationen dokumentiert eine neue Wertschätzung für referentielle Formen, die durch die individuelle Rezeption aktualisiert werden.

Die Ästhetik der Appropriation macht aus viralen Äußerungen eine *self-fulfilling prophecy*. Ein kopiertes, abgewandeltes oder imitiertes Motiv ist eine Einladung, das Spiel fortzusetzen (*Abb. 26*). In einem *Buzz*, der Original und Kopie verbindet, zählen die Anzahl und die Bandbreite der

169 Dubravka Ugrešić, *Karaoke Culture*. Rochester: Open Letter 2011.

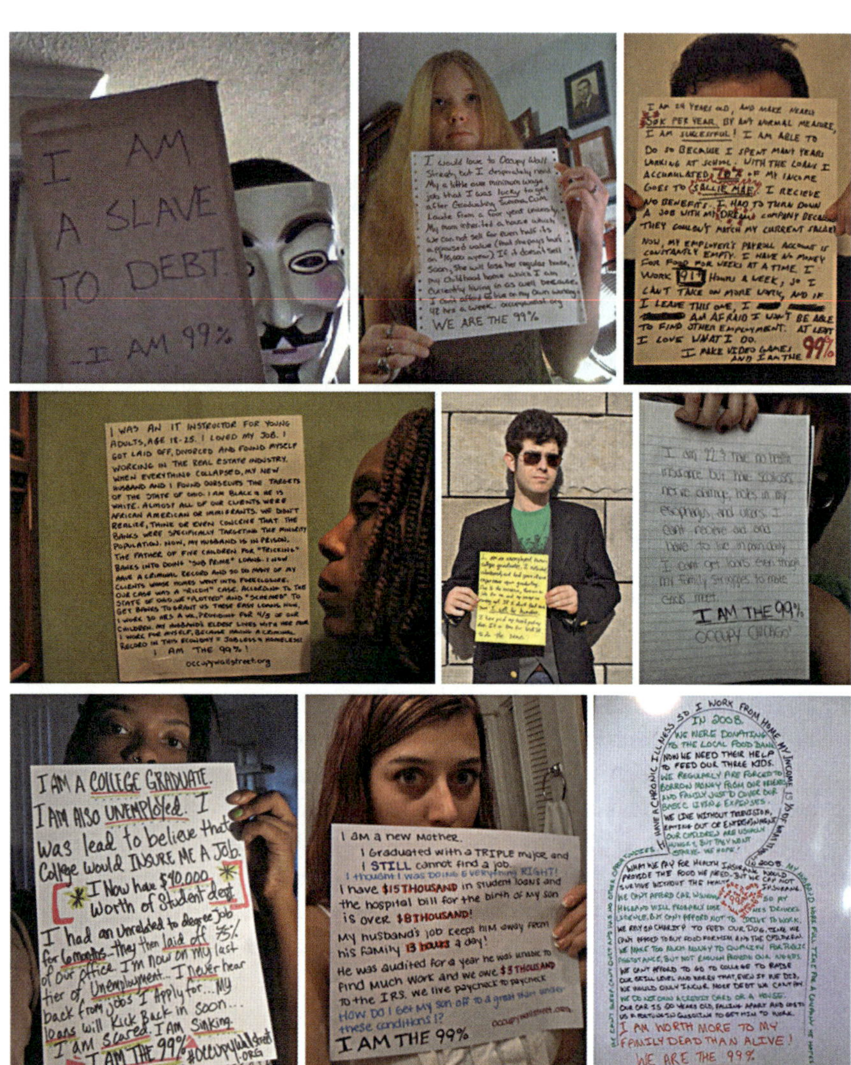

Abb. 26: Sammlung von Bildnachrichten auf dem kollaborativen aktivistischen Blog »We are the 99 %«, Oktober 2011.

Wiederholungen mehr als die Vorlage, die bald von ihnen überlagert wird. Die geteilte Erfahrung ist das, was den Wert ausmacht. Deshalb kann ein Inhalt, der so unbedeutend anmutet wie die Replik »Non, mais allô quoi!« (dt.: »Nein, aber, hallo, was!«)[170] dank der Remix-Versionen zu einem par-

170 Nabilla Benattia in der Reality-Show *Anges de la téléréalité*, 6. März 2013 [Anmerkung SD].

tizipativen Spiel werden, das unterhaltsamer ist als der ursprüngliche Clip. Aus demselben Grund ist der Erfolg der Single *Get Lucky* von Daft Punk an der Anzahl und der Schnelligkeit zu messen, mit der Coverversionen von ihr produziert werden.

Die Kultur des Sharing, die sich aus den digitalen Technologien entwickelt hat, ist stark von ihrer Instrumentierung abhängig. Die Verwendung von Geräten wie Smartphones und Tablets ermöglicht die Verlinkung oder den Upload, aber sie macht es schwieriger, Bilder zu extrahieren und Mashups zu komponieren. Die Ausweitung der digitalen Kommunikation beinhaltet daher das Risiko, die Fluidität der Inhalte zu reduzieren. Dennoch scheinen sich appropriative Praktiken aufgrund ihrer Verbreitung und ihrer Transformation in kulturelle Normen dauerhaft in der Medienlandschaft der entwickelten Gesellschaften zu behaupten.

So wie das Kino zu einem Teil der Kultur geworden ist, während es sie zugleich verändert hat, so befindet sich auch das Internet nicht in einem offenen Krieg mit der Kulturindustrie, sondern arrangiert sich mit dem verfügbaren Angebot, dessen Rezeption es verändert. Dialog oder Piraterie sind von nun an Indikatoren des Erfolgs und Mittel zur Vermarktung der wichtigsten Produkte dieser Industrie. Ebenso kann Viralität ganz autonom die Aufmerksamkeit auf bislang unbekannte Objekte lenken, an der Kritik des Tagesgeschehens teilhaben oder sich in den Dienst revolutionärer Bestrebungen stellen. Die dialogischen Modelle verändern das Verhalten; die appropriativen Praktiken verändern das Empfinden. Das Netz, Echokammer der Meinungen, hat sich als ein unerwartetes Gegenüber etabliert, mit dem zu rechnen ist. Die Kultur des Sharing ist die Rache der Vielen.

8 Fotos, die man nicht zeigt

Sommer 2012, Hotel T. in Lissabon. Familienferien, zwei Zimmer. Eine angenehme Überraschung: Jedes der Zimmer ist mit einem neuen Apple-Computer ausgestattet. Es ist das erste Mal, dass mir eine solche Ausstattung begegnet, noch dazu in einem Hotel der mittleren Preisklasse. Aber die Ausstattung erscheint von Anfang an als ein sinnvolles Angebot, das sich weiter verbreiten wird. Eine Woche lang mussten wir nicht ein einziges Mal den Fernseher einschalten. Der Computer hingegen wurde fast täglich benutzt, um Emails abzurufen oder zu versenden, um nach Informationen zu suchen, Fotos zu sichten und zu schicken – und für die Kinder: um ihre liebsten YouTuber zu sehen.

Wir reisen mit zwei Fotoapparaten und einer Videokamera. Nach einem einzigen Versuch wandert die dicke Spiegelreflexkamera wieder in den Koffer. Zu schwer, zu sperrig, während die Kompaktkamera mit sehr viel weniger Aufwand völlig ausreichende Ergebnisse liefert. Auch die Videokamera wurde kaum benutzt (ein einziges Mal, um die Fische im Ozeanarium zu filmen). Bleibt die Kompaktkamera, die die verschiedenen Etappen des Aufenthalts treu begleitet hat und von Hand zu Hand gewandert ist, je nachdem, wer gerade Lust hatte zu fotografieren. Zurück im Hotel musste entschieden werden, wer von den Kindern oder den Eltern den Apparat an sich nehmen würde, um eine Auswahl der Bilder vorzunehmen und sie zu verschicken. Etwa fünfzehn Fotos, sorgfältig ausgewählt und zum Teil nachbearbeitet, sind auf diese Weise übermittelt worden, entweder per Email an Freunde und Familie oder auf Facebook; aber fast alle von den 434 Fotos wurden auf den zwei Computern, die uns zur Verfügung standen, abgelegt.

Wir mussten lächeln, als wir feststellten, dass die vorherigen Bewohner der Zimmer einige fotografische Spuren ihrer Durchreise zurückgelassen hatten, und haben sehr darauf geachtet, vor unserer Abreise die notwendigen Abmeldungen und Löschungen vorzunehmen. Der Computer im Hotelzimmer ist offensichtlich noch ein zu neu eingeführter Service, als dass der Room Service daran denken würde, nach jedem Besucher den digitalen Papierkorb zu leeren.

Was dem Bildwissenschaftler entgegenkommt. Auf diese Weise konnte ich 683 Fotos aus vier verschiedenen Quellen ansehen, die zwischen Dezember 2011 und April 2012 aufgenommen und auf iPhoto gespeichert worden waren (eine Serie war in den Papierkorb verschoben, dieser aber nicht geleert worden, so dass sie wiederhergestellt werden konnte).

Selbst wenn es exponierter denn je ist, entgeht das private Foto weiterhin den Blicken. Was wir in den Sozialen Netzwerken zu sehen bekommen, diesem riesigen Korpus wechselnder Sichtbarkeiten, bleibt nur die Spitze des Eisbergs – das ausgewählte und in Szene gesetzte Bild aus dem Album, auf das sich die Reflexion über das Amateurfoto von jeher bezogen hat, während der Rest außer Acht gelassen wurde: die Schachteln voller ungeordneter Abzüge ohne Unterschriften oder Hinweis auf den Kontext der Entstehung, die dennoch liebevoll aufbewahrt worden sind.

Aus diesem Grund ist die Stichprobe der ›entwendeten‹ Fotos aus dem Hotel so wertvoll. Was sie mir offenbart, ist ein Gebrauch der Fotografie, der zugleich sehr strukturiert und kontextualisiert ist und der Bildauswahl vorangeht. Mehrere Gruppen von Bildern waren, so wie die unsrigen, auf den Computer geladen worden, um sie zu ordnen, zu selektieren oder zu versenden. Die kontinuierliche Nummerierung der Dateien markiert die Vollständigkeit der Untergruppen und liefert wesentliche Informationen über die Repetition und die Häufigkeit der fotografischen Operationen.

Die vier Gruppen sind sehr verschieden. Die älteste enthält nichts als anonyme Bilder einer Ausstellung im Museum für Naturgeschichte. Die motivisch limitierteste besteht aus den Fotos eines Ehepaares und seiner Zeugen anlässlich einer standesamtlichen Trauung. Die dritte liefert das Ensemble sehr unterschiedlicher Bilder eines jungen Touristenpaares, das mit dem Bus aus Spanien angereist ist. Wie so oft sind die fotografischen Zeugnisse voller Details, aber widerständig, wenn es darum geht, einen allgemeinen Eindruck zu erhalten.

Das bemerkenswerteste Korpus ist auch das umfangreichste: etwa 500 Bilder, während eines langen Wochenendes im April von einem Paar junger Frauen aufgenommen, die offensichtlich sehr verliebt sind. Die Umstände, unter denen ich Kenntnis von diesen Fotos erlangt habe, verbieten es nicht nur, sie zu reproduzieren, sondern auch, sie detailliert zu beschreiben. Ich werde mich deshalb auf einige Bemerkungen beschränken, die sich aus ihrer Sichtung ergeben.

Eines der Fotos liefert einen entscheidenden Hinweis, der die Schlussfolgerung ermöglicht, dass die Fotos insgesamt falsch datiert sind. Für Forscher hat sich die Datierung der Aufnahme mit Hilfe der EXIF-Daten als ein echter Segen erwiesen. Immer noch muss der Apparat korrekt eingestellt werden, denn diese Gruppe von Bildern zeigt, wie wenig verlässlich solche Informationen sind, die extern kontrolliert werden müssen.

Die Frage, die hinsichtlich der digitalen Fotografie am häufigsten formuliert wird, ist die nach der Anzahl und vor allem der Überfülle von Bildern. Seit der Einführung dieser Technologie überbieten sich die Metaphern, in denen es darum geht, der Idee einer Flut von Bildern Ausdruck zu geben, die dabei seien, unsere Bildschirme und unser Bewusstsein zu überschwemmen. Und es ist unbestreitbar, dass die digitale Aufzeichnung und Speicherung, die Vervielfachung der Aufnahmen begünstigt haben, da sie die Kosten der Bildproduktion wesentlich verringern.

Aber ab wann wird »viel« zu »zu viel«? In der Geschichte der Fotografie war der Übergang von der einzelnen fotografischen Platte zum Film von denselben Debatten begleitet. Diese Einschätzung erscheint deshalb zwangsläufig relativ. Die Bedürfnisse der Nutzer entwickeln sich abhängig von den technischen Möglichkeiten und von dem verfügbaren Equipment. Man kann die Aufnahmen eines wichtigen Ereignisses vervielfachen, um die Chance zu erhöhen, ein angemessenes Bild zu erhalten. Aber jeder weiß, dass die Auswahl *a posteriori* eine Anstrengung erfordert, die richtig bemessen sein muss, und niemand greift bei jeder fotografischen Gelegenheit auf die serielle Aufnahme zurück, die theoretisch deren vollständigste Aufzeichnung liefern würde.

An Stelle einer Überfülle gedankenlos aufgenommener Bilder wird beim Studium des Bildkorpus der zwei jungen Frauen eine versierte Nutzung der digitalen Möglichkeiten erkennbar. Die Aufnahme von 150 bis 200 Fotos pro Tag entspricht einem dichten touristischen Programm und dem Wunsch nach einer genauen Dokumentation. Da ich die eine oder andere touristische Route innerhalb der portugiesischen Hauptstadt selbst zurückgelegt habe, erkenne ich Sehenswürdigkeiten wieder sowie Details, die der Aufmerksamkeit wert sind. Wenn ich auch weniger häufig auf den Auslöser drücke, kann ich doch beurteilen, dass der Blick kundig und die Einstellung stets gekonnt ist. Es gibt wenige Wiederholungen, dafür eine aufmerksame, immer interessante Sichtweise. Insgesamt stellt das Korpus eine detaillierte Dokumentation des Besuchs dar, eine genaue Darstellung dessen, was gesehen und gewürdigt wurde. Mit welchem Recht wollte man diesen Touristinnen verwehren, diese Erinnerungen zu sichern? Wer wäre der Richter, der befinden sollte, dass diese Bilder zu viel sind?

Was dieser insistente Blick auf die Wirklichkeit kenntlich macht, ist nichts anderes als eine Kompetenz, die durch den Tourismus selbst geschaffen worden ist. Die Grand Tour gebot es, der Welt mit dem aufmerksamen und distanzierten Blick des Künstlers oder des Wissenschaftlers zu begegnen. Nichts ist törichter, als den touristischen Zwang zum Sehen zu verurteilen: Es ist der Okzident selbst, der diesen Blick konstruiert hat. Der Katalog der fotografierten Motive – Fassaden, Portale, kleine Straßen, Stadtansichten, Graffiti und nicht zu vergessen die Kacheldekors, deren exotische Qualität ich ebenfalls wahrnehme – bezeugt die Existenz einer komplexen Doktrin des Pittoresken, deren Kenntnis zu den grundlegenden Bedingungen des Vergnügens gehört, das wir beim Reisen empfinden.

Aber die beiden jungen Frauen haben nicht nur die Stadtlandschaft fotografiert. Die zugleich konventionelle und sehr persönliche Signatur ihrer Bildreportage besteht in einigen Dutzend Bildern, auf denen sie zusammen oder einzeln zu sehen sind, an den Stationen ihrer Spaziergänge positioniert, als gelte es, ihr lächelndes Einverständnis zu bekunden.

Jede Form von Bildlichkeit enthält einen konventionellen Teil, der die Bedingung ihrer Interpretierbarkeit ist. Für Privatfotografie und vor allem für das Porträt gilt dies in hohem Maße, so dass im Allgemeinen nichts als die stereotype Anmutung in Erinnerung bleibt. Der Respekt vor der Norm schließt expressive und persönliche Züge jedoch keineswegs aus. Dieses Paradox ist mir besonders deutlich geworden, als ich diese Gesichter betrachtete, deren freundlicher Ausdruck *per definitionem* nicht an mich gerichtet war. Der repetitive Aspekt der Doppelporträts, die zum größten Teil mit ausgestrecktem Arm aufgenommen worden waren, wobei das Objektiv in Richtung der Fotografierenden gedreht wurde, nahm dem Auftritt als Paar, der die wesentliche Botschaft dieser Fotos war, nichts von seinem sehr individuellen Charakter.

Das Gefühl, mir durch eine Art ›Einbruch‹ die Zuneigung zu erschleichen, die in dieser Gruppe von Bildern kondensiert ist, hat mich die zutiefst intime Qualität dieses Korpus erkennen lassen. Es ist unmöglich, diese lächelnden Gesichter zu betrachten, ohne meinerseits Sympathie für diese jungen Frauen zu empfinden. Diese Zuneigung, deren Adressat nicht ich sein konnte, war wie ein Reflex der Verliebtheit, die den Bildern eingeschrieben war – eine Verliebtheit, die mich nichts anging, und die dazu bestimmt war, in der intimen Beziehung dieses Paares aufgehoben zu bleiben. Was ich also entdeckt hatte, war das Gegenstück zu der inszenierten Dimension der Fotos, die aus diesem Album ausgewählt worden waren: Es war nichts anderes als die private Dimension dieser Bilder.

Ich kann weder sagen, ob eines dieser Fotos auf Facebook hochgeladen worden ist, noch ob es an eine nahestehende Person verschickt wurde, und es ist durchaus wahrscheinlich, dass das eine oder andere davon früher oder später als Platzhalter einer geteilten Erinnerung figurieren wird. Aber was ich sicher weiß, was diese Bilder mir sagen, ist, dass sie als eigenständige fotografische Produktion dazu gedient haben, die private Geschichte dieses Paares zu schreiben. In dem Moment, in dem sie gemacht wurden, gingen diese Fotos nur diese beiden an, dieses Lächeln war ihr Spiegel. Sie zusammen aufzunehmen und zu betrachten, ist ebenso bedeutsam wie die Reise, die zu ihnen Anlass gegeben hat.

Es bedurfte der Fotos aus dem Hotel, damit ich dieselbe Agenda in meinen eigenen Bildern erkennen konnte. Die eher konventionelle Anmutung des einen oder anderen von ihnen ermöglicht es, sie wie eine Postkarte für die Familie oder für Freunde zu verwenden. Aber es gibt auch die Momente des Lächelns, die nur uns angehen, die Spur unseres Glücks, zusammen zu sein, das wir uns durch das Objektiv mitteilen. Und andere Momente, deren Erinnerung zum Intimsten gehört, und die nicht dazu gemacht sind, gezeigt zu werden. Die Fotografie versteht es, dieses Kapitel genau zu schreiben, die Spuren der Vertrautheit, die niemand sonst sehen wird, zu bewahren – es ist das, was sie so wertvoll für uns macht.

Bourdieu hat die Intimität der Amateurfotos nicht gesehen, weil er von den Fotografen verlangt hat, dass man ihm die Aufnahmen zeigt. Ich habe sie wahrnehmen können, weil ich nicht verlangt habe, dass mir etwas gezeigt wird. Die wahre Privatfotografie sind die Fotos, die man nicht zeigt, die man nicht zeigen muss, sondern die man nur mit denjenigen teilt, die man liebt, um sie dann in einer Ecke aufzubewahren, wie eine Reliquie des Glücks. Die touristische Fotografie ist keine lächerliche oder nichtige Form, über die man sich so und so viele Male lustig gemacht hat, sondern die periodische Reaktivierung dieser Regel.

Das touristische Abenteuer, das durch die Begegnung mit dem Fremden und die gemeinsame Erfahrung dazu motiviert, fotografisch aktiv zu werden, ist eine Form der Gestaltung individueller Geschichte, die sich im Bild vollendet. Nichts weniger als das, was einst die Bildproduktion der reisenden Prinzen bezeugen sollte. Die Entstehung dieser individuellen Geschichte am Bildschirm unseres Computers zu überprüfen: Das ist es, was es so wichtig machte, jeden Tag unsere Fotos dort aufrufen zu können.

9 Schuld sind die Amateure

Die Bildberichterstattung über das Zugunglück in Brétigny-sur-Orge am 12. Juli 2013 hat einen willkommenen Anlass dafür geliefert, die Theorie von der konkurrenziellen Aktivität der Amateure wieder zu beleben, die in der Welt der Fotografie sehr verbreitet ist, um die Schwierigkeiten der fotografischen Profession zu erklären.

Diese Theorie beruht auf keiner Studie und auf keinerlei Datenerhebungen. Sie ist als ein Gerücht entstanden, hat sich nichtsdestoweniger als Tatsache etabliert und ist zu einem Teil jener Gemeinplätze geworden, die im Rahmen der Deutungen des digitalen Wandels allgemein als die wichtigste Ursache für die Krise der kreativen Berufe akzeptiert werden.

Die Idee scheint sich von selbst zu verstehen. Die Fähigkeit, apparative Bilder zu produzieren, ist heute Teil von Standardkompetenzen, die in allen gesellschaftlichen Klassen sehr verbreitet sind. Die elektronische Dematerialisierung und die Mittel der Online-Publikation erlauben eine noch nie dagewesene Verbreitung von Bildmaterial. Wie könnten diese Entwicklungen keine negativen Auswirkungen auf die Arbeit der professionellen Vertreter haben?

Aber die Theorien, die am meisten Anklang finden, sind nicht immer diejenigen, die am besten begründet sind. Das bekannteste Beispiel für diese trügerische Kausalität ist jenes, das als Basis für den Aufstieg des Front National gedient hat: die Behauptung, die Immigration sei der Hauptgrund für die Arbeitslosigkeit, was von allen sozialwissenschaftlichen Untersuchungen widerlegt wird. Anzumerken ist auch, dass es andere weit verbreitete Kompetenzen gibt, wie etwas das Kochen, die niemals verdächtig gewesen sind, die Köche, die Restaurantbesitzer und sogar die Cafébetreiber um Lohn und Brot zu bringen. 2013 ist die angekündigte Invasion der Amateure immer noch schwierig zu erkennen – ich muss sogar sagen, dass ich eher eine starke Kontinuität der Publikationsformen beobachte. Wie also steht es um die behauptete Konkurrenz? Versuchen wir, die Bausteine dieser Idee genauer zu untersuchen.

Außer den Arbeiten von Sylvain Maresca[171] existiert meines Wissens keine Analyse dieser Theorie, die, wie alle Gerüchte, diffus konturiert ist und in unterschiedlichen Formen artikuliert wird. Während gewisse Anzeichen darauf hindeuten, dass sie langsam ausstirbt, halte ich es für sinn-

171 Sylvain Maresca, *Basculer dans le numérique: les mutations du métier de photographe*. Rennes: Presses universitaires de Rennes 2014.

voll, ihre Entstehung nachzuzeichnen, weil sie viel dazu beigetragen hat, die neueren Debatten innerhalb der fotografischen Welt zu strukturieren.

Bausteine einer Chronologie

Die Wahrnehmung der Amateure als potenzielle Konkurrenten scheint ein Reflex zu sein, der auf Seiten der professionellen Fotografen tief verankert ist. In einem Artikel über den Wettbewerb »C'était Paris en 1970« (dt. »Das war Paris 1970«) beschreibt die Wissenschaftlerin Catherine Clark die Reaktion mehrerer professioneller Instanzen, die sich gegen die Einrichtung eines wilden Archivs wenden, das der Partizipation von 14.000 Freiwilligen zu verdanken ist.[172] Dieses Beispiel, das auffallende Parallelen aufweist, vor allem den Widerstand gegen die Aufgabe der Urheberrechte an den aufgenommenen Bildern, ist umso interessanter, als es aus einer Zeit lange vor dem digitalen Wandel stammt, mitten aus dem »Goldenen Zeitalter des Fotojournalismus«.[173]

Die Wiederkehr dieses Konfliktmotivs und seine Aktualisierung innerhalb des neuen digitalen Kontextes lassen sich auf das Jahr 2005 datieren, wo es im Gefolge des »Bürgerjournalismus« auftritt – eines stark überschätzten, allzu hartnäckigen Medienphänomens, das aber erklärt, warum sich der Konflikt in Form der Opposition ›Amateure vs. Professionelle‹ etabliert.

In der Ausgabe von *Libération* vom 20. und 21. August 2005, die zu einer Welle von Artikeln nach den Attentaten von London gehört, ›amalgamiert‹ die Schlagzeile »Sind [jetzt] alle Journalisten?« Blogs, Bürgerforen, Amateurfotos und -videos, um zu dem Schluss zu kommen, dass »das Nachrichtenmonopol der Medien stark angegriffen ist«. Die entsprechende Beweisführung lässt zu wünschen übrig, da sie im Wesentlichen darauf beruht, die Amateurbilder mit der Gesamtheit journalistischer Inhalte gleichzusetzen.

Das Gefühl, einer Bilderflut ausgesetzt zu sein, die *per definitionem* weder messbar noch verifizierbar ist, scheint der wichtigste Bezugspunkt einer alarmistischen oder kulturpessimistischen Argumentation zu sein. Wenn es schwierig ist zu beweisen, dass der »Bürgerjournalismus« eine reale Bedrohung für die professionellen Fotografen darstellt, dann wird

172 Catherine E. Clark, »C'était Paris en 1970«: Amateur Photography, Urbanism and Photographic History«. In: *Études photographiques*, Nr. 31, Frühjahr 2014, S. 86–113 (www.etudes-photographiques.revues.org/3391).

173 Hubert Henrotte, *Le Monde dans les yeux: Gamma-Sygma, l'âge d'or du photojournalisme*. Paris: Hachette 2005.

das Argument auf einen Schlag eingängiger, sofern man auf das Feld des Bildlichen verweist. Über seine Stichhaltigkeit lässt sich dennoch streiten, da es von dem Prinzip ausgeht, dass alle Bilder und alle Formen ihrer Konsumption austauschbar sind.

Das Phänomen wird genauer bestimmbar, wenn man die Wiederverwendungen jener Fotos verfolgt, die unter der Lizenz Creative Commons (CC) registriert sind, vor allem auf der Bildplattform Flickr, zu der eine Suchmaschine gehört, die es ermöglicht, diese Quellen aufzufinden.

Wenn der massenmediale Kontext die sichtbarsten Zeugnisse für etwas liefert, das als unfaire Konkurrenz wahrgenommen wird, so kommen die besonders polemischen Beiträge zu der Debatte dennoch aus einer anderen Ecke: Der Machtzuwachs der »Microstocks«, früher Bilddatenbanken genannt, die auf die industrialisierte Abbildung (*stock photos*) spezialisiert sind und entsprechende Inhalte zu stark reduzierten Preisen anbieten. Fotolia, ein französisches Unternehmen, 2005 gegründet, gilt aufgrund seiner Dumping-Praktiken ab 2008 als Sinnbild eines allgemeinen Verfalls, der durch den Ramschverkauf von Amateurfotos gekennzeichnet ist: So stellt es der Dokumentarfilm *Les Banques d'images: les forçats du cybermonde*[174] von Vanina Kanban dar, der in Blogs und Foren von Fotografen vielfach zitiert und erwähnt wird.

Die dokumentarische Verwendung privater Fotos

In der ersten Phase der medialen Berichterstattung über das Zugunglück in Brétigny-sur-Orge am Abend des 12. Juli 2013 ist die Verwendung mehrerer Amateurfotos, die von Twitter oder Instagram stammen, in der Dauerberichterstattung, auf den Websites der Presse oder in den Fernsehnachrichten zu beobachten. Ein ausgezeichneter Artikel des Dokumentaristen Christophe-Emmanuel Del Debbio entwirft eine präzise Rekonstruktion der Zirkulation, die zwei dieser Bilder durchlaufen haben, und zeigt dabei vor allem, dass die Inhaber der Konten nicht die Urheber der Bilder sind, sondern dass Journalisten sich an die Inhaber wenden, um eine Genehmigung zur unentgeltlichen Publikation zu erhalten. Eine Episode, die von den Kulturpessimisten sehr verallgemeinernd gedeutet wird, da sie darin die Ausgrenzung der professionellen Fotografen und den Beginn einer Fotografie ohne Urheber sehen.

174 Vanina Kanban, *Les Banques d'images: les forçats du cybermonde* (www.youtube.com/watch/?v=Q7kccapzW4).

Eine solche Analyse wird der Realität der medialen Praktiken keineswegs gerecht. Bezieht man sich etwa auf die 20 Uhr-Nachrichten von Télé France 1 am 12. Juli, die dem Bericht über die Katastrophe mehr als eine halbe Stunde widmen, so ist zu Beginn der Sendung tatsächlich die Verwendung von nicht ausgewiesenen Bildquellen zu beobachten, deren schlechte Qualität suggeriert, dass es sich um Amateurfotos handelt (*Abb. 27*). Aber diese Verwendung markiert nur einige Sekunden in einem langen Parcours der Bilder, der professionelle Reportagen vor Ort, aufgezeichnete Interviews oder Live-Interviews per Konferenzschaltung, Kommentare vor laufender Kamera, Karten, grafische Darstellungen, Luftaufnahmen aus dem Helikopter, Archivmaterial und sogar einen abschließenden Teil enthält, der explizit den Amateur*videos* der Katastrophe vorbehalten ist.

Die Analyse eines solchen Korpus zeigt, dass die Angst vor der Ausschaltung der professionellen Vertreter unbegründet ist. Die Bilder sind nicht alle gleichwertig. Ein Amateurfoto ersetzt kein professionelles Foto. Die private Bildproduktion im Kontext der Katastrophe tritt nicht an die Stelle der Reportage vor Ort, sondern stellt ein besonderes Sub-Genre dar, das ebenso legitim ist wie die grafische Darstellung oder das Archivbild. So wie das Sammeln der Zeugenaussagen von Personen vor Ort eine völlig banale Form der Berichterstattung über ein dramatisches Ereignis ist, so hat auch die Verwertung existierenden Bildmaterials (die auch Überwachungsbilder einbeziehen kann) weder auf das Internet noch auf die digitale Fotografie gewartet, sondern ist ein integraler Bestandteil der journalistischen Reaktionen auf ein Ereignis.

Die Schwierigkeiten, die bei der Verwendung dieses Materials auftreten, wenn es online verbreitet wird, ergeben sich im Wesentlichen aus einer zu schwach ausgebildeten Kultur im Umgang mit den Sozialen Netzwerken, von denen zu Unrecht dieselben Dienste wie von Presseagenturen erwartet werden. Sollte man sich eher darüber wundern, dass Fotos, die online gestellt werden, nicht Eigentum derjenigen sind, die sie posten, oder darüber, dass Journalisten die Nutzer von Twitter wie erfahrene Dokumentaristen behandeln? »Arrêt sur images«[175] berichtet, dass ein Journalist von CNN zunächst beim Inhaber eines Kontos anfragt, ob dieser wirklich der Urheber des entsprechenden Fotos sei – was tatsächlich eine notwendige Bedingung darstellt, um dessen Publikation zu genehmigen.

175 »Arrêt sur images«, konzipiert als »Kritik am Fernsehen durch das Fernsehen«, startet unter der Leitung des Journalisten Daniel Schneidermann 1995 auf La Cinquième, später France 5 und wird nach der Einstellung der Sendung ab 2008 als medienkritische Website (arretsurimages.net) weitergeführt [Anmerkung SD].

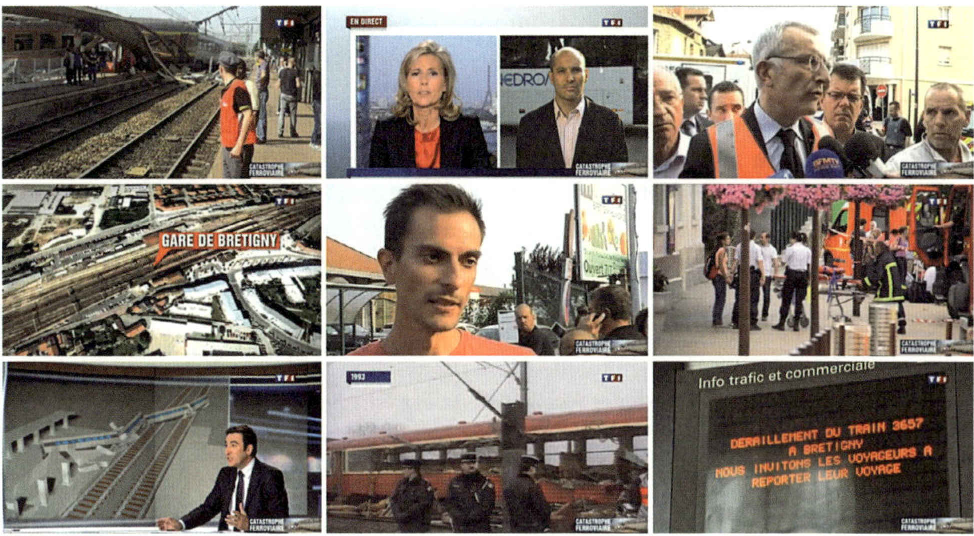

Abb. 27: Ausschnitte aus der Sendung »20 heures«, TF 1, 12. Juli 2013 (Frames).

Die dokumentarische Verwendung privater Bildbestände, die sich auf besondere Ereignisse beschränkt und aus genau diesem Grund relativ selten stattfindet, bedeutet eine Rekontextualisierung von Bildern, die nicht zum Zweck der medialen Verbreitung aufgenommen worden sind. Diese Form des Gebrauchs gehört vor allem zur Anfangsphase einer umfassenderen Berichterstattung über das Ereignis und wird im weiteren Verlauf rasch durch andere Bilder abgelöst werden. Sie ist keineswegs von der Vergütung ausgeschlossen, die abhängig von der Seltenheit und der Wichtigkeit des Dokuments angeboten werden kann. (So im Fall der Aufzeichnung des Kennedy-Attentats durch Abraham Zapruder, für die die Wiedergaberechte zum Preis von 150.000 Dollar an *Life* verkauft wurden.) Diese journalistische Praxis, die so alt ist wie die Bildmedien selbst, mit einer Überflutung durch Amateurbilder gleichzusetzen, kommt im besten Fall einem Irrtum gleich und im schlimmsten Fall der Desinformation.

Wiederverwendung von Bildern

Die Wiederverwendung von Bildern mit CC-Lizenz, meist von der Plattform Flickr, betrifft zwei spezifische Gebrauchsweisen. Um 2010 geht es für einige Zeitungen, die besonderen Wert auf Illustration legen, insbesondere

Libération und *Rue89*, darum, Anschluss an die neuen digitalen Praktiken zu finden.

Diese Gebrauchsweise, die nicht ohne rechtliche Risiken ist (denn die CC-Lizenzen, die nach der Publikation durch den Urheber geändert werden können, schützen diejenigen, die die Bilder verbreiten, nicht gegen eventuelle Klagen), ist eine begrenzte Praxis geblieben, die immer seltener vorzukommen scheint. Die Flickr-Gruppe »Photos republiées sur Rue89« (dt. »Fotos, die auf Rue89 wiederveröffentlicht worden sind«), umfasst beinahe 600 Fotos, und eine Recherche, die auf Google initiiert wurde, zeigt 880 Quellen als Creative Commons an, was nicht zu unterschätzen ist (*Abb. 28*). Dennoch: Wenn man die Gesamtzahl von Fotos in Betracht zieht, die durch den Pure Player *Rue89* publiziert wurden, schätzungsweise zwischen 40.000 und 50.000 (die vor allem von den Agenturen Reuters, AFP und Sipa sowie aus der Produktion der angestellten Fotografin Audrey Cerdan stammen), ist deutlich, dass diese Zahlen nur einen kleinen Anteil in Höhe von 2 % der Gesamtzahl ausmachen.

Anders als es in oberflächlichen Analysen dargestellt wird, denen zufolge der Gebrauch von Amateurfotos darauf abzielt, Budget einzusparen, ist es richtiger, ihn als einen programmatischen Gebrauch zu beschreiben, initiiert von Journalisten, die mit der digitalen Kultur gut vertraut sind, so wie Florent Latrive bei *Libération*, der seine Praxis gerne als Online-Austausch beschreibt: »Das ist sicherlich keine Entscheidung, bei der es um Sparmaßnahmen geht: Unsere verschiedenen Abonnements bei den Threads der Bildagenturen erlauben es uns weitgehend, jeden Artikel ohne zusätzliche Kosten zu illustrieren. Das ist vielmehr eine redaktionelle Entscheidung: Es geht darum, Fotos zu präsentieren, die uns interessant scheinen und die anders sind als diejenigen, die man auf anderen Nachrichtenseiten finden kann. Es geht darum, einen besonderen Blick auf ein bestimmtes Ereignis zu präsentieren, ob es nun der von Amateuren ist oder nicht.«[176]

Dieses Vorgehen setzt tatsächlich eine freiwillige Initiative voraus. Das Prinzip des Tagging, das die Recherche auf Flickr strukturiert, ist weniger geeignet für die Anforderungen der Presse als die normalen Mittel des Journalismus, vor allem die Vorauswahl durch die Agenturen. Auch hier kann die neue Praxis nicht in allen Fällen die traditionellen Optionen ersetzen, sondern nur im Fall bestimmter Publikationen, wo sie einer redaktionellen Entscheidung entspricht, vergleichbar der, auf eine Zeichnung oder eine Grafik zurückzugreifen. Die Untersuchung der Bilder der Gruppe

176 André Gunthert, »Libé s'illustre pour pas cher«, a. a. O. (Anmerkung 69).

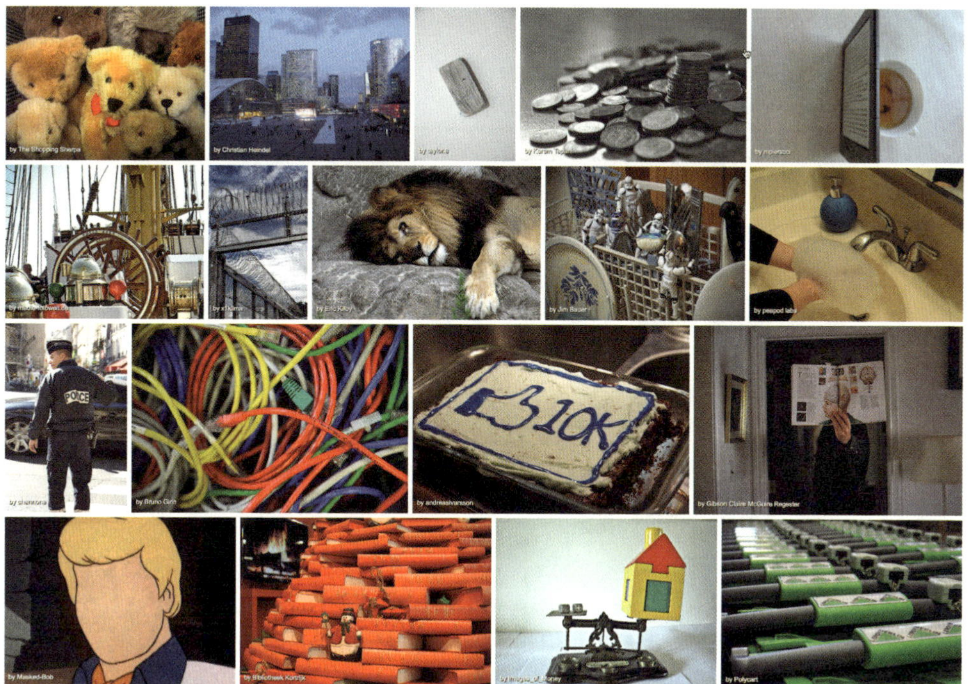

Abb. 28: Sample: Bilder aus der Gruppe »Photos republiées par *Rue89*«.

»Pictures published on Rue89« zeigt, dass der am meisten vertretene Typus der der künstlerischen Illustration ist.

Eine zweite Form ist die Nutzung von CC-Quellen im Kontext der Kommunikation oder der *low cost*-Publikation, oft ohne zuvor um die Erlaubnis zur Publikation zu bitten. Diese zahlenmäßig schwer zu erfassende Praxis steht vermutlich in Konkurrenz zu den Microstocks, deren sehr niedrige Kosten sie zu einer Alternative machen, und die in juristischer und ästhetischer Hinsicht besser auf eine stereotype kommerzielle Nachfrage ausgerichtet sind.

Verlustgeschäft auf Microstocks

Von den drei Fällen, die hier in Betracht gezogen werden, ist es allein der Verkauf unter Wert durch die Microstocks, der eine klare Absicht zur Kommerzialisierung erkennen lässt und der Idee einer unfairen Konkurrenz tatsächlich entspricht. Leider hat der entsprechende Akteur in diesem Fall

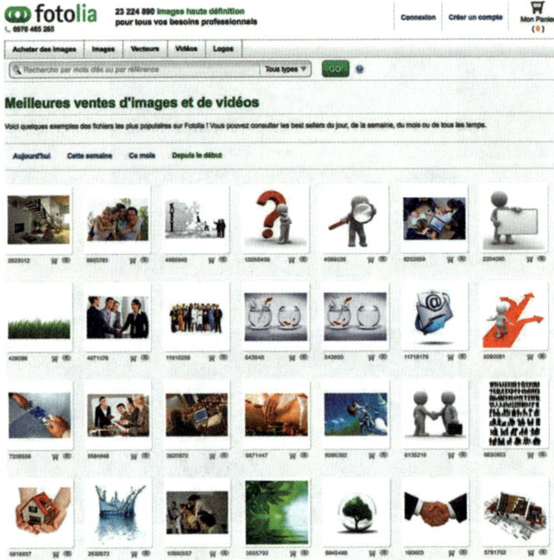

Abb. 29: Die Fotolia-Bestseller 2013 (Screenshot).

nichts mehr mit der Figur des dilettantischen Amateurs zu tun, der nicht in der Lage ist, die technischen Aspekte der Aufnahme zu meistern. Der »Amateur« ist hier ein »Amateur-Experte«, dessen fotografische Kompetenz vermutlich mit der des professionellen Fotografen rivalisiert, mit dem kleinen Unterschied, dass es sich nicht um seinen Hauptberuf handelt. Aber bereits die Existenz eines Wirtschaftskreislaufs, und sei es auch auf einem sehr niedrigen Level, zeigt, in welchem Maß dieser feine Unterschied künstlich und fragil ist. Der Fotograf, der an die Microstocks liefert, könnte ebenso gut als ein Anwärter auf den professionellen Status beschrieben werden, als ein prekarisierter Anwärter sogar und nicht als ein »Amateur«.

Dabei ist ist es unbestreitbar, dass der Akteur an der Grenze zur Professionalisierung tatsächlich als wichtiger Beiträger für diese Art von Plattformen in Erscheinung tritt. Wenn die anfänglichen Äußerungen von Fotolia sich noch auf die Figur des Amateurs bezogen, so sind die Nachfrage und die redaktionelle Auswahl der Beiträge seither sehr deutlich an einer perfekten professionellen Qualität ausgerichtet worden. Einer Überprüfung von Sylvain Maresca zufolge hat man es auf Fotolia primär mit spezialisierten Fachleuten zu tun, deren »kreatives Selbstverständnis zwischen Design, Grafik, Video und künstlerischer Praxis oszilliert«.[177]

177 Sylvain Maresca, »La question des amateurs«. *La vie sociale des images*, 24. November 2010 (www.culturevisuelle.org/viesociale/1788).

Eine Sichtung der ›Best-Seller‹ dieser Website lässt keinen Zweifel an der Ausrichtung der Microstocks, auf denen die standardisierte Illustration kommerzialisiert wird: grafisches Material, das dekontextualisiert worden ist, um besser in unterschiedlichen Kontexten verwendet werden zu können, gebrauchsfertige Allegorien, die von einem fotografischen Dokument ebenso weit entfernt sind wie die Werbung von der Reportage (*Abb. 29*).

Verschwindet die Idee von der Konkurrenz der Amateure?

Wenn man sie genauer untersucht, stimmen die angeblichen Fälle einer Schädigung der fotografischen Berufspraxis durch die Amateure also perplex. Der deutlichste Konkurrenzdruck konzentriert sich auf die Bereiche der industrialisierten Abbildung und der *low-cost* Kommunikation, also auf die am wenigsten kreativen und am wenigsten einträglichen Bereiche der Fotografie und Grafik. Diese betreffen nur sehr marginal die Aktivität der Amateure und dokumentieren vielmehr eine interne Konkurrenz innerhalb der Welt der professionellen Fotografie.

Um die Schlussfolgerungen, die vor Kurzem von Sylvain Maresca in einem Gespräch formuliert wurden, wieder aufzunehmen: »Wenn das Ressentiment gegenüber den Amateuren und ihrem ›unfairen‹ Konkurrenzgebaren so oft zum Ausdruck gebracht wird, dann ist deshalb noch lange nicht sicher, dass besagte Amateure signifikant dazu beitragen, die Berufsfotografen zu ruinieren. Eine genauere Untersuchung der Umstände, unter denen die einen und die anderen in Konkurrenz zueinander treten können, würde dazu führen, die Frage zu relativieren. In unserer Studie schienen uns die Hochzeitsfotografen die einzigen Berufsvertreter zu sein, die direkt mit den Amateurfotografen in Konkurrenz treten. In den meisten anderen Fällen, besonders bei der Konkurrenz, die durch das Online-Angebot von Bildern zu geringen Preisen entsteht, spielen die Amateure keine zentrale Rolle. Tatsächlich steckt der Wurm bereits im Konzept: Berufsfotografen treten gegen Berufsfotografen an, so viel ist sicher, und zwar in einem Klima der allgemeinen Konkurrenz, in dem alle Akteure innerhalb der grafischen Verwertungskette, die jetzt über dieselben Mittel der Produktion und der Bildbearbeitung verfügen, sich gegenseitig in die Quere kommen werden, in der Hoffnung, sich auf dem Markt durchzusetzen.«[178]

178 Sylvain Maresca, »Kommentar am 11. Oktober 2002«. *Culture visuelle* (www.culturevisuelle.org/icones/2536).

In diesen Widersprüchen sind mehrere Elemente der kulturpessimistischen Diagnose erkennbar. Die Microstocks auf den Index zu setzen, hat zur Folge, dass man sich mehr und mehr von der Figur des Amateurs entfernt, während eine allgemeinere Polemik gegen die kostenfreie Zirkulation von Bildern im Internet, gegen die Suchmaschine Google Images und gegen alle Praktiken des Kuratierens von Bildern vom Typ Pinterest oder Tumblr zu beobachten ist.[179]

Der cholerische Gestus dieser Exklusion aller neuen Bildpraktiken unterstreicht ihre Parteilichkeit. Die Zunahme schlechter Praktiken, die mit der neuen Verfügbarkeit visueller Inhalte entstehen, ist ein unbestreitbares Phänomen, wie es vor Kurzem noch einmal ein besonders absurder Fall von Bilddiebstahl für eine *low cost*-Publikation gezeigt hat, bei dem ein junger Grafiker ein Foto des kleinen Grégory[180] als Werbung für eine Kinderkrippe verwendet hat.[181] Aber selbst dieses Beispiel ist der Baum, der den Wald der publizistischen Praktiken und der illustrativen Verwendungen verdeckt, die sich bis auf die lokale Ebene ausbreiten. Man kann kritische Fragen zu einigen hundert Bildern unter CC-Lizenz stellen, die von *Rue89* veröffentlicht worden sind. Man kann aber auch in Betracht ziehen, dass dieser Pure Player eine neue Ressource geschaffen hat, die die redaktionelle Verwendung von einigen zehntausend Fotos ermöglichte, die unter professionellen Bedingungen entstanden und deren Produzenten angemessen bezahlt worden sind. Die noch nie dagewesene Vervielfachung von Möglichkeiten, die durch die digitale Infrastruktur begünstigt wird, bleibt der blinde Fleck der kulturpessimistischen Diagnosen.

179 Frozen Piglet, »Internet, c'est le vol«. *Que c'est beau, la photographie*, 15. Oktober 2012 (www.kecebolaphotographie.blogspot.fr/2012/10/internet-cest-le-vol.html).
180 »Le petit Grégory« (dt. »der kleine Grégory«) wurde im Alter von vier Jahren Opfer eines Gewaltverbrechens, bei dessen Untersuchung das Verhalten der Polizei, der Justiz und der Presse vielfach kritisiert worden ist. Das Verbrechen wurde nie ganz aufgeklärt, der Fall hat in Frankreich geradezu mythischen Status und er beschäftigt die französische Öffentlichkeit bis heute [Anmerkung SD].
181 Anon., »Une photo du petit Grégory utilisée par erreur sur une publicité«. In: *Libération*, 16. Juli 2013 (www.liberation.fr/societe/2013/07/16/une-photo-du-petit-gregory-tilisee-par-erreur-sur-une-publicite_918690).

10 Warum der Dialog sich durchsetzen wird: Rekonfigurationen der Information

Anscheinend hat sich wenig geändert. Den verworrenen Vorhersagen zum Trotz hat der Amateurismus den Journalismus nicht verdrängt. Die Presse hat sich an der Verlagerung der Werbeeinnahmen orientiert und in ihre Webauftritte investiert, aber die journalistischen Institutionen und ihre Sicht auf die Welt scheinen immer noch fest installiert. Auf Facebook, wo Katzenvideos und Urlaubsfotos einander ablösen, hat die Partizipation die Züge eines Stammtischs angenommen. Das Fernsehen bleibt aus der Sicht der Zuschauer das wichtigste Medium: dasjenige, in dem hochrangige Persönlichkeiten sich äußern, wenn sie eine möglichst große Zahl von Personen erreichen wollen.

Aber hinter dieser Fassade verstecken sich tiefgreifende Rekonfigurationen der Beziehung zur Information. Wie die politischen und wirtschaftlichen Institutionen, deren Geschicke verknüpft sind, erreicht der traditionelle Journalismus nur noch eine begrenzte Leserschaft – diejenige, die sich der Welt, die in den etablierten Medien dargestellt wird, zugehörig fühlt und artig wählt, was ihr dort empfohlen wird.

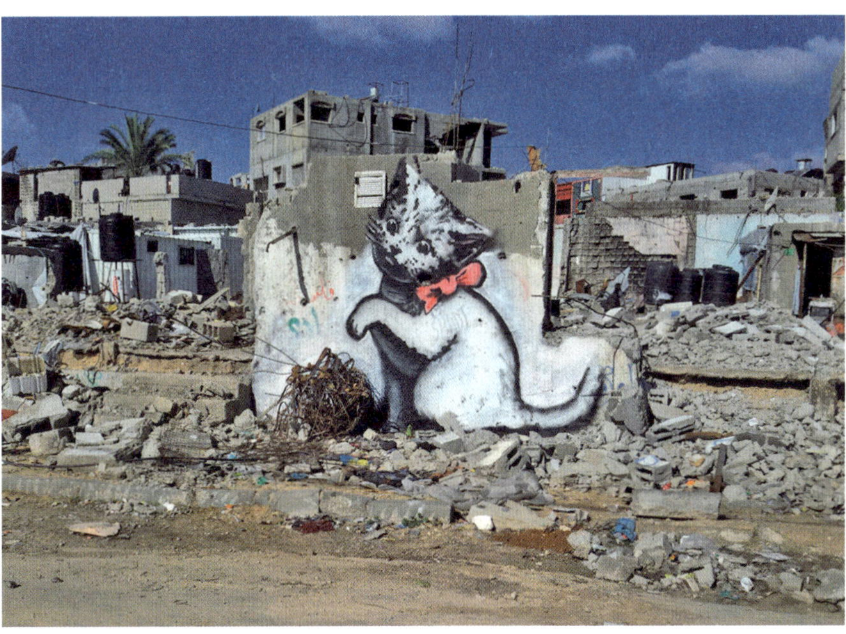

Abb. 30: Banksy, Gazastreifen, Februar 2015.

Die LOL-Kultur

Dass ein immer größerer Teil der Bevölkerung sich der etablierten Presse entfremdet und dieser die Klatschpresse, die LOL-Kultur, die Videos auf YouTube oder den Dialog in den sozialen Netzwerken vorzieht, hat nicht nur mit der Erneuerung der Kommunikationstechnologien seit der Einführung des Internets zu tun. Die Entfremdung, die sich sowohl in der jungen Generation als auch unter den sozial schlechter Gestellten beobachten lässt, ist auf den politischen und wirtschaftlichen Kurswechsel zurückzuführen, der in den 1970er Jahren begann und den sukzessiven Abbau jener sozialen Absicherung zur Folge hat, die einmal für die entwickelten Gesellschaften kennzeichnend war.

Hinter der vordergründigen Behauptung des »Zusammenlebens« (*vivre-ensemble*) affizieren die wachsenden Ungleichheiten auch die Welt der Information und befördern die Entstehung eines immer segmentierteren und individualisierteren Medienuniversums sowie eine ironische Haltung gegenüber den Appellen, die von Seiten der Eliten formuliert werden. Diese Umstände erklären den Erfolg von diversen Formen der LOL-Kultur, Memes, Persiflagen oder Falschinformationen, die in der guten alten Tradition der Satire stehen, deren Aufschwung und Sichtbarkeit jedoch das Verhältnis zu den seriösen Nachrichten schleichend verändert haben.

Als die Kritik noch den ihr zugewiesenen Platz einnahm, wie in den Zeiten von *Petit Rapporteur* (TF1, 1975–1976) oder von *Nulle part ailleurs* mit Philippe Gildas (Canal +, 1987–1997) konnte sie als Zeichen für die Stabilität eines Systems, das mit seiner eigenen Karikatur umzugehen verstand, toleriert werden. Formate wie *Le Petit Journal*, *The Onion* oder *Le Gorafi* hingegen zeugen von einer sehr viel subversiveren Blickposition, da sie die ganze Medienlandschaft als ein Theater der Manipulationen und der Fakes darstellen. Im Erfolg dieser Formate wird ein immer distanzierterer Blick erkennbar, so als könnte die einzig gültige Wahrnehmung von Nachrichten nur die uneigentliche sein.

In einem medialen Universum, das von kostenlosen Aufrufen und Klickzählern bestimmt wird, sind alle Mittel recht, um Neugier zu erregen. Entsprechend ließ sich beobachten, wie Strategien entstanden, die unmittelbar darauf abzielen, Aufmerksamkeit auf sich zu ziehen: provozierende Schlagzeilen, Starauftritte, suggestive Videos, Goofs, etc. Deutlich ausgearbeiteter sind die Formen, die ein neuer Journalismus entwickelt hat, um Nachrichten attraktiv zu machen, wie etwa das illustrierte Themenranking, Kommentare zur Diaspora oder die Infografik. Beinahe alle Online-Medien rekurrieren inzwischen in unterschiedlichem Umfang auf diese Elemente.

Im Zuge dieser Erneuerungsarbeit sind es oft zuvor marginalisierte oder unauffällige Formate, die eine neue Sichtbarkeit erhalten. So verhält es sich etwa mit den Genres der Haushaltstipps, Rezepte, diversen Anleitungen, die früher den Frauenzeitschriften vorbehalten waren und im Internet geradezu explodiert sind, unterstützt durch die Mittel der Diashow oder des Videos.

In diesem Zusammenhang muss zugestanden werden, dass die traditionelle Idee des Journalismus, mit der sich die Definition der »Nachrichten von allgemeinem Interesse« verbindet, nichts weiter als ein beliebiges Raster ist. Als Émile de Girardin 1836 *La Presse* ins Leben rief, die erste große öffentliche Tageszeitung, legte er Wert darauf, gleich auf der Titelseite den regelmäßigen Fortsetzungsroman anzupreisen: das Format, in dem die Werke von Balzac, Chateaubriand oder Dumas verbreitet werden. Das *Infotainment* ist also keine neue Erfindung; im Gegenteil, die Unterhaltung hat immer zum Journalismus gehört und ist als ein Informationsangebot im weitesten Sinne verstanden worden.

Was sich im Internet verfolgen lässt, ist nicht das Ende des Journalismus, sondern der Aufstieg seiner alternativen Formen: jener, die sich bis dahin an der Grenze der Legitimität bewegt hatten, während die ›seriöse‹ Nachricht mehr und mehr zu einem Nischenprodukt wird. Diese Inversion ist jedoch weit davon entfernt, von einer größeren Zahl professioneller Journalisten anerkannt zu werden, die weiter an der Hierarchie des konventionellen Nachrichtenwesens hängen.

Der Dialog, die neue Hierarchie des Nachrichtenwesens

Dennoch gibt es eine fundamentale Veränderung innerhalb des Nachrichtenwesens, und zwar ihre Appropriation durch die Netzöffentlichkeit mit Hilfe der Möglichkeiten des dialogischen Austauschs in den Sozialen Netzwerken.

So wie einst das Radio und dann das Fernsehen das Programmspektrum beträchtlich erweitert hatten, um ihre Zuhörer- und Zuschauerschaft zu vergrößern, hat Facebook eine Bühne eingerichtet, auf der wir unsere eigenen Entertainer sind. Diese Eigenproduktion garantiert, dass die Aufmerksamkeit maximal gebunden ist, aber sie macht aus den Nutzern auch Co-Produzenten der Plattform. Facebook entwickelt besonders verlockende Anreize zum Dialog und reagiert immer positiv auf die Dynamik der Appropriation.

In diesem Universum sind es logischerweise die Nutzer, die durch ihre Beiträge und durch Meldungen das wesentliche Material beisteuern. Diese Aktivität hat nacheinander drei Effekte produziert, die ebenso viele wichtige Verschiebungen zur Folge hatten. Der erste war, ohne Unterschied persönliche Inhalte und mediale Quellen zu vermischen, die durch den Feed vereinheitlicht wurden. Der zweite war, nicht mehr die etablierten Medien zu konsultieren, sondern den Empfehlungen von Facebook-Freunden zu folgen, um am Puls der Nachrichten zu bleiben. Der dritte bestand darin, individuellen Quellen durch die Aufnahme und die standardisierte Anzeige von Inhalten innerhalb der *Timeline* dieselbe Sichtbarkeit zu verleihen wie medialen Nachrichtenquellen.

Die Sozialen Netzwerke ersetzen unsere Tageszeitung, weil die Relevanz einer Empfehlung aus dem Freundeskreis sich im Zeitalter der individualisierten Interessen und Vorlieben gegenüber einem Presseerzeugnis als überlegen erweist. Die Informationsangebote, die auf diese Weise aus ›Affinitäten‹ und nach dem Prinzip von Trial-and-Error entstehen, sind *per definiti*onem präziser ausgerichtet und besser auf die Nutzer abgestimmt als die irgendeines Massenmediums. Aber das ist nicht der einzige Grund, warum sie zu einer Alternative für die etablierten Medien werden.

Eine grundlegende Eigenschaft des Nachrichtenkonsums ist es, Zerstreuung und Nützlichkeit zu verbinden. Die Legitimität der Presseorgane entsteht aus ihrer Fähigkeit, uns Nachrichten zur Kenntnis zu bringen, an denen wir unser Leben ausrichten. Anders als ein Unterhaltungsangebot, das passiv konsumiert werden kann, verlangen sie nach unserem Urteil und einer aktiven Aneignung.

Als man noch am Cafétresen diskutierte, griff man sich einzelne Nachrichten heraus, um sie im Gespräch mit Freunden auseinanderzunehmen. Das Gespräch ist ein Schauplatz der Urteilsbildung, die sich aus der Auseinandersetzung mit den Meinungen anderer entwickelt. Wir rekurrieren darauf, um unsere Einschätzungen zu testen und zu korrigieren, um zu lernen oder um unser Wissen zur Schau zu stellen, um unseren Status innerhalb einer Gruppe zu verhandeln.

In der Nachfolge des interaktiven Webs haben sich die Sozialen Netzwerke nicht nur zu Orten entwickelt, die den Austausch unterstützen, sondern auch zu Maschinen, die den Dialog in Gang halten und honorieren. Indem sie eine der wichtigsten Kompetenzen des gesellschaftlichen Lebens profilieren, sind sie zu unersetzlichen Bestandteilen der Medienwelt geworden.

Sofern sie sich auf tagesaktuelle Ereignisse bezieht, ist die Möglichkeit, sich über eine Nachricht auszutauschen, der isolierten Rezeption zweifellos vorzuziehen. Nachricht + Dialog ist die magische Formel der Sozialen Netzwerke, mit der kein etabliertes Medium konkurrieren kann.

Reicht es aus, einen Artikel für Kommentare zu öffnen, um von diesem Potenzial zu profitieren? Man muss sich genauer mit der Dynamik des Dialogs befassen, um zu verstehen, dass die Interaktion nicht allein eine Frage der technischen Dispositive ist, sondern eine der veränderten Artikulation. Anders als ein abgeschlossener Artikel setzt die Dynamik des Dialogs voraus, *dem anderen einen Platz zuzugestehen*. Dass die Kommentare auf den Webseiten der etablierten Presse so häufig giftig sind, hat damit zu tun, dass die interaktive Technologie hier mit Äußerungen zusammentrifft, die die neuen Parameter noch nicht verinnerlicht haben – die eines Austauschs unter Gleichen oder eines geteilten Interesses (typisches Beispiel einer nicht-teilbaren Form: das Privileg der Kritik, das es erlaubt, sich noch vor dem Kinostart eines Films über diesen zu äußern).

Warum zieht man es vor, ein tagesaktuelles Thema in seinen Sozialen Netzwerken zu diskutieren und nicht auf einer Presse-Website? Insofern die Möglichkeit zum Dialog dem Verzicht darauf immer vorzuziehen ist, passt sich die Artikulation den Spielregeln des Dialogs an. Das Miteinander und die Beherrschung der Spielregeln sind der Urteilsbildung zuträglich. Eine viel zu große Anzahl von Nutzern behindert die Auseinandersetzung mit Meinungen und favorisiert eine Form der Äußerung, die rein deklarativ ist. Zahlreiche Medienskandale, die von einem Tweet oder einem voreiligen Kommentar ausgelöst wurden, resultieren daraus, dass punktuelle Äußerungen der Möglichkeit einer weiteren Verbreitung keine Rechnung tragen.

Aus dem Dialog entsteht die Teilhabe am Ereignis. Im Zuge der Attentate, die am 7. und 9. Januar 2015 in Frankreich stattgefunden haben, hat sich eine Dynamik reproduziert, die wiederholt zu beobachten war, vor allem innerhalb des »Arabischen Frühlings«: eine Aktivierung der kommunikativen Netzwerke zum Zweck der Recherche, der Kommentierung und der Teilhabe an Information, aber auch im Sinne der Hommage und der politischen Positionierung. Nach dem Trauma der Attentate auf *Charlie Hébdo* wurde dieselbe Infrastruktur, die noch am Vortag dazu gedient hatte, Katzenvideos auszutauschen, für einige Wochen in den Dienst eines intensiven Dialogs gestellt, bestimmt von dem Versuch, die Ereignisse zu verstehen und zu erklären. Kurzum: Sie wurde zu einem öffentlichen Raum im besten Sinne, zur perfekten Umsetzung jener Prinzipien, die von Habermas beschrieben worden sind.[182]

182 Jürgen Habermas, *Strukturwandel der Öffentlichkeit. Untersuchungen zu einer Kategorie der bürgerlichen Gesellschaft* [1962]. Frankfurt a. M.: Suhrkamp 1990.

In einer offeneren und komplexer gewordenen Medienlandschaft, deren Angebot noch nie so reichhaltig gewesen ist, obwohl Unterhaltung, Nachrichten und Dokumentation durch die verfügbare mediale Infrastruktur auf derselben Ebene angesiedelt werden, stellt die Neudefinition des gemeinsamen Raumes eine bislang ungekannte Herausforderung dar. Wenn die alte Werteordnung nur noch über eine scheinbare Legitimität verfügt, dann geht es darum zu verstehen, dass die gegenwärtige Dynamik weit über die technologische Ebene hinausgeht. So wie der Journalismus der klassischen *News* das Instrument eines kontrollierten Kapitalismus gewesen ist, so ist die gegenwärtige mediale Deregulierung Spiegel der Desintegration eines Gesellschaftsmodells. Die journalistischen Formen von morgen werden die Herausbildung neuer Kräfteverhältnisse begleiten, die es größtenteils noch zu entdecken gilt.

11 Das dialogische Bild – Die neuen Gebrauchsweisen der digitalen Fotografie

Der Film *Minority Report* von 2002, den Steven Spielberg nach einem Roman von Philip K. Dick gedreht hat, ist für die Präzision seiner technologischen Prognosen bekannt. Ausgehend von den Ideen einer Expertengruppe entwirft er eine Welt im Jahre 2054 und ist unter anderem dafür berühmt geworden, taktile Interfaces antizipiert zu haben. Neben der Visualisierung mentaler Bilder sagt er die allgemeine Nutzung von Verfahren der optischen Identifizierung zum Zweck der Überwachung und der zielgerichteten Werbung voraus.

Die Präzision dieser Vorhersage macht ihre Kurzsichtigkeit gegenüber bildbezogenen Praktiken, die nur kurze Zeit später in den entwickelten Ländern zum Standard geworden sind, umso bemerkenswerter. Innerhalb des Films beschränken sich die privaten Gebrauchsweisen des Bildes auf die traditionelle Fotografie in Gestalt von Abzügen, den 3D-Film und den interaktiven Video-Chat.

Einige Jahre spätere erschienen diese Prognosen zum größten Teil überholt. Es hat kein halbes Jahrhundert, sondern drei bis fünf Jahre gedauert, bis die Mittel der Videokommunikation (Skype, 2005) oder des taktilen Interfaces (Apple iPhone, 2007) verfügbar waren. Hingegen hat der Film weder den Multimedia Messaging Service (MMS) noch seine viralen Zweckentfremdungen noch die bildbasierten Dialoge in den Sozialen Netzwerken vorausgesehen. Die Gegenwart hat die Zukunft überholt, und *Minority Report* erscheint heute als ein Film, der sich auf eine Foucault'sche Sicht des Bildes als Instrument der Kontrolle und der Beherrschung reduziert (*Abb. 31*).

Unerwartete Nutzungsformen, die sehr viel avantgardistischer sind als alles, was zu Beginn des 21. Jahrhunderts vorhergesehen werden konnte, haben unsere bildbezogenen Praktiken auf den Kopf gestellt und sich mit der Macht des Faktischen durchgesetzt.

Dennoch ist die Unvorhersehbarkeit von Entwicklungen ein wichtiges historisches Indiz. Anders als das Automobil, das Flugzeug oder das Fernsehen, in denen sich die Geschichte der Kutsche, der Seefahrt oder des Radios fortsetzt, hängt die Entwicklung von Innovationen wie der Fotografie, des Kinos oder der Schallplatte von Mechanismen der Aneignung ab, bei denen die Entscheidungen der Nutzer eine zentrale Rolle spielen. Dasselbe gilt für das dialogische Bild, jenes unerwartete Produkt, das aus dem Zusammenspiel der Digitalisierung visueller Inhalte und dokumentierter Interaktion entstanden ist.

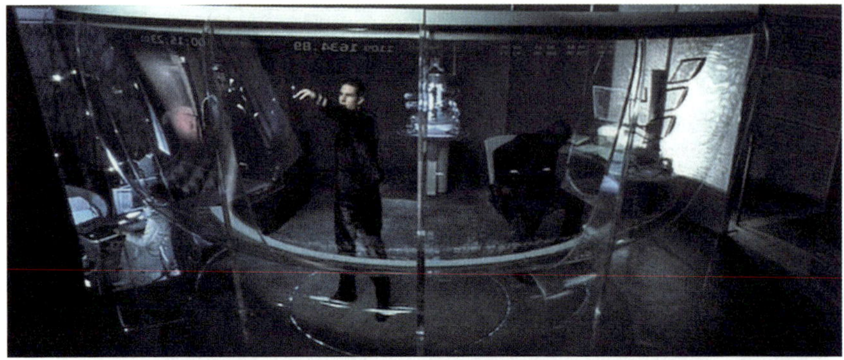

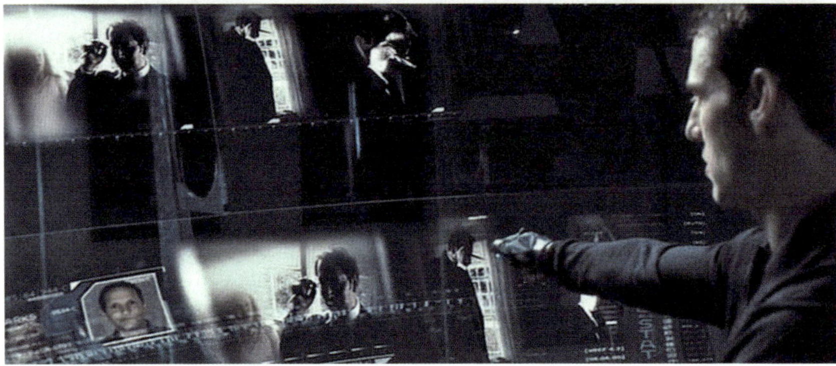

Abb. 31: Steven Spielberg, *Minority Report*, 2002 (Frame).

Vom fluiden Bild zur vernetzten Fotografie

So wie die Schrift die Sprache in Information transformiert und sie dabei mit den unschätzbaren Eigenschaften der Speicherbarkeit, der Reproduzierbarkeit und der Übertragbarkeit ausgestattet hat, so hat die Digitalisierung den Bildern eine neue Plastizität und Mobilität verliehen, indem sie ihre Materialität reduzierte. Unter den Dateien, die leicht zu kopieren oder zu verändern sind, wird das ikonische Objekt zum fluiden Bild.

Diese Entwicklung hat ernsthafte Konsequenzen für die Bildindustrie: Verschwinden der Labore, Vereinfachung der Verfahren, Vervielfachung der Datenbasen, Verfall der Preise. Dennoch hat man trotz der einschneidenden technologischen Zäsur eine bemerkenswerte Kontinuität der Formen und der Gebrauchsweisen beobachten können. Zwanzig Jahre lang hat der digitale Wandel nur einen Bruchteil der bildbezogenen Praktiken affiziert. Anders als es in den düsteren Prognosen vorhergesagt wurde, haben die

Zeitungen weiterhin illustrierte Reportagen veröffentlicht, haben Eltern ihre Kinder fotografiert. Wie ein Auto, bei dem ein thermodynamischer Motor gegen einen Elektromotor ausgetauscht wurde, hat die Fotografie ihre wesentlichen Funktionen behalten. Es hat keine Katastrophe in der Welt des Sichtbaren gegeben, sondern, sehr viel prosaischer, eine beschleunigte Rationalisierung des gesamten Bereichs.[183]

Wie im Fall von *Minority Report* erwarteten zahlreiche Experten, dass die Einführung der neuen bildbezogenen Technologien von einer Verschiebung hin zum bewegten Bild, das als attraktiver wahrgenommen wurde, und von einem nachlassenden Interesse am statischen Bild begleitet sein würde. Und zweifellos hat das Genre des Amateurvideos eine große Verbreitung erfahren.[184] Dennoch bleibt das statische Bild der digitale Inhalt, der weitaus am häufigsten ausgetauscht wird.

Es ist nicht einfach, in absoluten Zahlen die Anzahl der Fotos und der Videos zu vergleichen, die in den Sozialen Netzwerken geteilt werden, weil bei letzteren häufig die Sichtungsdauer gemessen wird. Facebook hat aufgehört, regelmäßig Angaben über den Umgang mit bewegten Bildern zu publizieren, was vermuten lässt, dass der Anstieg nicht hoch ist. 2010, als das Soziale Netzwerk eine halbe Milliarde Mitglieder zählte, war den verfügbaren Zahlen zu entnehmen, dass auf 2,5 Milliarden Fotos, die jeden Monat hochgeladen wurden, nur 20 Millionen Videos kamen, also 125 Mal weniger. (Mit Blick auf die Beiträge von Amateuren wird die Differenz noch größer, wenn man sich klarmacht, dass unter dem verbreiteten Material vor allem geteilte Videos sind, während es unter den fotografischen Beiträgen sehr viel mehr selbst produzierte Inhalte gibt.)

Es scheint, dass der Vorteil des statischen Bildes vor allem in seiner größeren Fluidität im Vergleich zum Video besteht, das aufgrund der Größe der Dateien, der Dauer der Uploads und der Beschränkung auf bestimmte Formate benachteiligt ist. Weniger universell als ein Foto, kann das Video nur in einem medialen Umfeld gesichtet werden, in dem die erforderliche

183 Sylvain Maresca und Dominique Sagot-Duvaruroux, »Photographie(s) et numerique(s): du singulier au pluriel (Beitrag im Rahmen des Kolloquiums »Travail et création artistique en régime numérique«, Avignon, 27. Mai 2011). *La Vie sociale des images*, 5. Juni 2011 (www.culturevisuellle.org/viesociale/2791).

184 Unter 100 Personen der Altersgruppe ab 15 Jahren erklären 14, dass sie 1997 Videos oder Filme gedreht haben; 2008 sind es 27, also ein Anstieg um beinahe das Doppelte. Olivier Donnat (Hg.), *Les pratiques culturelles des Français à l'ère numérique: enquête 2008*. Paris: La Découverte / Ministerium für Kultur und Kommunikation 2009, S. 190. Wie wichtig die Zirkulierbarkeit des Materials ist, wird darin deutlich, dass der Anstieg der kurzen Videoformate am höchsten ist.

Software vorhanden ist. Eine JPEG-Datei oder ein animiertes Gif haben im Gegenzug den Vorteil, in jedem Umfeld angezeigt werden zu können, in einem Browser ebenso wie auf einer Plattform, auf einem Mobiltelefon ebenso wie auf einem Tablet.

Zwischen 2008 und 2011 verändert sich die Medienlandschaft auf unerwartete Weise. Es ist kein Fotoapparat, sondern ein Mobiltelefon. Das iPhone von Apple (und besonders die ab 2008 verfügbare Version 3G), von einem Computerhersteller produziert und von Steve Jobs konzipiert, um einen umfassenden Zugang zu den Funktionen des Web zu eröffnen, gibt das Signal für eine entscheidende Entwicklung: die der vernetzten Fotografie.[185] In allen entwickelten Ländern übertrifft der Verkauf von Mobiltelefonen rasch den von Digitalkameras. Während 2011 in Frankreich 4,6 Millionen Fotoapparate verkauft werden (zwei Mal mehr als gegen Ende der 1990er Jahre), erreichen die Smartphones 12 Millionen Verkäufe.[186] Die Anpassung der Fotografie an die Mobiltelefonie ist seit den ersten Handytelefonen zu beobachten gewesen, die in Japan seit 2000 verfügbar waren. Aber das Potenzial, mit dem diese Verbindung durch die Norm 3G (UMTS) ausgestattet worden ist, und die dem Übergang vom Modem zur Breitbandverbindung entspricht, öffnet den Weg für die uneingeschränkte Entfaltung bildbezogener Praktiken.

Diese Entwicklung macht aus dem Smartphone einen universellen Fotoapparat. Eine Kamera mit sich zu führen, bedeutete zuvor, einen Anlass für fotografische Aufnahmen zu antizipieren. Im Gegensatz dazu macht das Telefon, das man mit sich führt, um seine kommunikativen oder ludischen Funktionen zu nutzen, die Fotografie dauerhaft verfügbar. Der ›Anlass zum Fotografieren‹ entspricht bis dahin einem kodifizierten Spektrum von Ereignissen, außerhalb dessen die Aufnahme nicht gern gesehen wird.[187] Nur die touristische Ausnahmesituation und die exotisierende Perspektive rechtfertigen den wiederholten Gebrauch des fotografischen Apparats (*Abb. 32*). Indem es die Möglichkeit zur Aufzeichnung in alle Momente des Lebens hinein erweitert, verwandelt das Mobiltelefon jeden von uns in

185 Edgar Gómez Cruz, Eric T. Meyer, »Creation and Control in the Photographic Process. iPhones and the Emerging Fifth Moment of Photography«. In: *Photographies* 5/2, 2012, S. 203–221.

186 »Le Cycle de vie d'une photo à l'ère numérique«, Untersuchung von Ipsos 2011 (Communication SIPEC, September 2011).

187 Pierre Bourdieu, »Die gesellschaftliche Definition der Photographie«. In: ders., Luc Boltanski, Pierre Castel, Jean-Claude Chamboredon, Gérard Lagneau, Dominique Schnapper, *Eine illegitime Kunst. Die sozialen Gebrauchsweisen der Photographie*. Frankfurt a. M. 1981, S. 85–109, S. 96–101.

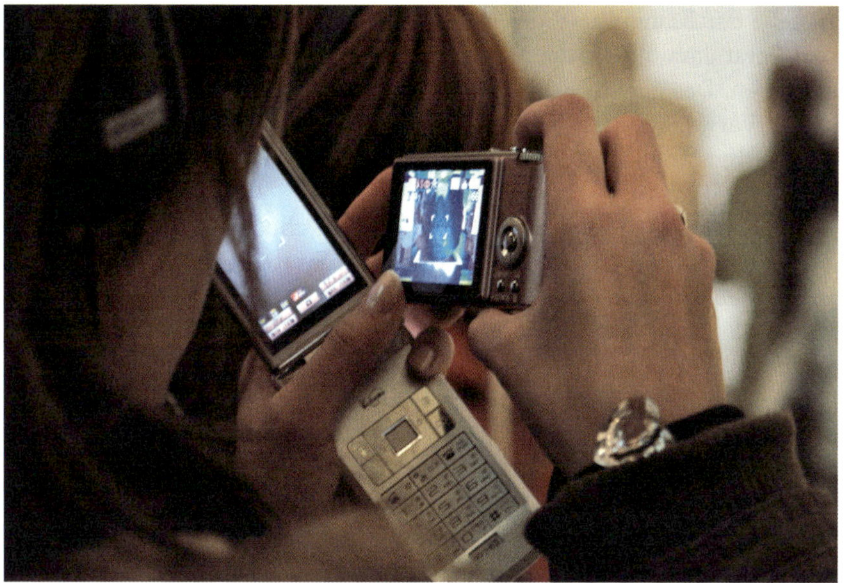

Abb. 32: Foto im Museum: Eine Touristin nutzt gleichzeitig einen Fotoapparat und ein Fotohandy, je nachdem, ob sie das Bild archivieren oder verschicken will. British Museum, London, 2008 (Privatsammlung).

einen Touristen des Alltäglichen, der in egal welcher Situation bereit ist, selbst zum Bild zu werden. Diese neue Kompetenz manifestiert sich besonders deutlich in den von der Presse publizierten Amateurfotos und -videos spektakulärer Ereignisse oder Unfälle.

Aber die Metamorphose beschränkt sich nicht auf die Bildproduktion. Die vernetzte Fotografie resultiert aus der Allianz zwischen dem Smartphone und den neuen Mitteln der Kommunikation, den Sofortnachrichten oder den Sozialen Netzwerken, in denen das Bild mit Hilfe einiger grundlegender Operationen sofort übermittelt werden kann. Selbst wenn diese Verbindung nur einen Bruchteil der unter den Amateuren verbreiteten Praktiken repräsentiert, so erscheint sie doch als eine paradigmatische Entwicklung, als Symbol der zweiten Revolution des digitalen Bildes.

Ein Foto in Echtzeit an einen Kontakt oder an eine Gruppe von Freunden übermitteln zu können – eine Option, die bis dahin nur einigen Kabelagenturen vorbehalten war – transformiert seine Gebrauchsweisen grundlegend. In dieser Anfangsphase bleibt die Qualität der Aufnahmen, die mit dem Smartphone gemacht werden, noch hinter der von Kompaktkameras zurück. Unter diesen Umständen verweist die Wahl des Mobiltelefons anstelle der Kamera und der starke Anstieg der Bildproduktion mit diesem Gerät darauf, dass die Nutzer in der vernetzten Fotografie einen Vorteil sehen. Das qualitative Defizit wird größtenteils durch die Vorteile der neuen Verwendungen des Bildes ausgeglichen, insbesondere durch die erweiterten Möglichkeiten, diese mit Hilfe der Sozialen Netzwerke zu präsentieren.

Facebook, das größte unter ihnen, das seit 2006 allgemein zugänglich ist, verbessert das Interface seiner Bildpräsentation zwischen 2009 und 2011 erheblich, erleichtert die Einbindung der Bilder und sorgt für ihre größere Sichtbarkeit. Von nun an reicht es nicht mehr aus, ein Foto zu machen; was zählt, ist vielmehr, es zeigen, kommentieren, verbreiten zu können. Als prominentester Schauplatz der Präsentation von Amateurfotografie wird Facebook logischerweise zur wichtigsten Bildsammlung auf diesem Planeten (mehr als 250 Milliarden hochgeladene Fotos im September 2013).[188] Obwohl der Erfolg des Netzwerks zuletzt etwas eingebrochen ist, wird es historisch der wichtigste Platz für den Auftritt des vernetzten Bildes bleiben.

Seine Fotos zu teilen oder sie zu kommentieren: Das war seit 2004 bereits auf Flickr möglich. Aber diese Plattform ist heute immer noch Ort einer Diskussion, die auf das Bild konzentriert ist. Der Umbruch, den Facebook herbeigeführt hat, besteht darin, ein erweitertes Umfeld bereitzustellen, das mit einem Maximum an Funktionen ausgestattet und nicht von spezifischen Interessen bestimmt ist, sondern sehr viel grundsätzlicher von der Interaktion zwischen realen Personen. Wie Pierre Bourdieu angemerkt hat, sind die Gebrauchsweisen der Amateurfotografie im Wesentlichen soziale Gebrauchsweisen.[189] Auf Facebook dreht sich die Diskussion um alle Aspekte des Lebens. Die Bilder werden dort nicht primär wegen ihrer ästhetischen Qualitäten gezeigt, sondern weil sie das Leben dokumentieren, am Spiel der Selbstdarstellung teilhaben und referentiell funktionieren.

Diese Revolution, eine De-Spezifizierung, verändert grundlegend das alte fotografische Paradigma, das auf der technischen Kompetenz, dem Primat der Aufnahme, der Materialität und der Objektivität des Bildes beruhte. Während die visuelle Aufzeichnung einst ein eigenes Universum

188 »Every day, there are more than 4.75 billion content items shared on Facebook (including status updates, wall posts, photos, videos and comments), more than 4.5 billion ›Likes‹ and more than 10 billion messages sent. More than 250 billion photos have been uploaded to Facebook, and more than 350 million photos are uploaded every day on average.« A Focus on Efficiency: Facebook / Ericsson / Qualcomm Whitepaper, 16. September 2013, S. 6 (http://fbcdn-dragon-a.akamaihd.net/hphotos-ak-prn1/851575_520797877991079_393255490_n.pdf).
189 Pierre Bourdieu, »Die gesellschaftliche Definition der Photographie«, a. a. O.

konstituierte, mit dem sich die Akteure stark identifizierten, ist sie gegenwärtig dadurch gekennzeichnet, dass sie in polyvalente Systeme eingebunden ist. Das Zögern der Hersteller von Fotokameras, die ihre Produkte nur widerwillig in netzwerkfähige Geräte umbauen und nur schrittweise mit kommunikativen Funktionen ausstatten, ist bezeichnend für das Ausmaß der Veränderung. Zum ersten Mal in ihrer Geschichte ist die Fotografie eine marginale Praxis in einem größeren Universum geworden: dem der elektronischen Kommunikation.

Man kann diese Einbindung mit dem Prozess der Miniaturisierung vergleichen, mit der die Uhrmacherei zwischen dem 14. und dem 19. Jahrhundert befasst war. Hierbei verlagerte sich die Zeitmessung von den Kirchenglocken zu den Standuhren in den Salons und von dort zu den Taschenuhren. Indem sie mit jedem Abschnitt verfügbarer wird, entwickelt und transformiert sich die Funktion der Zeitmessung: »Die häusliche oder persönliche Uhr im Kleinformat, die dabei entstand, hatte eine ganz andere Qualität und Bedeutung als die öffentlichen, monumentalen Uhren. Die Möglichkeit eines zugleich privaten und universellen Gebrauchs bildete die Basis für eine *zeitliche Disziplinierung* anstelle der Unterwerfung unter eine *zeitliche Ordnung*«,[190] erklärt der Historiker David Landes.

Wenn die Fotografie nun ein Bestandteil unter anderen in einem neuen Universum der Kommunikation geworden ist: Riskiert sie dann nicht zu verschwinden? Ganz im Gegenteil. Wenn die Fotografie in andere Dispositive eingebunden ist, wird es undenkbar, ein Kommunikationsmedium ohne Kamera oder eine digitale Umgebung ohne Bilder zu konzipieren. Ist sie einmal in jeden vernetzten Apparat eingebettet, wird die fotografische Funktion autonom. Sie gewinnt an Universalität und Wandelbarkeit und erfüllt mehr denn je ihr Versprechen, die Bildproduktion zu demokratisieren. Wie im Fall der Zeitmessung zeichnet sich in der Einbindung der Fotografie, die erst am Anfang steht, dennoch eine Überschreitung der ursprünglichen Funktionen ab. Über die generalisierte Bildproduktion hinaus ist das, was sich ankündigt, eine Revolution ihrer Gebrauchsweisen.

Vom Nutzen des Dialogs

Aktuell wird die erdrückende Vielzahl der Bilder beklagt, wobei ihre immer größere Zahl mit der fortschreitenden Reproduzierbarkeit in Verbindung

190 David S. Landes, *Revolution in Time. Clocks and the Making of the Modern World.* W. W. Norton, New York 1983, S. 28. [Übersetzung S. D.]

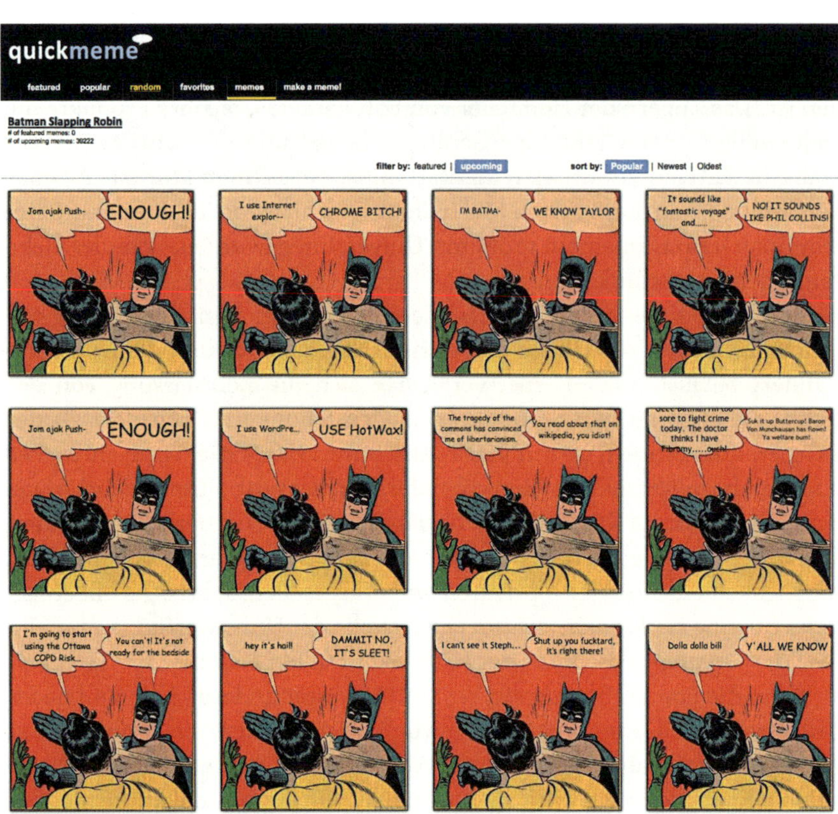

Abb. 33: Appropriationen des Panels »Batman schlägt Robin«, Generator QuickMeme, 2012 (Screenshot).

gebracht wird. Aber ist der Technikdeterminismus der einzige Faktor in dieser Vervielfältigung? Diese ließe sich vielleicht besser mit den vervielfachten Nutzungsformen der Fotos erklären. Das legt auf jeden Fall die Beobachtung ihrer Gebrauchsweisen in einem vernetzten Umfeld nahe.

Während die erste Phase des statischen Webs als eine »Gesellschaft der Autoren« (*une société des auteurs*)[191] bezeichnet wurde, führt das Potenzial der egalitären Interaktion im Web 2.0 dazu, dass die publizistische Online-Aktivität als *Dialog* beschrieben wird.[192] Der mündliche Austausch,

191 Bernard Stiegler, »Situations technologiques de l'autorité cognitive à l'ère de désorientation« (Tagung des Seminars »Technologies cognitives et environnements de travail«, 12. Mai 1998), zitiert nach: Valérie Beaudouin, »De la publication à la conversation«, a. a. O. (Anmerkung 153), S. 225.

192 Valérie Beaudouin, »De la publication à la conversation«, a. a. O. (Anmerkung 153).

der von der Pragmalinguistik und der Ethnomethodologie im Detail untersucht und durch die Wortmeldung strukturiert wird, gilt als grundlegendes Element der sozialen Interaktion: »Dies ist das Umfeld, in dem das Kind sprechen lernt, oder in dem der Fremde sich sozialisiert, indem er sich in eine neue Gruppe einfügt [...], wo die soziale Beziehung entsteht, oder wo sich das System einer Sprache konstituiert und transformiert.«[193]

Die geordnete, egalitäre, offene und kumulative Interaktion, die kennzeichnend für die Messenger-Dienste oder für die Online-Kommunikation ist, ähnelt tatsächlich der egalitären Sozialisation innerhalb des Dialogs. Die Einbettung des Bildes in diese kommunikative Ökonomie stellt eine bemerkenswerte Entwicklung seiner Funktionen dar, die Jean-Samuel Beuscart, Dominique Carson, Nicolas Pissard und Christophe Prieur in ihrer Studie zu Flickr genauer bestimmt haben.[194] Anstelle eines Dialogs *über* Fotos, so schreiben sie, favorisiert das Web einen Dialog *mit* Fotos.

Die Option, ein Bild als Nachricht zu verwenden, ist dennoch nicht erst mit den digitalen Medien entstanden. Diese Eigenschaft findet sich zum Beispiel auch bei der illustrierten Postkarte, deren Gebrauch mit Beginn des 20. Jahrhunderts deutlich ansteigt (*Abb. 34*). Sofern es zulässig ist, die Korrespondenz in das Spektrum der dialogischen Formen einzureihen, markiert die Bildpostkarte ein frühes Stadium der beschriebenen Entwicklung, wenn auch in einem deutlich langsameren Modus. Selbst wenn die industrielle Produktion der Karten dazu nötigt, auf standardisierte Motive oder Situationen zurückzugreifen, so liefern die verwendeten Postkarten doch wertvolle Beispiele für eine Archäologie des visuellen Dialogs.

In seiner digitalen Version entfaltet sich dieser zunächst innerhalb der E-Mail-Korrespondenz und in den Online-Formen, danach innerhalb der Messenger-Dienste (Multimedia Messaging Services, MMS), die mit den ersten Handytelefonen eingerichtet werden. Das Sharp J-SH04, das in Japan im Oktober 2000 zum Preis von 500 Dollar eingeführt wird, arbeitet mit dem J-Phone Network, das die Verschickung von Fotos unter Abonnenten ermöglicht. Eine Zwischenform entsteht Mitte der 2000er Jahre mit dem *Moblogging*, d. h. dem Teilen von Handyfotos auf einem Blog, das der Vorläufer der unmittelbaren Verbreitung in den Sozialen Netzwerken ist. Wenn also mindestens zwei verschiedene Gebrauchsformen des vernetzten Bildes existieren, von denen die eine zur Kategorie des privaten

193 Lorenza Mondada, »La Question du contexte en ethnométhodologie et en analyse conversationelle«. In: *Verbum*, Band XXVIII, Nummer 2/3, 2006 (ich danke Jonathan Larcher für seine wertvollen Hinweise).

194 Jean-Samuel Beuscartet al., »Pourquoi partager mes photos de vacances avec des inconnus?«, a. a. O. (Anmerkung 74).

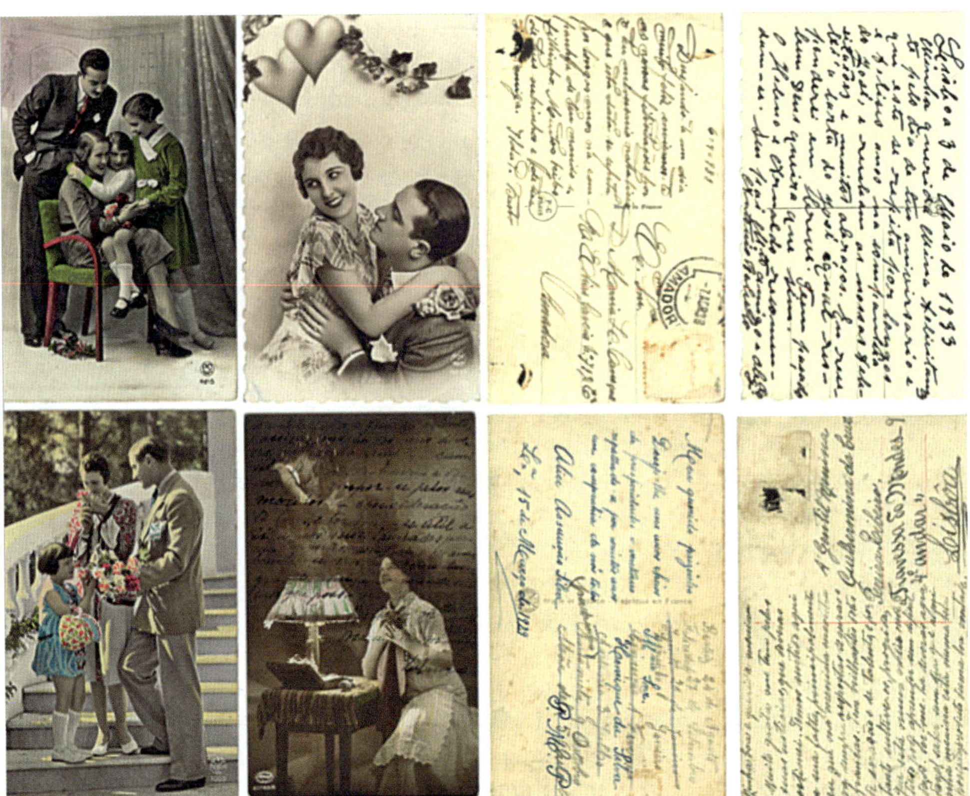

Abb. 34: Fotopostkarten, um 1930 (Privatsammlung).

Dialogs gehört und die andere zu der des öffentlichen oder halböffentlichen Dialogs, dann muss zugleich auf die Durchlässigkeit zwischen diesen beiden Kategorien hingewiesen werden, die durch die digitale Fluidität begünstigt wird.

Das Selfie, seit Kurzem so bezeichnet, ist als Form des kontextbezogenen fotografischen Selbstporträts wahrscheinlich die älteste identifizierbare Praxis unter den vernetzten Bildern.[195] Wenn es zunächst nur als Gadget betrachtet wurde, so transformiert sich sein Gebrauch als vernetztes Bild auf ziemlich dramatische Weise. Am 5. Juli 2007 werden vier Bomben, die von Terroristen transportiert worden sind, in drei U-Bahnen und einem Bus in London gezündet. Während die Medienvertreter zunächst keinen

195 Vgl. im Folgenden: Kapitel 12.

Zugang zu den U-Bahn-Anlagen erhalten, strahlt Sky News ein Bild aus, das direkt nach dem Attentat aufgenommen worden ist: Es handelt sich um das Handyfoto eines Nutzers, Adam Stacey, das in dem Korridor, der zu King's Cross führt, aufgenommen und als elektronische Nachricht an mehrere Empfänger verschickt wurde.[196]

Auch wenn dieses Bild ein Gesicht zeigt, handelt es sich doch in keiner Weise um ein Porträt im Sinne der Bildtradition. Und wenngleich die Umstände zu seiner öffentlichen Verbreitung führen, gehört sein Austausch zunächst der Kategorie des privaten Dialogs an. Aufgrund der Unmittelbarkeit seiner Versendung hat das Foto von Adam Stacey, das auf seine Bitte von einem ebenfalls anwesenden Freund aufgenommen wurde, um Freunde und Familienangehörige zu informieren, zuallererst die Funktion eines rasch übermittelten Berichts.

Obwohl die dokumentarische Funktion konstitutiv zur Geschichte der Bildaufzeichnung gehört, betrifft sie meist spezifische Verwendungen: wissenschaftliche, mediale oder industrielle. Im Bereich der privaten Fotografie bleibt der Nutzen des Bildes im Wesentlichen symbolisch: Bewahrung einer Erinnerung oder Entwurf der Familiengeschichte. Beispiele einer pragmatischeren Nutzung, etwa die Dokumentation eines Schadens für eine Versicherung, sind seit Beginn des 20. Jahrhunderts bezeugt, aber sie bleiben Randformen, an denen die Beobachter nicht interessiert sind, und die in keiner Geschichte oder Soziologie der Amateurfotografie beschrieben werden.

Dennoch haben einige technische Innovationen wie die Sofortentwicklung des Polaroids, die für eine beschleunigte Verfügbarkeit des Bildes gesorgt hat, dazu beigetragen, den praktischen Nutzen der Fotografie zu erhöhen und ein großes Spektrum konstativer Gebrauchsformen entstehen zu lassen. Dasselbe gilt für die Sofortübertragung des vernetzten Bildes, das der Fotografie die Welt der Kommunikation erschließt.

Die verfügbaren Studien über die neuen kommunikativen Praktiken dokumentieren eine nie dagewesene Ausbreitung ihrer pragmatischen Verwendung.[197] Indem es visuelle Daten und den Austausch von Informationen verbindet, kann das Bild Hinweise auf eine Situation liefern (Ankunft oder Aufenthalt an einem Ort, Nutzung eines Verkehrsmittels), Auskunft über Äußerlichkeiten geben (ein Kleidungsstück, das gerade anprobiert wird, das

196 Vgl. Kapitel 3.

197 Olivier Aïm, Laurence Allard, Joëlle Menrath und Hécate Vergopoulos, »Vie intérieure et vie relationnelle des individus connectés: une enquête ethnographique« (Diashow). Fédération française des Télécoms, Mai 2013 (www.fftelecoms.org/sites/fftelecoms.org/files/contenus_lies/vie_interieure_et_vie_relationelle_mai_2013.pdf.)

Resultat eines Friseurbesuchs, die Figur ...), aber auch unzählige praktische Informationen liefern, etwa zum Kauf einer Ware, zur Zusammensetzung eines Gerichts, zum Zustand eines Gebäudes etc., die das Foto schneller aufzeichnen und übermitteln kann als eine schriftliche Nachricht.[198] Das vernetzte Bild bietet sich vor allem für den regelmäßigen Austausch von Nachrichten an, die dazu bestimmt sind, eine affektive, freundschaftliche oder amouröse Beziehung in Gang zu halten. Es kann ebenso politischen oder militärischen Zwecken dienen, wie die Fotos der Versammlungen anlässlich des »Arabischen Frühlings«, die sofort verbreitet wurden, um dazu aufzurufen, sich an den Demonstrationen zu beteiligen.

Die extreme Bandbreite dieser Anwendungen zeugt ebenso von einer raschen Anpassung an die vernetzten Medien wie von der Entwicklung einer neuen Kompetenz: der Fähigkeit, eine Situation in Bildform zu vermitteln, um einen kurzen Eindruck von ihr geben zu können, der oft persönlich oder spielerisch ist – eine Form der Reinterpretation der Wirklichkeit, die an jene »Erfindung des Alltäglichen« erinnert, mit der sich Michel de Certeau so gerne befasst hat.[199]

Die Sichtbarkeit des »barbarischen Geschmacks«

Die vernetzte Fotografie existiert nicht ohne einen Adressaten. Neben einer einfachen Verwendung ›ersten Grades‹ haben die Bilder innerhalb der Kommunikationssysteme auch die Funktion, einen Austausch oder einen Dialog in Gang zu setzen. Sie erfahren damit eine Verwendung ›zweiten Grades‹, und zwar als Ausdrucksmittel. Innerhalb des privaten Austauschs fördern der geschützte Status der Nachrichten und die Vertrautheit der Akteure die implizite Kommunikation, die Anspielung oder die Transgression.[200] In den Sozialen Netzwerken erschließt die öffentliche Sichtbarkeit

198 Laut ComScore haben 14,3 % aller Smartphone-Besitzer in Europa (im August 2013 sind das 165 Millionen Personen) das Foto eines Verkaufsartikels an Freunde oder Familienmitglieder geschickt, um über den Artikel zu informieren oder selbst Informationen darüber zu erhalten; dieser Prozentsatz ist etwas höher als jener der SMS-Nachrichten oder der Telefonanrufe, die aus demselben Grund verschickt oder getätigt wurden. Ayaan Mohamud, »1 in 7 European Smartphone Owners Make Online Purchases via Their Device«, ComScore, 21. Oktober 2013 (www.comscore.com/Insights/Press_Releases_2013/10/1_in_7_European_Smartphone_Owners _Make_Online_Purchases_via_their_Device).

199 Michel de Certeau, *Kunst des Handelns*, aus dem Französischen von Ronald Vouillé. Berlin: Merve 1988.

200 Tim Kindberg, Mirjana Spasojevic, Rowanne Fleck und Abigail Sellen, »I Saw This and Thought of You: Some Social Uses of Camera Phones«. In: *Extended Abstracts of the Conference*

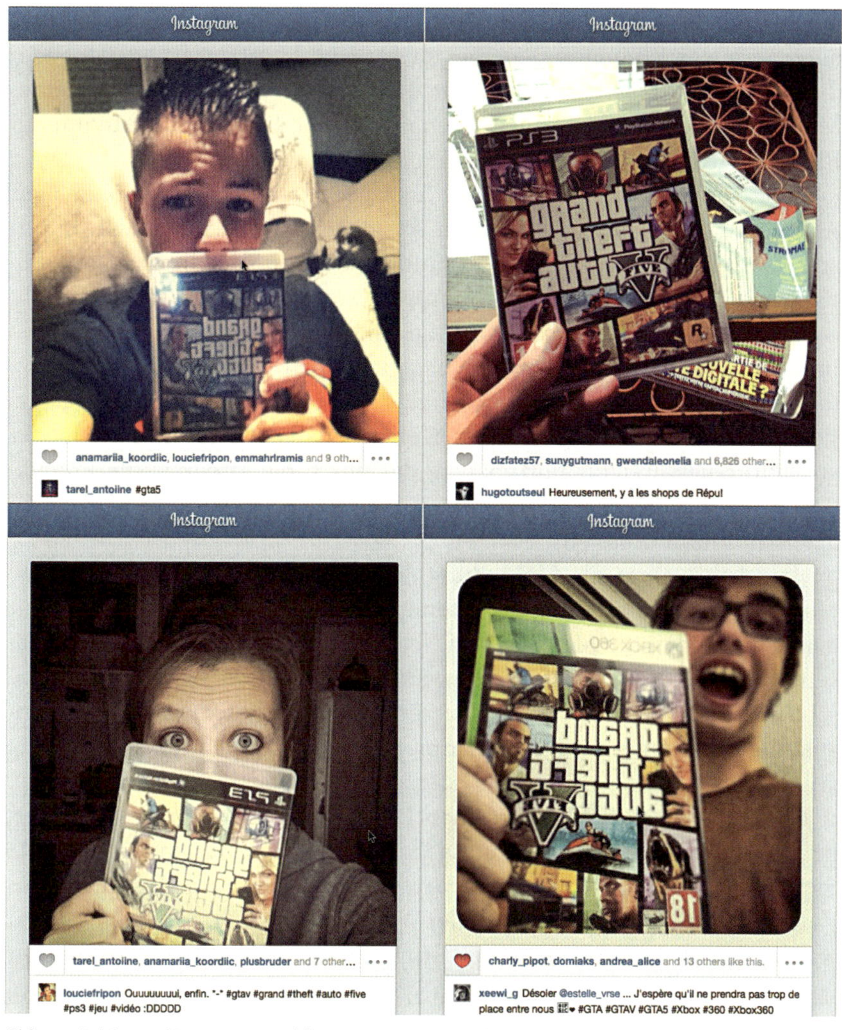

Abb. 35: Selfies auf Instagram, publiziert am ersten Verkaufstag von *Grand Theft Auto V*, September 2013 (Privatsammlung).

on Human Factors in Computing Systems, CHI 2005, S. 1545-1548; Gaby David, »The Intimacy of Strong Ties in Mobile Visual Communication«. *Culture Visuelle*, 22. April 2013 (www.culture-visuelle.org/corazonada/2013/04/22/the-intimacy-of-strong-ties-in-mobile-visual-communication).

die Ressourcen der kollektiven Praxis: die anteilige Interpretation in Form einer Serie von Kommentaren, die durch eine Bild getriggert werden, oder die chorische Formatierung im Zuge der Reprisen und Repetitionen eines Motivs, aus dem ein Meme geworden ist, was die soziale Produktivität der Bildbeiträge veranschaulicht.

Ein Zeichen ihres Erfolgs ist die Tatsache, dass sich eine Tendenz zur Autonomisierung des bildbasierten Austauschs beobachten lässt, unterstützt durch Einrichtungen zur Sammlung und Weiterverbreitung von Bildern wie Tumblr (2007) oder Pinterest (2010), wo die Wiederveröffentlichung und die Verbreitung die wichtigsten Formen der Wertschätzung von Inhalten sind. Eine Plattform wie Instagram (2010), die ganz dem vernetzten Bild gewidmet ist, erlaubt es, an der Entwicklung kollaborativer Reaktionsbildungen auf ein öffentliches Geschehen, ein Wetterphänomen oder ein kulturelles Ereignis teilzuhaben, das durch die fotografische Produktion gefeiert wird, deren Publikation dabei die Züge eines gemeinsamen Spiels annimmt (*Abb.* 35).

Umgekehrt sorgt die Einbindung der Bilder in den dialogischen Austausch dafür, dass sie von den Systemen der Valorisierung profitieren, mit denen die Aktivität in den Sozialen Netzwerken belohnt wird. Aus der Präsentation und der öffentlichen Bewertung entsteht die kritische, ästhetische und soziale Legitimität der Nutzerfotos. Sie begünstigen darüber hinaus eine Autonomisierung der interpretatorischen Zugriffe, die notwendig scheint, um die Ambiguität der Bilder zu reduzieren[201] (*Abb.* 36).

Da mit den neuen bildbezogenen Praktiken in allen großen Netzwerken gearbeitet wird, verleihen diese ihnen zudem eine bislang ungekannte Sichtbarkeit und tragen zu ihrer viralen Verbreitung bei. Ein satirisches Video, das im Dezember 2012 auf der Website CollegeHumor veröffentlicht wurde, persifliert einen Song der Gruppe Nickelback, um die Trends der vernetzten Fotografie zu ironisieren.[202] Fotos von Mahlzeiten, von Füßen, von Katzen, von Flugzeugtragwerken, Farbfilter, Selfies: Der Clip erstellt eine lange Liste von häufig wiederholten Motiven auf Facebook oder auf Twitter und zeigt, dass diese tatsächlich als ein visuelles Repertoire wahrgenommen werden.

In seiner Studie über die Charakteristika der privaten Fotografie zu Beginn des 20. Jahrhunderts bemerkte Marin Dacos, dass ein guter Teil der

201 Fatima Aziz, »Transactions visuelles. Facebook, ressource de la rencontre amoureuse«. In: *Études photographiques*, Nummer 31, Frühjahr 2014, S. 72–85 (www.etudesphotographiques.revues.org/3388).

202 »Look at This Instagram (Nickelback Parody)«. *CollegeHumor*, 3. Dezember 2012 (www.collegehumor.com/video/6853117/look-at-this-instagram-nickelback-parody).

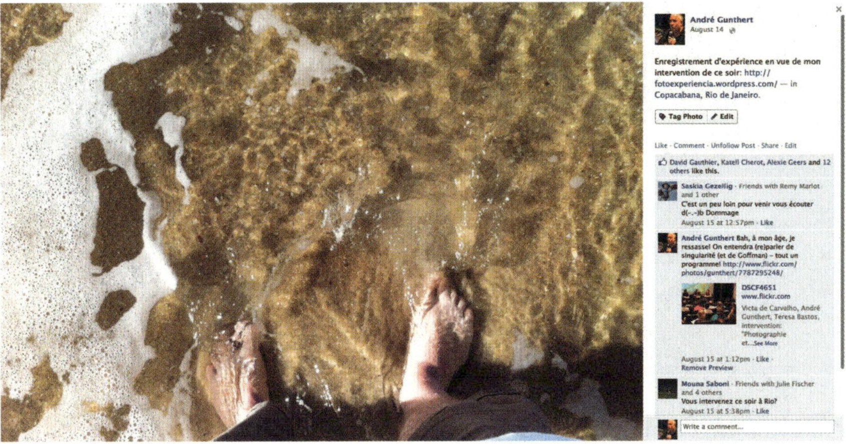

Abb. 36: Selbstporträt mit Füßen, Rio de Janeiro, auf Facebook, August 2012 (Privatsammlung).

Fotos in den Alben sich am Modell der Studiofotografie oder an Werbefotos aus der Presse orientierte.[203] Indem es einer Auswahl von bildbezogenen Praktiken einen Wiedererkennungswert verleiht, suggeriert das Video auf CollegeHumor, dass wir aktuell ein umgekehrtes Phänomen erleben. Ebenso wie das Meme oder die Empfehlung profitiert auch die private Bildproduktion von einem Umbruch, in dessen Folge die Sozialen Netzwerke als kulturelle Schrittmacher die etablierten Medien verdrängen. Durch ihre Vermittlung erhalten populäre Inhalte den Status von identifizierbaren und reproduzierbaren Modellen.

Diese neue Sichtbarkeit manifestiert sich nicht zuletzt in Gestalt von negativen Reaktionen. So ließ sich 2013 verfolgen, dass die Entscheidung der Herausgeber der *Oxford Dictionaries*, »Selfie« zum Wort des Jahres zu wählen, von diversen Kommentaren in der Presse begleitet wurde, in denen die Saturierung des Web durch eine so narzisstische Veranstaltung wie die des vernetzten Selbstporträts beklagt wurde.[204] Aber indem sie dessen übergroße Präsenz kritisiert, dokumentiert die Reaktion tatsächlich, dass das Genre dabei ist, zur Norm zu werden.

Als Michel de Certeau den Versuch unternahm, sich der »Alltagskultur« anzunähern, gab er seiner Verlegenheit darüber Ausdruck, mit der »Quasi-

203 Marin Dacos, »Regards sur l'élégance au village: identités et photographies, 1900–1950«. In: *Études photographiques*, Nummer 16, Mai 2005, S. 198–209 (www.etudesphotographiques.revues.org/728).

204 Vgl. im Folgenden: Kapitel 12.

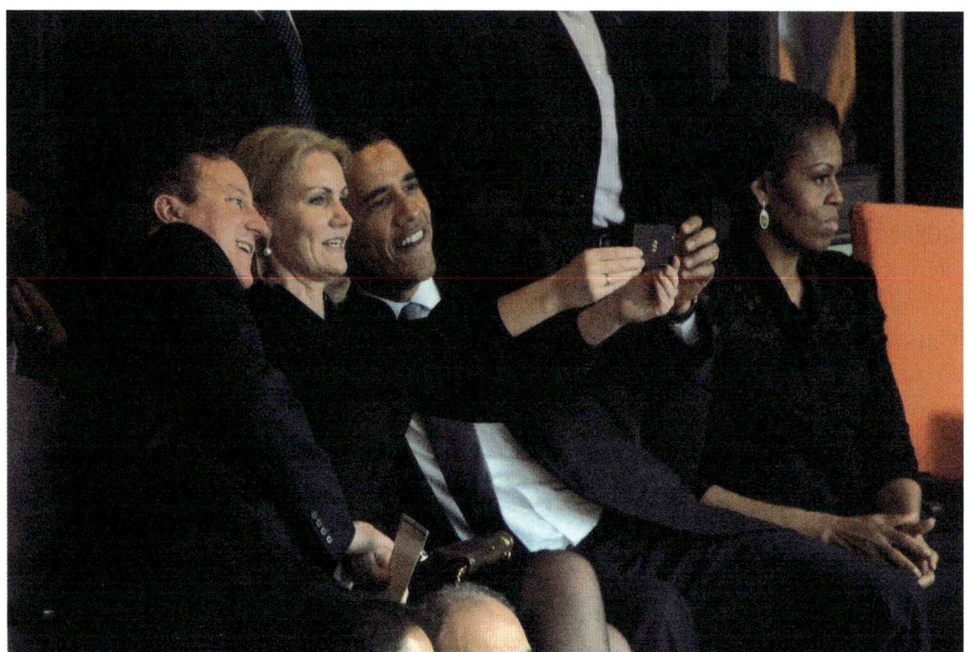

Abb. 37: Roberto Schmidt, Foto der Aufnahme eines Selfies mit dem Smartphone der dänischen Premierministerin Helle Thorning-Schmidt, flankiert von Barack Obama und David Cameron, anlässlich der Gedenkzeremonie für Nelson Mandela, 10. Dezember 2013 (© Roberto Schmidt, AFP).

Unsichtbarkeit« von Praktiken konfrontiert zu sein, »denn sie äußer[n] sich nicht durch eigene Produkte, sondern in der *Umgangsweise* mit den Produkten«.[205] Im Gegensatz dazu kehrt die Sichtbarkeit, die dem individuellen Ausdruck in den Sozialen Netzwerken gegeben wird, die Dynamik der Normierung um. Einst kopierte das einfache Volk die Attitüden der Stars. Jetzt sind es die Reichen und Berühmten, die das Verhalten der allgemeinen Öffentlichkeit reproduzieren, indem sie sich den Regeln des Selfies unterwerfen (*Abb. 37*).

Diese Entfaltung des »barbarischen Geschmacks« (um eine Formulierung von Kant zu zitieren, die von Bourdieu wieder aufgenommen worden ist)[206] in den Sozialen Netzwerken, den großen Vermittlern der populären

205 Michel de Certeau, *Kunst des Handelns*, a. a. O., S. 13.
206 Immanuel Kant, *Kritik der Urteilskraft* [1790], Werkausgabe, Band 10. Frankfurt a. M.: Suhrkamp 1974, S. 183. Pierre Bourdieu, *Die feinen Unterschiede. Kritik der gesellschaftlichen*

Kultur, kann man bedauern. Aber ist die Entgegensetzung von »gut« und »schlecht« nicht die falsche Art, das Problem anzugehen? Während die bild- oder musikbezogenen Praktiken zu einer kunsthistorisch inspirierten Annäherung verleiten, die das Konzept von Kreativität und Urheberschaft privilegiert und die Motivation zum kreativen Ausdruck als selbstevident begreift, bietet die Untersuchung von Sprachformen eine neutrale Beschreibung des Prozesses. Tatsächlich ist der dialogische Austausch ein eigener Bereich, in dem selbst die Expressivität eine kommunikative und soziale Dimension hat,[207] anders als in der künstlerischen Praxis. In diesem Kontext können die neuen bildbezogenen Praktiken nicht allein in Begriffen des Ästhetischen analysiert werden.

Der Sieg der Nutzung über den Inhalt zeigt sich besonders eindrücklich auf Snapchat (2011), einer Mobile App für Bildnachrichten, die das Bild einige Sekunden nach seinem Aufruf löscht. Der geschützte Charakter des Austauschs und die Flüchtigkeit der Bildnachricht haben den Erfolg dieses Mediums bei jungen Nutzern begründet, die es etwa ebenso häufig verwenden wie die SMS. Indem es das Verschwinden der Bildnachricht programmiert, erschließt Snapchat aus Sicht der Nutzer eine spielerische Dimension, aber auch eine größere Freiheit des Austauschs und ermutigt zu einer informellen oder lockeren Nutzung. Die App veranschaulicht deutlich, dass die Kategorien des ›Werks‹ und der Ausarbeitung zugunsten des dialogischen Austauschs *in actu* aufgegeben werden. Diese Verschiebung, die in einem Großteil der Sozialen Netzwerke bereits erkennbar ist, legt es nahe, die bildbezogenen Praktiken im Alltag wie eine neue Sprache zu untersuchen.

So wie die Einführung des Kinos oder des Fernsehens transformiert auch die des dialogischen Bildes unsere bildbezogenen Praktiken nachhaltig. Die Fotografie war eine Kunst und ein Medium. Wir sind Zeitzeugen jenes Moments, in dem sie die Universalität einer Sprache akquiriert. Durch polyvalente Anwendungen in vernetzte Systeme eingebunden, sind visuelle Formen zu einem wichtigen Relais für private und öffentliche Dialoge geworden. Dass individuelle Nutzer an ihrer Produktion und Interpretation teilhaben können, trägt zu einer raschen Entwicklung der Formen und Gebrauchsweisen bei. Die Sichtbarkeit, die sie in den Sozialen Netzwerken erhalten, beschleunigt ihre Verbreitung und lässt eigene Normen

Urteilskraft. Frankfurt a. M.: Suhrkamp 1987, S. 60–63. Ders., »Die gesellschaftliche Definition der Fotografie«, a. a.O, S. 89.

207 Catherine Kerbrat-Orecchioni, *L'Énonciation: de la subjectivité dans le langage* (4. Auflage). Paris: Armand Colin 1999.

entstehen. Die Aneignung der Bildsprache befördert eine Wiedererfindung des Alltags. Darüber hinaus stellt die erweiterte Nutzung der Bilder die Analyse vor spezifische Probleme. Wenn die Semiologie der visuellen Formen sich bislang auf ein kleines Spektrum von Kontexten bezog, die als bekannt vorausgesetzt wurden und von denen galt, dass sie allein durch eine formale Untersuchung definierbar waren, dann gebietet es die Vielfalt der neuen Anwendungen, sich auf eine Ethnographie der Nutzungsformen zu verlegen.

Direkt vor dem Aufbruch, nachdem sie ihr Gepäck im Kofferraum des Autos verstaut haben, üben sich Thelma und Louise in dem gleichnamigen Film von Ridley Scott (MGM 1991) in einer Praxis, die zu diesem Zeitpunkt noch niemand Selfie nennt. So sehr man diese Sequenz, die seither Kultstatus erlangt hat, von einem ethnografischen Standpunkt aus betrachten könnte, so sehr verblüffen die Schnelligkeit und Selbstverständlichkeit, mit der die beiden Frauen agieren.

Keinerlei Zögern auf Seiten von Louise (Susan Sarandon), die sich die Polaroid-Kamera greift, sie mit ausgestrecktem Arm hält und sich an ihre Freundin schmiegt; ebenso wenig Zögern auf Seiten von Thelma (Geena Davis), die sofort die passende Haltung einnimmt. Dieses kleine Zwischenspiel von wenigen Sekunden, vom Filmteam perfekt in Szene gesetzt, scheint anzuzeigen, dass die Geste des situationsbezogenen Selbstporträts bereits Routine ist.

Ihr Auftreten zu Beginn des Road Movies kann zugleich als Symbol für die Verbundenheit des Paares und als Zeichen für die Unabhängigkeit der beiden Frauen interpretiert werden, die keinen Mann für die Aufnahme brauchen. In einem Werk, das für seine feministische Position bekannt werden wird,[208] fungiert das Polaroid zu Beginn der Reise als Markierung der wiedererlangten Autonomie.

Dieses Bild unterscheidet sich von Anfang an vom klassischen Selbstporträt, das traditionell eine Einzelperson verewigt, und auch von dessen narzisstischer Dimension. Das Genre ist ebenso durch die Präsenz der Hauptfiguren markiert wie dadurch, dass diese das Bild selbst produzieren; jedoch hat das Bild auch eine stark situative Dimension. Was Thelma und Louise unsterblich macht, ist das Porträt eines Augenblicks und einer geteilten Erfahrung – dem Beginn der Reise, die sie vereint – in einem Foto, das ihre visuelle Signatur trägt. Eine letzte Einstellung wird zeigen, wie das Polaroid durch die Luft wirbelt, kurz bevor das Auto der beiden Frauen in die Schlucht stürzt.

Insgesamt findet hier eine diskrete Verwendung der Fotografie statt, aber eine, die bereits an etablierte Praktiken anzuschließen scheint. Auch wenn es keine offizielle Bezeichnung für sie gibt, setzt ihre kinematogra-

208 Sarah Projansky, »Feminism and the Popular: Readings of Rape and Postfeminism in Thelma and Louise«. In: *Watching Rape: Film and Television in Postfeminist Culture*. New York: New York University Press 2001, S. 121–153.

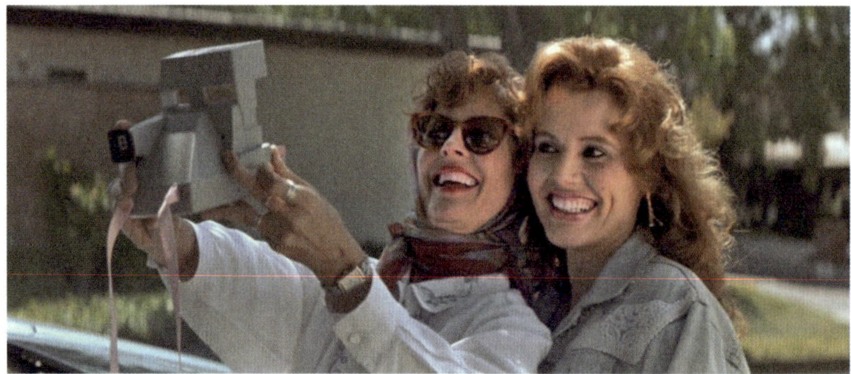

Abb. 38: Ridley Scott, *Thelma and Louise*, 1991 (Frame).

fische Inszenierung einen gewissen Wiedererkennungswert voraus und deutet an, dass sie ausreichend erkennbar ist, um als paradigmatische Handlung wahrgenommen zu werden. (Das zeigt auch die große Verbreitung eines Werbefotos, in dem dieselbe Szene dargestellt wird.) Aber erst in ihrer digitalen Version, dem so genannten »Selfie«, wird sie zu jener fotografischen Praxis, die mehr als jede andere für die gegenwärtigen Bildformen repräsentativ ist.

Technologien des partizipativen Selbstporträts

Folgt man Gisèle Freund, so besteht die historische Bedeutung der Fotografie darin, dass ihr Aufschwung der Demokratisierung des Porträts entspricht.[209] Aber die Aufnahmetechnik, die auf dem Prinzip der optischen Projektion basiert, implementiert eine Teilung zwischen dem Raum der Aufnahme und dem aufgenommenen Raum. Infolge dieser Zäsur kann der *operator* nicht Teil des Bildfeldes sein – außer er verwendet Hilfsmittel, um die Grenzen des Dispositivs zu verschieben.

Solange derjenige, der das Bild aufnahm, ein professioneller Fotograf in Diensten eines Kunden war, hat dieser Ausschluss keine Probleme bereitet. Im Gegenzug lässt sich feststellen, dass die Entwicklung der Amateurfotografie den Wunsch nach einer Teilhabe des *operators* entstehen lässt – ein plausibler Wunsch, wenn man bedenkt, dass dieser nicht länger ein Außenstehender ist, sondern aktiver Teil der Handlung, die zum Thema der Auf-

209 Gisèle Freund, *Photographie und Gesellschaft*, a. a. O., S. 6.

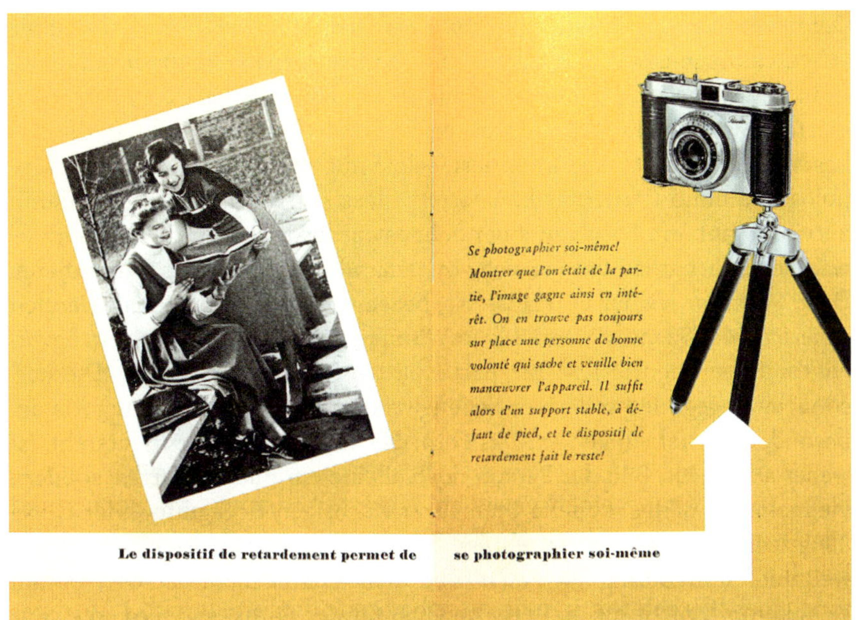

Abb. 39: Gebrauchsanleitung für die Retinette, Kodak, um 1954 (aus der Sammlung des Musée français de la Photographie, Bièvres).

nahme wird. Die Einführung des Selbstauslösers, dessen erste Modelle 1902 in den Handel kommen, ist die älteste Form der automatisierten Aufnahme.[210] Diese Vorrichtung, die der optischen Beschränkung entgegenwirkt, indem sie den Zeitpunkt der Aufnahme verzögert, ermöglicht es dem Fotografen, sich zu einer Gruppe vor der Kamera zu stellen oder sich selbst in einer bestimmten Situation zu fotografieren. Die Gebrauchsanleitung für die Retinette von Kodak, eines der ersten Modelle für den allgemeinen Gebrauch, die den Selbstauslöser in den Apparat integrieren, kommentiert diese Autonomie explizit: »Sich selbst fotografieren! Zeigen, dass man dabei war: Das Bild wird damit noch interessanter. Man findet nicht in jeder Situation einen hilfsbereiten Menschen, der gut mit dem Apparat umgehen kann und will. Von jetzt an reicht eine stabile Stütze, am besten auf einem Stativ, und der Mechanismus der Verzögerung erledigt den Rest!« (*Abb. 39*).

Der Selbstauslöser ist dennoch mit einigen Umständen verbunden. Abgesehen davon, dass eine Unterlage benötigt wird, erfordert es sein

210 Eines der ältesten Modelle, die »Autopoze«, wurde 1902 in den Vereinigten Staaten patentiert. Der Selbstauslöser von Kodak wird 1918 eingeführt.

Gebrauch, das Bild im Voraus zu entwerfen, womit eine spontane Aufnahme ausgeschlossen ist. Den Apparat einer anderen Person anzuvertrauen, wie es in der touristischen Fotografie üblich ist, muss als eine Form des delegierten Selbstporträts betrachtet werden und als eine Handlung, die den beständigen Wunsch dokumentiert, selbst mit im Bild zu sein. Der Anthropologe Edmund Carpenter konstatiert, dass ein Tourist sich nicht damit zufriedengibt, ein Foto von einer Sehenswürdigkeit zu machen: »Sehr viel wahrscheinlicher ist, dass er sich von jemand anderem davor fotografieren lässt. Wenn er wieder zu Hause ist, bezeugt das Foto seine Anwesenheit innerhalb der Szene.«[211] Es ist kein Wunder, dass der Tourismus ein bevorzugtes Experimentierfeld für partizipative Praktiken darstellt. Die persönliche Begegnung mit einer Sehenswürdigkeit gehört der Kategorie der besonderen Erfahrungen an. Das Foto, das in diesem Moment entsteht, ist weder alleine ein Bild der Person noch alleine ein Bild des Ortes, sondern vielmehr die bildgewordene Spur ihrer flüchtigen Begegnung, der *Beziehung zwischen Akteur und Situation*, die dem Bild eingeschrieben ist. Einer weiteren Anmerkung von Pierre Bourdieu entsprechend ist das, worauf es ankommt, nicht die ästhetische Qualität der Fotos, sondern »die ganz besondere Interaktion (obgleich diese unter identischen Umständen von tausend anderen ebenfalls erlebt werden kann) zwischen einer Person und einem sanktionierten Ort.«[212] (*Abb. 40*)

Die *Teilhabe* bleibt dennoch ein Parameter, der mit der *Autonomie* der Aufnahme kaum in Einklang zu bringen ist. Es existieren drei Hauptformen des Selfies: mit Hilfe eines Spiegels, mit umgedrehter Kamera oder, für die neueren Modelle, unter Verwendung der Frontkamera. Dieser Liste ließe sich die originelle Lösung hinzufügen, die 2005 von Nick Woodman in Form der Kamera GoPro vorgestellt wurde, die das Prinzip der Unterwasseraufnahme für den allgemeinen Gebrauch adaptiert. Ursprünglich entwickelt, um eine sportliche Leistung ohne Hilfe von außen zu dokumentieren, ist diese Kamera durch die automatische Aufnahme, eine Befestigung am bewegten Körper und die Ausstattung mit einem Weitwinkel-Objektiv gekennzeichnet, das einen großen Bereich aufnimmt, in das der Körper des Protagonisten häufig eingeschlossen ist. Erwähnt werden sollten außerdem die Sub-Genres der fotografierten Füße oder des fotografierten

211 »An American tourist […] does more than see the Eiffel Tower. He photographs it exactly the way he knows it from posters. Better still, he has someone photograph him in front of it. Back home, that photograph affirms his identity within the scene.« Edmund Carpenter, *Oh, What a Blow That Phantom Gave Me!* New York: Holt, Rinehart & Winston 1972, S. 6.
212 Pierre Bourdieu, *Eine illegitime Kunst*, a. a. O., S. 48.

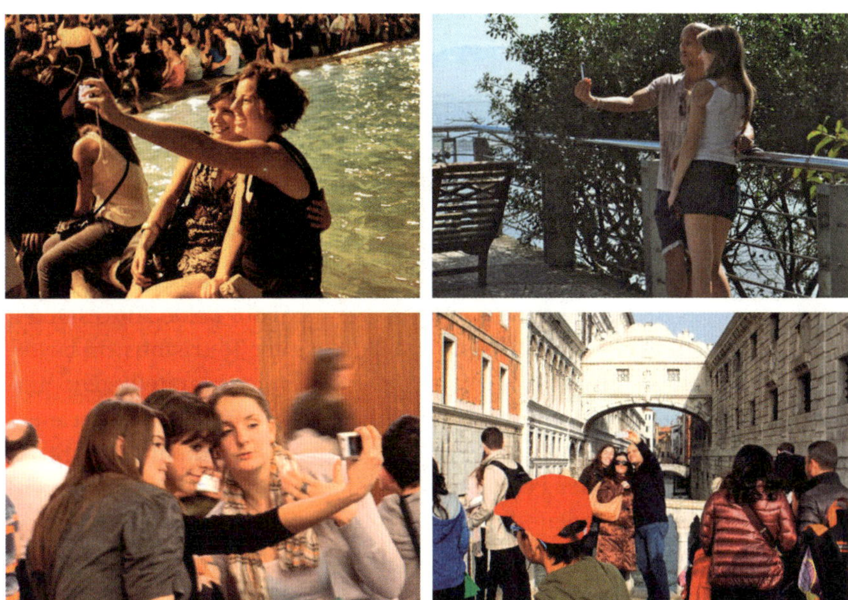

Abb. 40: Touristische Selbstporträts, 2002 bis 2009 (Privatsammlung).

Schattens, die einen solchen Einschluss ebenfalls ermöglichen, ohne dass dafür besonderes Equipment benötigt würde.

Die verschiedenen Verfahren produzieren nicht dieselben Bilder, nicht einmal unter denselben Bedingungen. Das Selfie im Spiegel erfasst im Allgemeinen ein größeres Sichtfeld und erlaubt es, den Bildausschnitt zu kontrollieren, aber es bleibt darauf angewiesen, dass eine spiegelnde Fläche verfügbar ist. Das Selfie mit umgedrehter Kamera, das häufig als das einschlägigste wahrgenommen wird, verengt das Sichtfeld, das sich auf das Gesicht oder die Gesichter reduziert, und wird auf gut Glück aufgenommen. Das optische Prinzip der Action-Cam hat den Vorteil, ein erweitertes Sichtfeld zu erschließen, aber die visuelle Signatur ist eigenartig. Diese verschiedenen Praktiken unter demselben Begriff zu versammeln, versteht sich keineswegs von selbst (*Abb. 41*).

Die GoPro-Kamera ist nicht das erste Modell, das speziell für partizipative Situationen konzipiert wurde. Schon 1983 wird die Minolta Disc-7, ein analoger Fotoapparat, mit einem konvexen Spiegel an der Vorderseite und einem Teleskopstab ausgestattet, um Selbstporträts zu vereinfachen. Diese Ausstattung, die man im ersten GSM-Telefon mit integrierter Foto-Funktion wiederfinden wird: dem Sharp J-SH04, das 2000 in Japan in den Han-

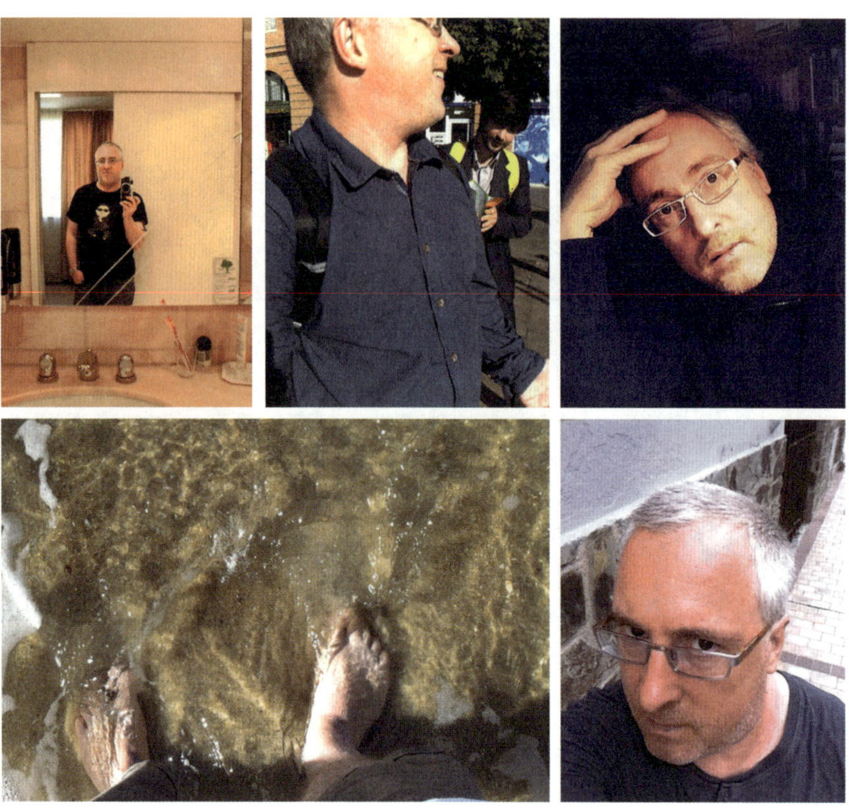

Abb. 41: Verschiedene Selfie-Typen: 1) Selfie im Spiegel; 2) Selfie mit umgedrehter Kamera; 3) Selfie mit Frontkamera, iPad; 4) Fuß-Selfie; 5) Frontkamera iPhone 4 (Privatsammlung).

del kommt, macht dennoch keine Schule. Ebenso ist anzumerken, dass die berühmte Frontkamera des iPhone 4, die diesem 2010 hinzugefügt wird, nur eine Auflösung von 480 × 640 Pixeln hat. Bei dieser minderen Qualität, die den zwei Megapixeln der fotografischen Funktion deutlich unterlegen ist, handelt es sich in Wirklichkeit um ein Element, das für den Videochat vorgesehen ist. Die Frontkamera steht in der Tradition der Webcam, einer gängigen Vorrichtung der Nullerjahre, deren eigentlicher Verwendungszweck nicht das Porträt, sondern die visuelle Kommunikation ist. Diese Vorrichtung und ebenso der drehbare Monitor der Video- und später der Bridgekameras wird niemals mit irgendwelchen Narzissmusvorwürfen in Verbindung gebracht werden.

Diese Beobachtungen erlauben es, die Frage nach der Definition und der Historizität des Selfies zu präzisieren. Der Erfolg des Genres hat zur Suche nach Vorläufern ermutigt, die sich recht bald in »Vorgeschichten des Selfies« verwandelt haben, von denen einige so aussehen, als wollten sie die ganze Geschichte des Porträts rekapitulieren.[213] Ein solcher Zugang wirft die Frage auf, inwiefern die Verwendung des Begriffs »Selfie«, der seit dem Jahr 2002 bezeugt ist, eindeutig auf die digitale Version des Selbstporträts verweist. Zwar entspricht die Einführung des Worts einer Ausweitung der fotografischen Geste, aber auch einer Entwicklung ihrer Funktionen und ihres kulturellen Impacts. Es ist immer heikel, ein neues Deutungsmuster an eine ältere Praxis anzulegen. Strenggenommen dürfte keine Praxis, die vor dem Jahr 2000 datiert, als »Selfie« bezeichnet werden.

Aber der Fall des Selfies konfrontiert uns nicht mit einer technischen Innovation, der Erfindung eines Formats oder einem Genre im engeren Sinne. Wie es die Abfolge und die Diversität der reflexiven fotografischen Formen, das Fehlen einer psychologisierenden Bewertung oder auch die Tatsache, dass die Hersteller bis vor Kurzem keine entsprechenden Gadgets entwickelt haben, nahelegen, geht es hier um ein Ensemble von Praktiken, die *a posteriori* durch die Bezeichnung »Selfie« unter einem Umbrella-Term vereint worden sind. So betrachtet ist es ein Teil dieser Dynamik, dass sie sich Definitionen und präzisen Bedeutungszuweisungen widersetzt.

Drei wesentliche Entwicklungen wirken zusammen, um Praktiken in den Blick zu rücken, die bis zu diesem Zeitpunkt keine Geschichte hatten. Zieht man in Betracht, dass die Amateurfotografie vor der Einrichtung interaktiver Plattformen vom Typ MySpace (2003) oder Flickr (2004) kaum zugänglich war, so ist ein wesentlicher Faktor die bislang ungekannte *Sichtbarkeit* der Nutzerfotografie. Dabei fällt auf, in welchem Maße die Handytelefone, diese leichten, automatischen und einfach zu bedienenden Apparate, zur Entwicklung des Selbstporträts beigetragen haben. In diesem Zusammenhang sind es vor allem die dialogischen Eigenschaften des Bildes, die den entsprechenden Formaten einen neuen Nutzwert verleihen.

Wenn die Selbstporträts, die mit ausgestrecktem Arm angefertigt werden, dem banalen fotografischen Identitätsnachweis wie dem Profilbild zuweilen vorgezogen werden, dann sind sie meist von Nachrichten oder Bildunterschriften begleitet, die Aufschluss über den extrem kontextbezogenen Charakter ihrer Verwendung geben. Ein Selfie der Mitbegründer von Flickr, Stewart Butterfield und Caterina Fake, mit dem Titel »Hi Mom«, das im Oktober 2005 publiziert wurde, ist daher mit dem typischen Hinweis versehen: »Verschickt während eines Telefongesprächs mit meinen Eltern,

213 Jerry Saltz, »›At Arm's Length‹: a History of the Selfie«. *Vulture*, 26. Januar 2014 (www.vulture.com/2014/01/history-of-the-selfie.html).

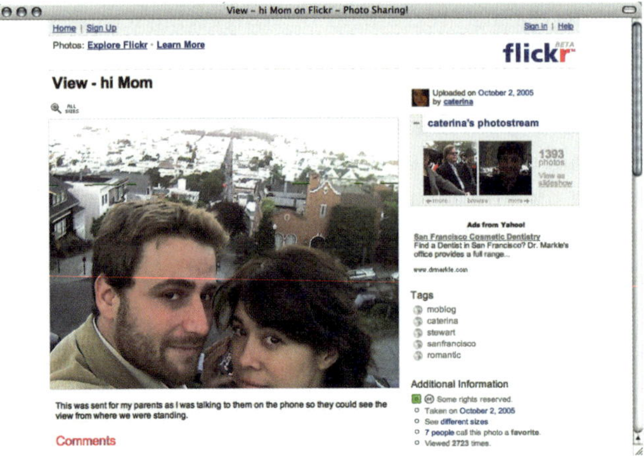

Abb. 42: »Hi Mom«, Selfie von Stewart Butterfield und Caterina Fake, Mitbegründer von Flickr, Oktober 2005 (CC-Lizenz; Screenshot).

damit sie den Blick auf die Umgebung teilen können, in der wir uns gerade befinden.« (*Abb. 42*)

Die vernetzte Fotografie macht aus dem Selfie ein ganz eigenes Vehikel der Kommunikation: die unmittelbare Darstellung einer Situation, die an einen bestimmten Empfänger gerichtet ist. Das Bild wird hier zu einer visuellen Nachricht, deren Interpretation direkt von dem Dreieck abhängt, das durch den Sender, den dargestellten Anlass und den adressierten Empfänger gebildet wird. Anders formuliert: Sie hängt stark vom Kontext ab.

Man kann die Entwicklung von Spezialformen des Online-Dialogs als Antwort auf das begreifen, was verschiedene Autoren als einen »Zusammenbruch des Kontextes« (*context collapse*) beschreiben, der durch den Verlust der multidimensionalen Live-Kommunikation entstanden sei.[214] Als Erweiterung der Statusmeldung (Twitter war jenes Medium, das zunächst versprach, auf die Frage *What are you doing?* zu antworten), liefert das Selfie eine Nachricht, die durch die Situativität des Ortes und die Temporalität der Handlung sowie durch die Beziehung des Senders zu dieser Handlung bestimmt ist.

Auf den Zusammenbruch des Kontextes antwortet das Selfie mit einer Hyperkontextualisierung, die der Unbestimmtheit des Austauschs entgegenwirkt und zugleich zu einer Quelle des Dialogs wird. Im Gegensatz zur

214 Danah Boyd, *Taken Out Of Context: American Teen Sociality in Networked Publics*. Doktorarbeit, Massachussetts Institute of Technology, 2008.

Wahrnehmung, dass die Online-Kommunikation egozentrisch sei, finden sich hier nur wenige Nachrichten, die nur auf sich selbst bezogen und in sich abgeschlossen sind. Der digitale Dialog favorisiert vielmehr die Suche nach Interaktion und Konfrontation. Zu diesem Zweck ist es sinnvoll, dem Gesprächspartner Material zu liefern, das eine Replik zulässt oder dazu ermutigt. Der Vorschlag zur Interaktion, den das Selfie macht, ist umso attraktiver, als er eine persönliche Dimension hat und von einem Wissen ausgeht, über das alle Gesprächspartner verfügen, was für einen engagierten Dialog wichtig ist.

Der Aspekt der technologischen Bricolage des Selbstporträts ergänzt diese Aspekte durch eine Ästhetik, die viel zu seiner Definition beigetragen hat. Durch das Spiel mit schiefen Einstellungen, mit sichtbaren Spuren der Manipulation oder mit einer amateurhaften Gestaltung der Aufnahme präsentiert das Selfie eine Anzahl *sichtbarer Mängel*, die rasch zur Signatur des Genres geworden sind. Diese Mängel, durch die es sich vom festen Regelwerk des fotografischen Porträts abhebt, und die ihm seine Frische und seine Originalität verleihen, sind als Marker der Authentizität interpretiert worden. Indem sie das alte Gesetz der Darstellung umkehrt, das es seit Platons Höhle gebietet, das Dispositiv unsichtbar zu machen, ist die betont dilettantische Herstellung des Bildes zu einem Garanten seiner Glaubwürdigkeit und Spontaneität geworden (*Abb. 43*).

Seine entspannte und häufig komische Anmutung und sein selbstironischer Zug bezeugen, dass das Selfie der LOL-Kultur und der uneigentlichen Kommunikation angehört, die für Online-Beiträge typisch ist. Die Akzentuierung des Dispositivs ist sein Markenzeichen geworden, und zwar so sehr, dass Fotos, die Szenen einer Aufnahme mit dem Fotohandy zeigen, wie zum Beispiel das von Obama beim Begräbnis von Nelson Mandela, mit echten Selfies verwechselt werden können.

Die Sichtbarkeit seiner Gebrauchsweisen in den Sozialen Netzwerken sollte uns dennoch nicht vergessen lassen, dass die Autonomie des Selfies es zu einem bevorzugten Mittel der privaten Kommunikation macht. Die Praktiken des erotischen Selbstporträts sind, aufgrund der Geringschätzung, die dem pornografischen Bild entgegengebracht wird, besonders schwierig zu beobachten und zu dokumentieren, auch wenn sie ebenso alt wie die Medien der Bildaufzeichnung sind.[215] Aber Vorfälle wie der serielle Diebstahl der Nacktbilder von Stars, die zwischen August und Oktober

215 Edgar Gómez Cruz und Cristina Miguel, »›I'm Doing This Right Now and It's for You‹: the Role of Images in Sexual Ambient Intimacy«. In: Marsha Berry und Max Schleser, *Mobile Media Making in an Age of Smartphones*. New York: Palgrave Macmillan 2014, S. 139–148.

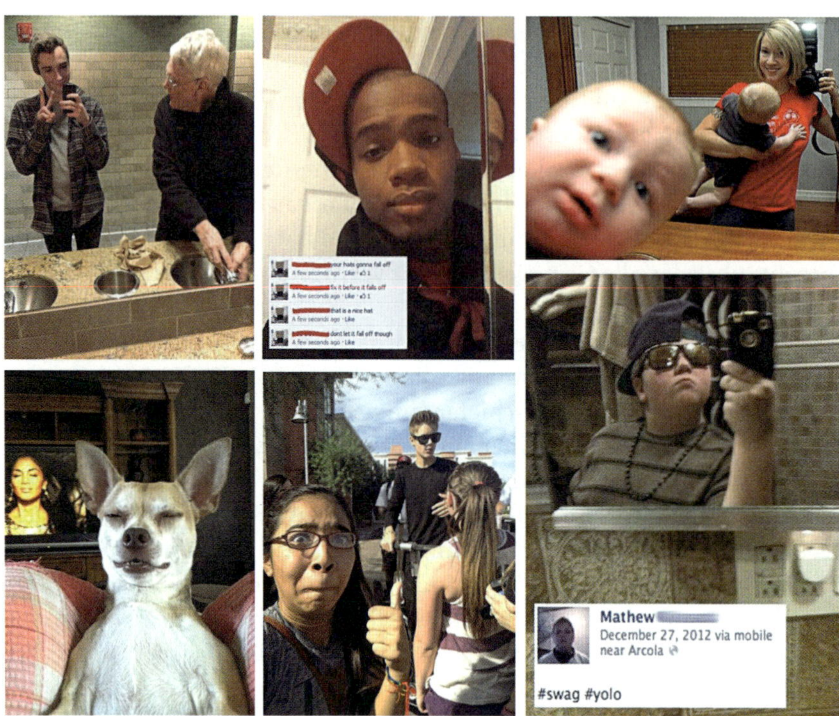

Abb. 43: Auswahl von Selfies, BuzzFeed, 2013 (Screenshots).

2014 kurzzeitig auf 4chan, Imgur oder Reddit verbreitet wurden (insgesamt mehrere tausend Bilder), haben diese unzugänglichen Quellen zum Teil entschleiert.[216]

Dieses Sample lässt vermuten, dass der erotische Gebrauch des Selfies massiv ist. Die Bildbestände, die meist von den Akteuren selbst realisiert werden und von der isolierten Zurschaustellung bis an die Grenze der sexuellen Ausschweifung reichen, künden vom sehr banalen Gebrauch des Selbstporträts als Mittel der Verführung. Was die Unbefangenheit dieser Bilder dokumentiert, ist die Normalisierung und die erstaunliche Ausbreitung eines Genres, dem die Autonomie digitaler Bildproduktion entgegenkommt.

216 »2014 Celebrity Photo Hack«. Wikipedia, Aufruf vom 25. April 2015 (www.en.wikipedia.org/wiki/2014_ celebrity _photo_hack).

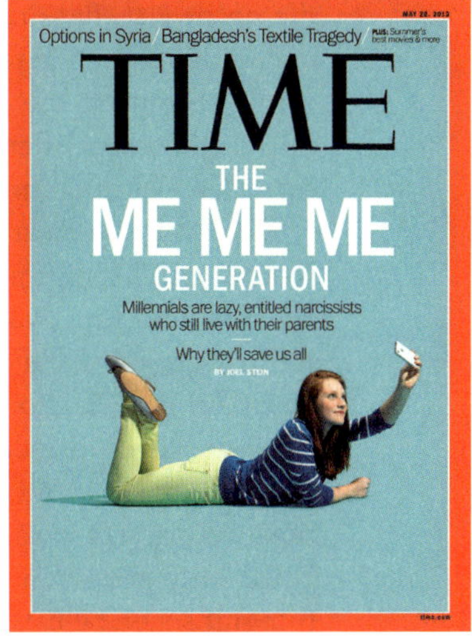

Abb. 44: »The Me Me Me Generation«, *Time*, Titelseite, 20. Mai 2013.

Während das Selfie in seiner digitalen Version eine Praxis darstellt, die seit Beginn der Nullerjahre zu beobachten, aber in keiner Hinsicht problematisch ist, wendet sich das Blatt im Jahr 2013. Im Zeitraum von wenigen Monaten führen zwei Medienereignisse zu einer öffentlichen Kontroverse, die damit endet, dass dem Selfie der Status eines kulturellen Symbols zugesprochen wird.

Der Begriff »Selfie«, der bis 2012 nur wenig verwendet worden war, setzt sich ab Beginn des Jahres 2013 durch, unterstützt durch eine Serie von Artikeln, die das vernetzte Selbstporträt auf den Index setzen. ReadWrite und danach Mashable lancieren das Thema des Narzissmus einer Jugend, die mit den Sozialen Netzwerken umzugehen weiß, und stützen sich dabei auf einige Anleihen bei der Vulgärpsychologie und eine moralisierende Befragung der Rolle des Bildes in den modernen Gesellschaften.[217] Die Zeitschrift *Time* widmet dem Thema das Titelbild ihrer Mai-Ausgabe (*Abb. 44*); darauf folgen mehrere Beiträge im Fernsehen oder in großen Zeitungen wie dem *New Yorker* oder dem *Guardian*, in denen die kritische Sicht aufgegriffen und weiter ausgeführt wird, was dem Thema den Status eines kulturellen Phänomens von globalen Ausmaßen verleiht.[218]

Zwei unterschiedliche Sichtweisen tragen dazu bei, diesen Zugang zu verzerren. Die erste ist die retrospektive Suche über Hashtags mit Suchbegriffen wie »#me« oder »#selfie«. Was diese Eingaben zutage fördern, sind künstliche Korpusse: Denn während derart allgemeine Kategorien innerhalb des Online-Austauschs nur selten vorkommen und eine globale Stu-

217 John Paul Titlow, »#Me: Instagram Narcissism and the Scourge of the Selfie«. *ReadWrite*, 31. Januar 2013 (www.readwrite.com/2013/01/31/instagram-selfies-narcissism); Christine Erickson, »The Social Psychology of the Selfie«. *Mashable*, 15. Februar 2013 (www.mashable.com/2013/02/15/social-media-and-the-selfie).

218 Kate Loss, »The Return of the Selfie«, *The New Yorker*, 31. Mai 2013 (www.thenewyorker.com/tech/ elements/the-return-of-the-selfie); Elizabeth Day, »How Selfies Became a Global Phenomenon«, *The Guardian*, 14. Juli 2013 (www.theguardian.com/technology/2013/jul/14/how-selfies-became-a-global-phenomenon); Alexander Sifferlin, »Why Selfies Matter«, *Time*, 6. September 2013 (www.healthland.time.com/2013/09/06/ why-selfies-matter).

die nachweist, dass der Anteil der Selfies im Verhältnis zu allen Bildern, die auf Instagram geteilt werden, klein ist[219] (zwischen drei und fünf Prozent), vermittelt die Auswahl den Eindruck eines massiven Phänomens und dekontextualisiert die jeweiligen Nutzungsformen, die sie einer rein formalen Deutung unterwirft.

Die zweite Verzerrung ist die intensive Nutzung von Instagram oder Twitter durch einige junge Stars im Showbusiness (vor allem Justin Bieber, Rihanna und Kim Kardashian). Deren neue Kommunikation, unmittelbar in Richtung der Fans orientiert, besteht aus demselben Material, das auch sonst auf den Plattformen zu finden ist, und enthält folglich auch Selfies. Aber die Bekanntheit der Stars verschafft den entsprechenden Bildern eine ungleich größere Viralität, die durch Erwähnungen auf Boulevard-Websites noch vergrößert wird, zumal diese gerne den provokativen Charakter der Fotos unterstreichen. Mehrere Artikel insistieren zudem darauf, dass die fotografischen Selbstporträts der Stars von jungen Mädchen imitiert würden.[220]

Diese generationenbezogene Lektüre führt zu einer deutlichen Reduktion der Bildauswahl. Während ein Artikel auf BuzzFeed noch im Januar 2013 die ganze Vielfalt des Genres präsentierte und humoristische Bilder, Gruppenporträts, Aufnahmen von Familien oder Tierfotos zeigte,[221] reduziert die psychologisierende Kritik das Korpus auf isolierte Porträts, am häufigsten solche von hübschen jungen Mädchen, die ohne jeden Kontext präsentiert werden (*Abb. 45*).

Die Idee eines moralischen Niedergangs, der durch die Neuen Technologien herbeigeführt werde, geht auf einen Paradigmenwechsel zurück, der 1979 durch die Pathologisierung sozialer Verhältnisse in dem Essay *The Culture of Narcissism* von Christopher Lasch herbeigeführt wurde.[222] Die folgende Phase der Debatte wird durch die Bestseller der Psychologin Jean M.

219 Lev Manovich und Alise Tifentale, »Selfiecity: Exploring Photography and Self-fashioning in Social Media«. In: David M. Berry und Michael Dieter, *Postdigital Aesthetics: Art, Computation and Design*. New York: Palgrave Macmillan 2015, S. 109–122.

220 Shona Sibary, »›The Craze for Pouting Photos I Fear My Daughters Will End Up Regretting‹: Once the Reserve of Vain Celebs, It Has Now Become a Trend Copied by Countless Young Girls«. In: *Daily Mail*, 26. März 2013 (www.dailymail.co.uk/femail/article-2299619/Selfie-photo-craze-The-pouting-pictures-I-fear-daughter-end- regretting.html); Bim Adewunmi, »The Rise and Rise of the ›Selfie‹«. In: *The Guardian*, 2. April 2013 (www. Theguardian.com/artanddesign/2013/apr/02/rise-and-rise-of-the-selfie).

221 Dave Stopera, »The 32 Absolute Best Selfies of All Time«, *BuzzFeed*, 15. Januar 2013 (www.buzzfeed.com /daves4/the-absolute-best-selfies-of-all-time).

222 Christopher Lasch, *Culture of Narcissism. American Life in an Age of Diminishing Expectations* [1979], überarbeitete Auflage. New York: Norton & Company 1991.

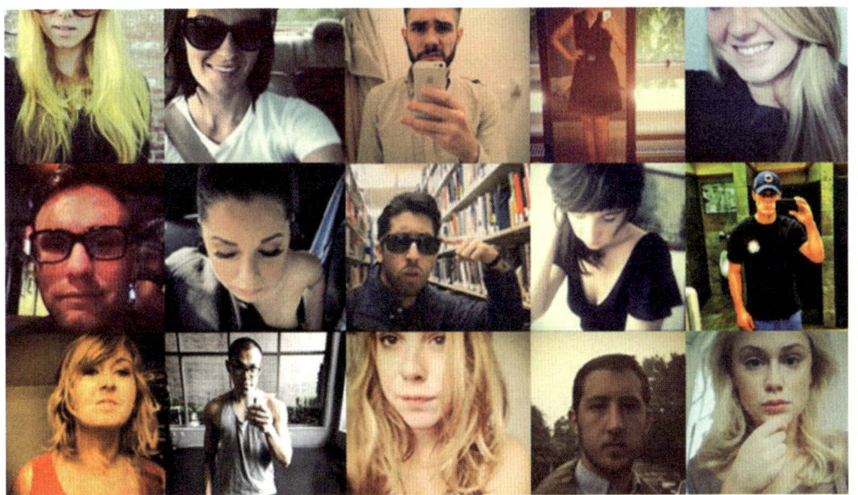

Abb. 45: Auswahl von Selfies, Illustrationen des Artikels von Christine Erickson, *Mashable*, 15. Februar 2013 (Screenshots).

Twenge bestimmt, die, wie die *New York Times* anmerkt, »überall Narzissten sieht«.[223] Die Autorin von *Generation Me* (2006) und *The Narcissism Epidemic* (2009) unterstützt die Idee, dass die Erziehung zum Selbstbewusstsein während der 1980er Jahre zu einem Narzissmus der jungen Generation geführt habe, »deren Idiom das Sprechen über sich selbst ist«.[224]

Wenngleich die Arbeiten von Twenge ein großes Medienecho finden, erregen ihre Methoden wie ihre Schlussfolgerungen in der Fachwelt heftige Kritik. Eine Studie unter der Führung von Kali H. Trzesniewski, die 2008 in der Zeitschrift *Psychological Science* erscheint, zeigt, dass sich das Denken, die Gefühle und das Verhalten der jungen Generation im Verlauf der letzten dreißig Jahre nicht grundlegend verändert haben. 2013 macht sich eine Sonderausgabe von *Emerging Adulthood*, herausgegeben von Jeffrey J. Arnett, daran, die Thesen der Psychologin systematisch auseinanderzunehmen.[225]

223 Douglas Quenga, »Seeing Narcissists Everywhere«. In: *The New York Times*, 5. August 2013 (www.nytimes.com /2013/08/06/science/seeing-narcissists-everywhere.html).

224 Jean M. Twenge, *Generation Me: Why Today's Young Americans Are More Confident, Assertive, Entitled – and More Miserable Than Ever Before*. New York: Free Press 2006; Jean M. Twenge und W. Keith Campbell (Hg.), *The Narcissism Epidemic: Living in the Age of Entitlement*. New York: Free Press 2009.

225 Jeffrey Jensen Arnett, »The Evidence for Generation We and Against Generation Me«. In: *Emerging Adulthood*, Band 1, Nummer 1, März 2013, S. 5–10 (http://eax.sagepub.com/content/1/1/5).

Aber das publizistische Potenzial einer simplifizierenden Erklärung, in der sich ein gesellschaftliches Phänomen, wissenschaftliche Autorität und moralische Verurteilung verbinden, ist den Medien nicht entgangen. Als Gast der *Today Show* oder von *Good Morning America* steigt Jean M. Twenge rasch zur Kommentatorin für fast alles auf und wird ebenso zu Facebook befragt wie zu den Exzessen der Schönheitschirurgie. *Generation Me* wird zu einem Schlüsselbegriff, der alle gesellschaftlichen Missstände erklärt, ganz besonders in Frauenzeitschriften oder in Rubriken vom Typ »Zeitgeist«, wo man sich ohne Ende über die Selfies auslässt.

Während wir noch nie über ein Instrumentarium verfügt haben, das so dialogisch, sozial und narrativ funktioniert wie das kommunikative System des Smartphones und der Sozialen Netzwerke, wird die grundlegende soziale Interaktion, die Erving Goffman mit den Worten »Wir alle spielen Theater«[226] beschrieben hat, als narzisstischer Reflex und als Zeichen der asozialen Haltung interpretiert. In einem Satz: Man weiß die soziale Interaktion nicht mehr als solche zu erkennen. Um die Medienkultur der Gegenwart zu erklären, hat die Pathologie die Soziologie über Bord geworfen. Zumindest auf den Seiten der Zeitschriften, auf denen, ohne viel nachzudenken, die vertrauten Erklärungsmuster der Individualisierung und der neoliberalen Ideologie aktiviert werden.

Diese erste Welle der medialen Auseinandersetzung macht den Begriff »Selfie« populär, und er wird im November von den *Oxford Dictionaries* zum Wort des Jahres erklärt.[227] Auf diese folgt ein zweiter medialer Aufruhr, der den Status quo der ›moralischen Panik‹ (oder vielmehr deren Status als erfolgreiches Narrativ) bestätigt, wie so häufig ausgelöst durch neue kulturelle Phänomene, von der Rockmusik bis zu Facebook, und vor allem auf die junge Generation bezogen, die der moralischen Verwahrlosung und des Verrats an den gesellschaftlichen Regeln bezichtigt wird.[228]

Zwei Sammlungen von Bildern, die im August 2013 von Jason Feifer auf Tumblr erstellt werden – die erste, »Selfies at Funerals« (*Abb. 46*), und die

226 Erving Goffman, *Wir alle spielen Theater. Die Selbstdarstellung im Alltag*. München: Piper 2003.

227 Das erste Auftreten des Wortes »Selfie« im Forum einer australischen Website datieren die Lexikographen auf 2002; jedoch verweisen sie darauf, dass seine Verwendung im Verlauf des Jahres 2013 einen bemerkens-werten Anstieg erfährt. »The Oxford Dictionaries Word of the Year is …«. *OxfordWords Blog*, 18. November 2013 (www.blog.oxforddictionaries.com/2013/11/word-of-the-year-2013-winner).

228 Stanley Cohen, *Folk Devils and Moral Panics: the Creation of the Mods and Rockers* [1972]. London: Routledge 2002; Danah Boyd, »Are Sexual Predators Lurking Everywhere?« In: *It's Complicated. The Social Lives of Networked Teens*. New Haven: Yale University Press 2014, S. 100–127.

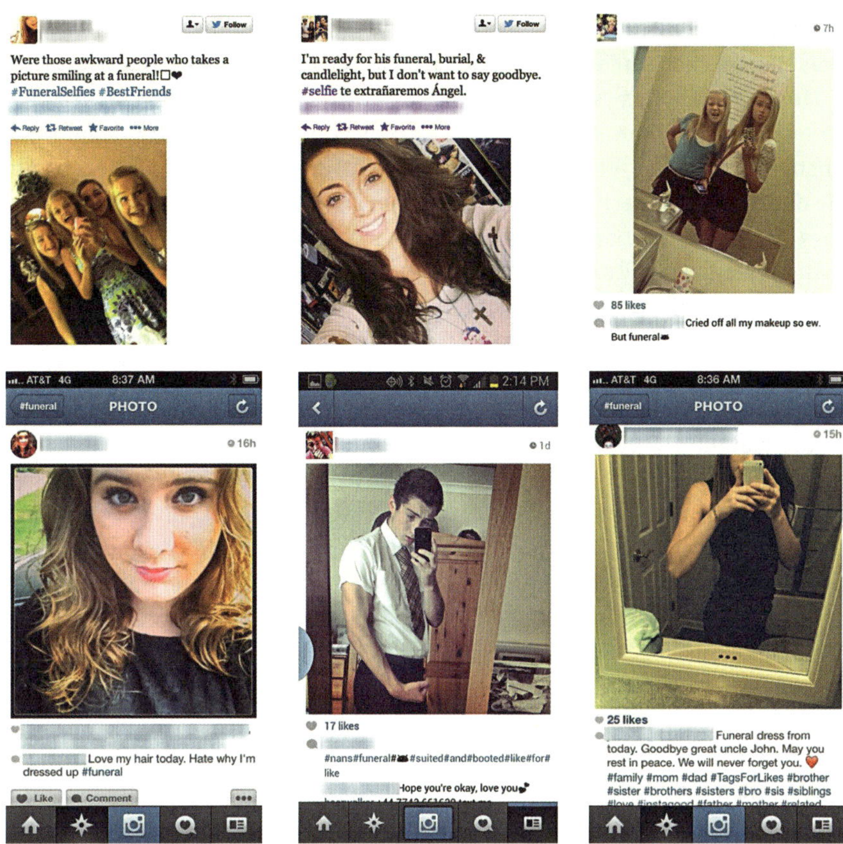

Abb. 46: Auswahl auf Tumblr, »Selfies at Funerals« (Screenshots).

Antwort darauf, »Selfies at Serious Places«, in denen Selbstporträts junger Erwachsener versammelt sind, die auf Twitter und Instagram publiziert wurden –, dokumentieren das Paradox, das bereits von Errol Morris mit Blick auf die Fotos von Abu Ghraib akzentuiert worden ist:[229] der Reflex der fotografischen Pose, die von einem Lächeln begleitet ist, ganz gleich, wie wenig dies zu den Umständen passt. Falls es noch einen Beweis brauchte, so zeigen diese Bilder, dass das Selfie nicht irgendein Porträt ist; es ist vielmehr der *Kontext* der Aufnahme, der den Spott oder die bestürzten Kommentare der Zensoren provoziert. Ein Jahr später erregen vergleichbare Posen, die anlässlich von Besuchen in der Gedenkstätte des Konzentrati-

229 Errol Morris, »The Most Curious Thing«. In: *Believing Is Seeing: Observations on the Mysteries of Photography*. New York: Penguin Press 2011, S. 97–119.

onslagers Auschwitz fotografiert wurden, empörte Reaktionen in den Sozialen Netzwerken, die in der Presse vielfach aufgegriffen werden.[230]

Der Fall scheint klar: Das fotografische Selbstporträt fördert das schlechte Benehmen von Jugendlichen, die weder elementare Regeln des Anstands noch die Würde von Zeremonien und Orten respektieren. Als die dänische Premierministerin Helle Thorning-Schmidt am 10. Dezember 2013 anlässlich der Gedenkzeremonie für Nelson Mandela, ihrerseits ein Gruppenselfie mit ihren lächelnden Nachbarn, Barack Obama und David Cameron, aufnimmt, findet dieses Bild der Staatsoberhäupter, »die beim Herumalbern erwischt wurden«,[231] den Weg auf die Titelseiten mehrerer Tageszeitungen. Zu diesem Zeitpunkt ist das Selfie bereits zum Symbol für Narzissmus und mangelnden Respekt geworden, ein Emblem für alles, was an der Netzkultur verstört oder beunruhigt.

Das fotografische Selbstporträt wird also, wie bereits das Smartphone, zu einer zentralen Bezugsgröße für die Ideologie des ›Abschaltens‹ und zum Anschauungsmaterial für die Lächerlichkeit eines ständig dokumentierten Lebens und die Eitelkeit einer Kommunikation, die zum *Self-Branding* geworden ist. Dennoch hat die scheinbar einhellige Verdammung in den Medien keineswegs das vorzeitige Ende des Selfies herbeigeführt. Dem allgemeinen Verlauf von Kontroversen entsprechend hat die Verdammung eine typische Reaktion in Gestalt von spontanen Gegenaktionen hervorgerufen, wie sie bereits von Michel de Certeau beschrieben worden sind.[232] Nach dem Vorbild der Impressionisten, die einst eine abwertende Bezeichnung der Kritiker für ihre Zwecke umgewidmet haben, geben die Nutzer der totemistischen Bezeichnung des Selfies eine neue Prägung, und zwar so weit, dass daraus eine provokative Signatur und eine modernistische Form der Aneignung geworden sind.

Tatsächlich hat der wenig überzeugende Gestus der moralischen Verdammung, gekoppelt mit einer deutlich konservativen Positionierung, das Narrativ über den Narzissmus des Selfies von Anfang an diskreditiert. Die Antwort der Nutzer in den Sozialen Netzwerken besteht, wenig überraschend, darin, das Mittel der viralen Verbreitung einzusetzen. Anstelle einer argumentativ orientierten Replik wird ab dem letzten Drittel des Jah-

230 Ruth Margalit, »Should Auschwitz Be a Site for Selfies?«, *The New Yorker*, 26. Juni 2014 (www.newyorker.com/culture/culture-desk/should-auschwitz-be-a-site-for-selfies?).

231 »Pris en flagrant délit de gaminerie«. A. L., »Le ›Selfie‹ de Obama fait la une en Grande-Bretagne«, *20 Minutes*, 11. Dezember 2013 (www.20minutes.fr/medias/1261955-20131211-selfie-obama-stade-soweto-fait-Grande-Bretagne).

232 Michel de Certeau, »Eine Praktik des Umfunktionierens«. In: ders., *Kunst des Handelns*, a. a. O., S. 69–76.

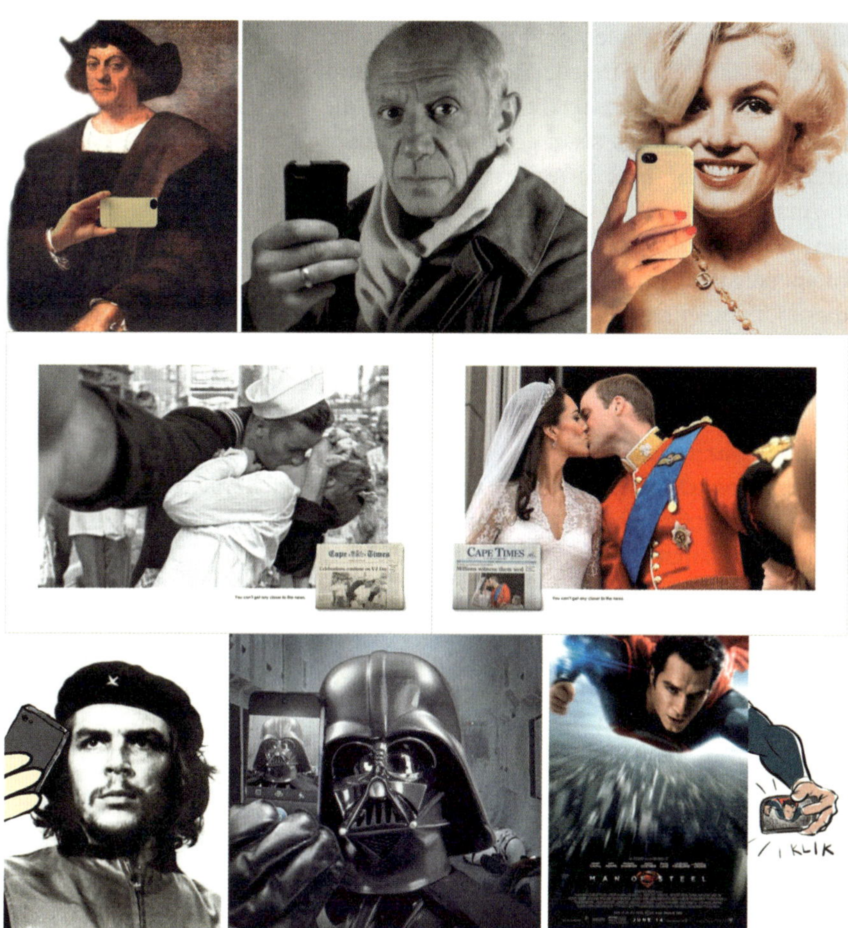

Abb. 47: Porträt-Persiflagen: Das Smartphone wird hinzugefügt, 2013 (Screenshots).

res 2013 eine immer größere Zahl von Appropriationen publiziert, die den kulturellen Status sehr berühmter künstlerischer oder grafischer Werke durch die Hinzufügung eines Selfies persiflieren und das Selfie mit Figuren wie Christoph Columbus, Marilyn Monroe, Albert Einstein, Che Guevara, Superman oder Darth Vader in Verbindung bringen; demselben Prinzip folgt die Persiflage einer Werbekampagne für die südafrikanische Zeitung *Cape Times* (*Abb. 47*).

Die kollektive Konstruktion der Bedeutung des Selfies verläuft entlang der Gegensatzpaare Konservatismus und Fortschritt, Hochkultur und Populärkultur, Eliten und allgemeine Öffentlichkeit. Indem sie das Selfie als subkulturelle Praxis behandelt hat, ist der moralischen Zensur sogar das Kunststück gelungen, Smartphones und Soziale Netzwerke für die *Geek*-Kultur attraktiv zu machen, obwohl die Befürworter eines offenen und egalitären Webs stets gegen das geschlossene System von Facebook und bestimmten Mobile-Apps eingestellt waren.

Anstatt den Erfolg des Selfies zu schmälern, hat die Kontroverse seinen Aufstieg befördert und zur Verbreitung der entsprechenden Praktiken beigetragen. Die Nutzung zu Werbe- und Marketingzwecken hat diesen Trendcharakter bestätigt und verstärkt. Sein Auftritt im Rahmen der Oskarverleihung am 2. März 2014, bei der die berühmtesten Stars auf einem Selfie um die Showmasterin Ellen de Generes versammelt sind, hat eine Reihe kompetitiver Retweets getriggert, in denen die Popularität des Genres exemplarisch deutlich wird[233] (*Abb. 48*). Seither erfährt der Begriff eine immer ausgedehntere Anwendung, sowohl spielerisch als auch durch den Übertritt in reflexive Zusammenhänge, bis hin zu den unwahrscheinlichsten Beispielen.[234]

Das Genre war noch nie so lebendig. Die Wissenschaft widmet ihm Artikel und Symposien. Die Initiative »Museum Selfie Day« oder das Projekt »#artselfie«, die beide 2013 von einem internationalen Kollektiv von Vertretern des Kunstbetriebs lanciert wurden, laden die Besucher dazu ein, in den Sozialen Netzwerken mit dem zitierten Hashtag ein Selfie zu publizieren, das ihre Beziehung zum Museum thematisiert, oder sich vor einem Kunstwerk zu fotografieren.[235] Ausstellungen und künstlerische Arbeiten, die dem Selfie gewidmet sind, werden immer zahlreicher; und sie tragen dazu bei, eine Praxis zu legitimieren, die als bevorzugtes Instrument der Vermittlung zwischen U- und E-Kultur, individuellem Selbstausdruck und Gegenwartskunst erscheint.[236]

Anlässlich einer Reise nach Canberra 2015, die ihn mit der Masse seiner Fans konfrontierte, wurde Prinz Harry ein wenig unwirsch. Einem jungen

233 Alexis Ferenczi, »Oscars 2014: un selfie d'Ellen de Generes pendant la cérémonie bat des records sur Twitter«, *Huffington Post*, 3. März 2014 (www.huffingtonpost.fr/2014/03/03/oscars-selfie-ellen-degeneres-rt-twitter-record_n_4887974.html).

234 Aude Deraedt, »Selfie du macaque: les singes sont des photographes comme les autres«. In: *Libération*, 7. August 2014 (www.liberation.fr/photographie/2014/08/07/selfie-du-macaque-les-singes-sont-des-photographes-comme-les-autres-1076889).

235 Laurence Allard, »Selfie: un genre en soi, ou Pourquoi il ne faut pas prendre les selfies pour des profile pictures«. *MobActu*, 14. Januar 2014 (www.mobactu.fr/?p=904); Mairin Kerr, »The Value of Museum Selfies«, *EdGital*, 29. August 2014 (www.edgital.org/2014/08/29/the-value-of-museum-selfies).

236 Laurence Allard, Laurent Creton und Roger Odin (Hg.), *Téléphone mobile et création*. Paris: Armand Colin 2014.

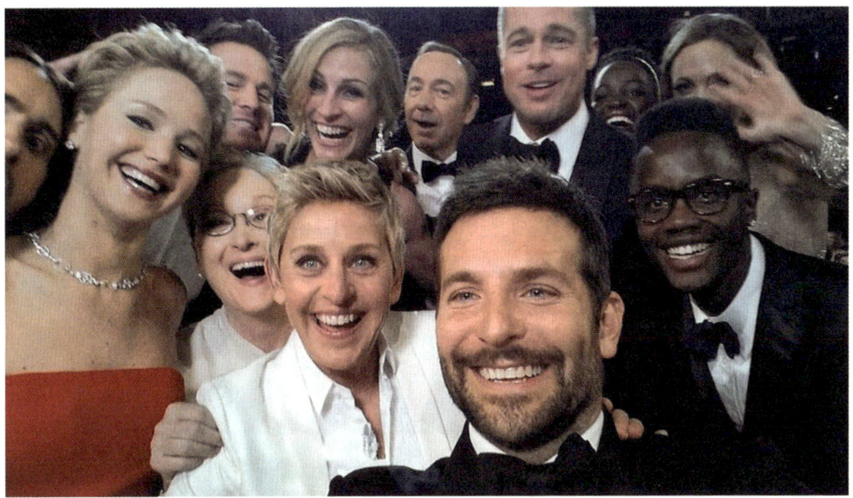

Abb. 48: Ellen DeGeneres (zugeschrieben), Selfie anlässlich der Oscars, 2014.

Mädchen, das ihn bat, an seiner Seite für ein Selfie zu posieren, antwortete Seine Hoheit: »Nein, ich hasse Selfies. Ernsthaft, lassen Sie das bleiben. Ich weiß, Sie sind jung; aber Selfies taugen nichts. Machen Sie lieber ein normales Foto.«[237]

Diese Verbalattacke von Seiten eines Sprösslings der britischen Königsfamilie hat in der Presse einige Reaktionen ausgelöst. Der Kunstkritiker des *Guardian* nahm gleich die Gelegenheit wahr, das Ende des Selfies zu verkünden. Mit dem Verweis, es sei deprimierend, dass die Gegenwartskultur aus der sublimen Kunst des Selbstporträts eine vulgäre kollektive Farce gemacht habe, fordert er das Ende dieser »dümmlichen Travestie des menschlichen Bildes«.[238]

Die prinzliche Reaktion ist verständlich. Der aufdringliche Charakter des Selfies, die Nähe, die es zwischen einer Celebrity und ihren Fans herstellt, sowie die Aneignung eines Bildes sind Aspekte, die Unbehagen und Missstimmungen verursachen können. Der abschließende Ratschlag Harrys stellt eine angemessene Distanz wieder her. »Ein normales Foto« zu machen, das heißt: an seinem Platz zu bleiben, die ungeschriebenen Regeln

237 Ebd.

238 Jonathan Jones, »RIP the Selfie: When Prince Harry Calls Time on a Craze, You Know It's Well and Truly Dead«. In: *The Guardian*, 7. April 2015 (www.theguardian.com/artanddesign/jonathanjonesblog/2015/apr07/selfie-prince-harry-died-in2015-selfie-stick).

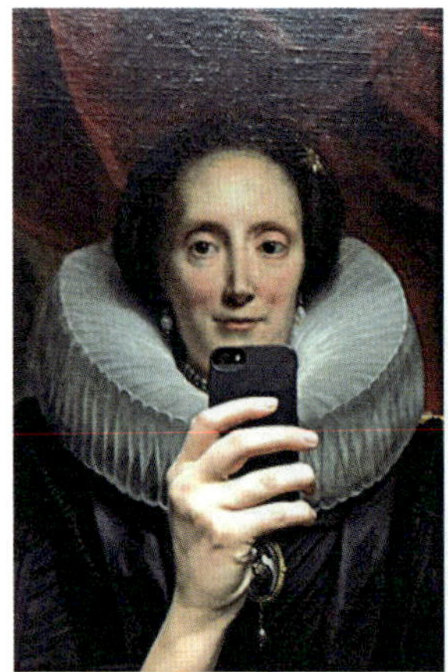

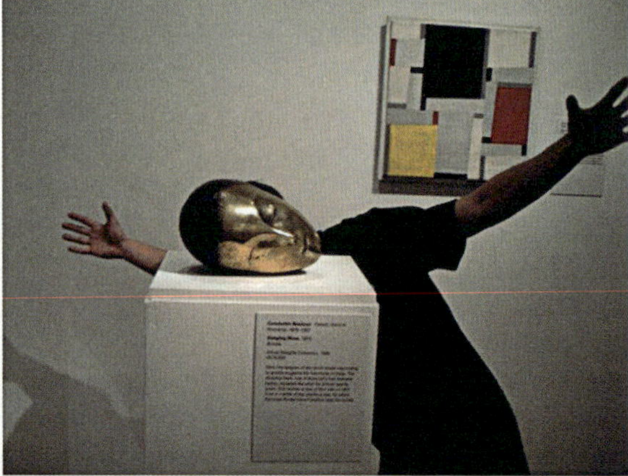

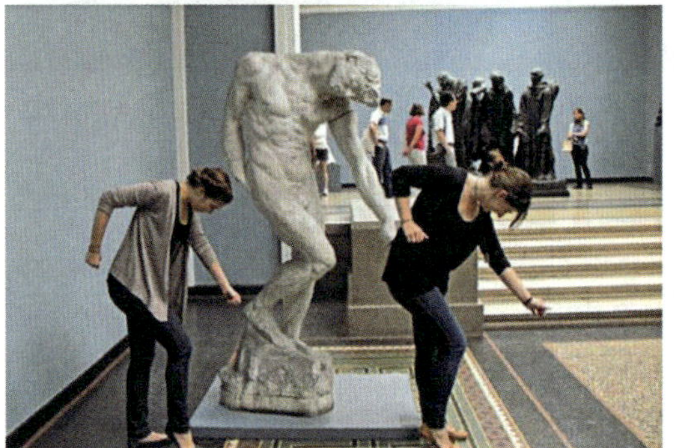

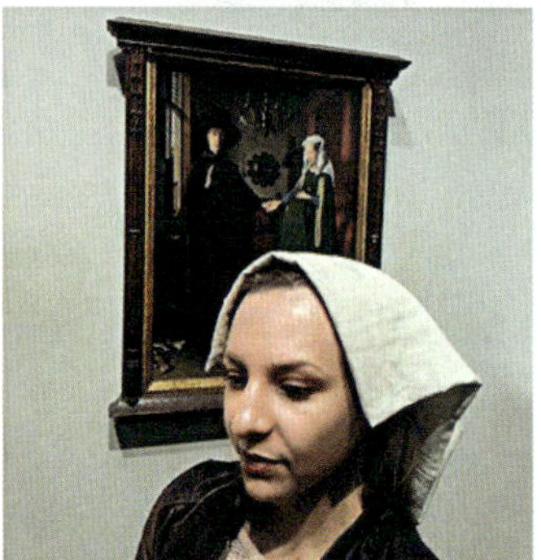

Abb. 49: Fotos auf Twitter, publiziert anlässlich des #museumselfieday.

des Anstands zu respektieren, die eine schützende Wand zwischen der Person im Zentrum und denjenigen errichten, die gekommen sind, um sie zu bewundern – manchmal hat diese Wand sogar die Gestalt von Barrieren und Ordnungskräften. Eine Welt trennt uns, sagt der Prinz: Es gibt diejenigen, die sehen wollen, und diejenigen, die gesehen werden. Die Fotografie ist nicht dazu da, diese Regel zu durchkreuzen, sondern dazu, sie zu bestätigen.

Die Antwort des Selfies besagt allerdings, dass es von nun an der Nutzer ist, der entscheidet, wie diese Beziehung zur Celebrity gestaltet wird. Das Wesen der Berühmtheit hat sich verändert: Anstatt einem Spektakel beizuwohnen, das passiv bewundert wird wie zu Zeiten des Sonnenkönigs, macht sich die allgemeine Öffentlichkeit selbst zu einem Teil des Bildes und dokumentiert ihr Interesse, indem sie zu Nebendarstellern wird und die Bilder danach eigenständig in den Sozialen Netzwerken verbreitet. Welches Ereignis fände heute auch nur die geringste Beachtung, wenn es nicht von den entsprechenden Zeugnissen öffentlicher Anerkennung begleitet würde?

Das Selfie ist nicht nur eine Erweiterung des Selbstporträts; es ist zur Standarte der machtvollen Autonomisierung kultureller Praktiken geworden, die durch den digitalen Wandel befördert werden. Nachdem die Verbreitung kultureller Vorbilder im Bereich der Visuellen Kultur stets dem Schema *top-down* folgte, ist dieselbe Kultur zum Schauplatz einer exemplarischen Umkehrung geworden, da sich in der Kommunikation der Reichen und Berühmten dieser Welt eine populäre Praxis etabliert hat, die das Signum des Privaten trägt. Weit entfernt davon, seine Bedeutung zu reduzieren, hat die Erzählung über den narzisstischen Charakter des Selfies dazu geführt, aus ihm eine kulturelle Praxis eigenen Rechts zu machen, die historische, politische und existenzielle Bedeutungen hat. Es bleibt zu hoffen, dass dieses seltene Erfolgsbeispiel eines visuellen Formats das Interesse an einem Wissen vom Bild neu motiviert, dessen Fehlen lange Zeit sehr deutlich zu spüren gewesen ist.

Textnachweise

»L'Empreinte digitale: théorie et pratique de la photographie à l'ère numérique«. In: *Revue des Sciences humaines*, Nummer 310, April–Juni 2013.

»L'Image numérique s'en va-t'en-guerre: les photographies d'Abou Ghraib«. In: *Études photographiques*, Nummer 15, November 2004.

»Tous journalistes? Les attentats de Londres ou l'intrusion des amateurs«. In: Gianni Haver (Hg.), *Photo de presse: usages et pratiques*, Lausanne: Antipodes 2009.

»L'image parasite: après le journalisme citoyen«. In: *Études photographiques*, Nummer 20, Juni 2007.

»La photographie, est-elle encore moderne?«. In: *Cahier Louis-Lumière*, Nummer 7 (Beiträge des Kolloquiums »Nouvelles perspectives pour les photographes professionnels«), Juni 2010.

»L'image partagée: comment Internet a changé l'économie des images«. In: *Études photographiques*, Nummer 24, November 2009.

»La Culture du partage ou la Revanche des foules«. In: Hervé Le Crosnier (Hg.), *Culturenum: jeunesse, culture & éducation dans la vague numérique*, Caen: C&F Éditions 2013.

»Les Photos qu'on ne montre pas«. L'Atelier des icônes, 29. Juli 2012.

»La Faute aux amateurs«. L'Atelier des icônes, 19. Juli 2013.

»Pourquoi la conversation l'emportera: les reconfigurations de l'information«. In: *Fisheye*, Nummer 12, Mai 2015.

»L'image conversationelle: les nouveaux usages de la photographie numérique«. In: *Études photographiques*, Nummer 31, Frühjahr 2014.

»La Consécration du selfie«. In: *Études photographiques*, Nummer 32, Frühjahr 2015.